STEFFI NEU

Meine Mutmacher

STEFFI NEU

Meine Mutmacher

Wahre
Geschichten
übers Straucheln
und wieder
Halt finden

Sollte diese Publikation Links auf Webseiten Dritter enthalten, so übernehmen wir für deren Inhalte keine Haftung, da wir uns diese nicht zu eigen machen, sondern lediglich auf deren Stand zum Zeitpunkt der Erstveröffentlichung verweisen.

Penguin Random House Verlagsgruppe FSC® N001967

Copyright © 2023 Kösel-Verlag, München,
in der Penguin Random House Verlagsgruppe GmbH,
Neumarkter Str. 28, 81673 München
Konzept- und Textberatung: Dr. Bettina Burchardt
Umschlaggestaltung: zero-media.net, München
Umschlagmotiv: © WDR/Annika Fußwinkel
Satz: Satzwerk Huber, Germering
Druck und Bindung: CPI books GmbH, Leck
Printed in Germany
ISBN 978-3-466-37298-0
www.koesel.de

Inhaltsverzeichnis

Einleitung

Ich bin Steffi Neu. Ich finde, mein Name klingt so, wie ich bin: flott, unkompliziert, ohne Schnickschnack. In Nordrhein-Westfalen kennen mich viele, weil ich mein halbes Leben beim WDR verbracht habe, davon Tausende Stunden als Radio-Moderatorin bei WDR 2. Morgens, vormittags, mittags, abends, draußen, drinnen, im Vier-Augen-Gespräch und auf der großen Bühne. Für mich ist mein Beruf ein Geschenk, das mich im tiefsten Herzen glücklich macht. Wo sonst könnte ich so viele interessante Leute kennenlernen? Offen auf Menschen zuzugehen und von ihren Highlights, Wünschen und Sorgen zu erfahren, ist meine Leidenschaft. Für mich gibt es keine guten und keine schlechten Lebensmodelle. Nur ein innerliches »Ach so!« und »Oh je!«. Manchmal auch ein »Wow!« oder ein »Könnte ich so nicht!«.

Dass jeder Mensch sein ganz eigenes Päckchen zu tragen hat, gehört zum Leben dazu. Manche meiner Gesprächspartner und -partnerinnen haben Wunden aller Art, die noch nicht verheilt sind, andere reiben sich für ihre Lieben auf oder arbeiten hart daran, mit Schicksalsschlägen zurechtzukommen. Natürlich gab es auch bei mir Zeiten voller Zweifel und »Ich kann nicht mehr!«. Aber dann ging es eben doch. Jedes Tief, aus dem ich mich wieder hochgerappelt habe, hat meine Überzeugung bestätigt, dass es nicht zu Ende ist, wenn es noch nicht gut ist. Und dass es jemanden da oben gibt, der uns liebt und uns nicht hängenlässt. Ich habe die 50 Lebensjahre gerissen und bin mit mir im Reinen, im Feinen. Wer weiß, ob da noch der eine oder andere dicke Stolperstein kommt. Es wäre ein Wunder, wenn nicht. Aber eines weiß ich genau: Ich will nie das Lächeln, das Lachen verlieren. Das ist sehr wichtig für mich, das gehört zu mir.

Für meinen *Mutmacher*-Podcast spreche ich mit Menschen, deren Haltung und Standhaftigkeit, mit denen sie ihre Kämpfe ausgetragen haben, uns inspirieren können. Die Gespräche mit ihnen machen Mut. Mut bedeutet, dass du dich nicht unterkriegen lässt. Er schenkt dir die Gewissheit, dass du es irgendwie schaffen wirst. Dass schlechte Zeiten irgendwann auch wieder vorbei sein werden. Und dass es weitergeht. Genau davon erzählt dieses Buch. Von Leid und Tränen, aber auch von Lichtblicken und guten Wendungen.

Bei fast allen der folgenden Geschichten bin ich nur die Mittlerin. Eine Mutmacherin auf kleiner Flamme sozusagen. Nur im ersten Kapitel, das von meinem Freund Olaf erzählt, geht es auch um mich persönlich. Marianne und Willibert, Marcus, Heike und all die anderen haben ganz andere Geschichten zu berichten, die sie an den Rand ihrer Kräfte gebracht und die sie doch gemeistert haben. Es sind Menschen, die das Schicksal knüppeldick getroffen hat. Die trotzdem nie aufgegeben haben. Und die genau deswegen ihren Frieden gefunden haben – oder auf dem Weg dorthin sind. Sie sind Mutmacher erster Klasse.

1

Wenn ein guter Freund gehen muss
Über Olaf und die Trauer

Ich möchte von Olaf erzählen. Olaf ist tot. Das zu schreiben, dieses Geschriebene zu lesen, tut unfassbar weh. Hätte ich nicht gedacht. Ist drei Jahre her.

Olaf war mein Kumpel, mein Partner, mein kreativer Inputter, mein Berater, Mut- und Lachenmacher. Es gibt diese Menschen: Die siehst du, hörst du, liest was von ihnen auf dem Handy – und die Sonne geht auf. Witzig und originell und leicht, das war Olaf. So ist er bis heute in meinem Handy-Verlauf.

Kennengelernt haben wir uns vor vielen Jahren bei 1LIVE, dem jungen Radiosender vom WDR. Er hat Comedy gemacht, ich war Redakteurin, also für die Programmplanung verant-wortlich. Ein loser Kontakt, ein Mögen, dann haben wir uns Jahre nicht gesehen. Bis im Sommer 2016 eine SMS kommt: »Hast du Lust, beim wilden alternativen Karne-val die Präsidentin zu sein? Mit mir. Ich bin der Präsident.« Alterna-tiver Karneval, das ist doch das, wo jeder das macht, was er will? Wo es die Regeln nicht gibt, die ich aus meinem konventionellen Dorf-karneval kenne?

Ich möchte von Olaf erzählen. Olaf ist tot.

Ich bin neugierig, wir treffen uns. Und mögen uns wieder. Er er-zählt voller Leidenschaft von »Deine Sitzung«, so heißt das Projekt. Dass Carolin Kebekus, die das normalerweise macht, eine Auszeit nimmt. Dass Mirja Boes mit dabei ist. Diese Namen! Diese Frauen! Und dann meine Füße in diesen Fußstapfen? Olaf hat null Zweifel, dass ich das hinkriege. Sein Vertrauen zu mir haut mich um. Ach ja, eine Band mit 'nem Haufen Musiker sei auch dabei. Ein bisschen singen soll ich auch und Stand-up-Comedy machen.

Das wird für mich der blanke Stress werden, das ist klar. Denn auf der Bühne sind alle Augen auf dich gerichtet und du musst liefern, die Leute haben schließlich Eintritt bezahlt. Im Radio schaut dich niemand an, da kannst du auch nicht tiefer fallen als bis zur nächsten Musik. Wenn du einen Aussetzer hast oder merkst, dass du dich ins Abseits verplappert hast, drückst du einfach die Not-Aus-Taste. Du musst gar nichts sagen, drückst den Knopf, Musik kommt, und du hast Zeit, wieder in die Spur zu kommen. Aber was, wenn mir das auf der Bühne passiert?

Olaf guckt mich mit seinen großen blauen Augen an und fragt: »Und? Oder willste dich erst mit deinem Anwalt besprechen?« Ich muss lachen. »Wenn du mir hilfst, bin ich dabei.« Niemals hätte ich mich das getraut ohne Olaf.

Kleine Geste, großer Effekt. Merken.

Je näher der Auftritt rückt, desto nervöser werde ich. Kurz vor der Premiere schreibe ich Mirja Boes, dass ich Riesenrespekt habe. Da kommt sie grinsend mit einer großen Tasche in die WDR 2-Redaktion und sagt: »Ich habe dir Respektlosigkeit mitgebracht.« Da hat diese Frau mein Herz gewonnen. Weil sie selbst so ein großes hat. Eine echte Mutmacherin. Nicht auf den anderen einreden, sondern: kleine Geste, großer Effekt. Merken.

»Deine Sitzung« ist für mich ein Urknall. Nach dem Karneval ist mir klar: Ich will mehr davon. Ich will ein Bühnenprogramm machen. Will singen vor Menschen, sie bodenständig und interaktiv unterhalten. Jetzt erst merke ich, dass das, wovor ich am meisten Angst gehabt hatte, schon immer ein tiefer Wunsch in mir gewesen ist. Sofort ist in meinem Kopf ein Gefühl, wie es sein soll: keine großen, unpersönlichen Hallen, sondern kleine Dorfsäle, wie ich sie seit meiner Kindheit kenne. Mit ihnen bin ich aufgewachsen.

In einer Dorfgemeinschaft ist der Dorfsaal der wichtigste *place to be*. Hier wird gelacht und geweint. Hier werden Hochzeiten gefeiert und Beerdigungskaffees gehalten. Jeder Dorfsaal hat seine Dorfgeschichte, seinen eigenen Geruch, seine eigene Patina. Und vor allem: Die Gäste sind dort zu Hause – oder sie kommen aus dem Nachbardorf. Im besten Fall stehen da mehr Fahrräder als Autos vor der Tür.

In einer Tour über Land, von Dorfsaal zu Dorfsaal, steckt viel Organisation und Logistik drin. Allein kann ich das nicht. Und wieder weiß ich: Ohne Olaf geht es nicht, er ist die perfekte Ergänzung. Er ist Schauspieler, Comedian, Autor, er ist unglaublich witzig und hat ein Lachen, bei dem jeder mitmuss. Für ihn gibt es nichts, was nicht geht. Je verrückter, desto besser. Ich frage ihn und er ist sehr angetan von der Idee. Von da an sind wir Buddies.

Von da an sind wir Buddies.

So wird »Steffis Kneipenquiz« geboren: Teams aus dem Publikum kämpfen um den Ehrenpokal des Abends. Noch im gleichen Jahr starten wir, mit kleiner Live-Band, Talk-Gästen und freiwilligen Helfern aus meinem Freundeskreis, präsentiert von WDR 2. Ein Showprogramm, das wir über hundert Mal gespielt haben – Stand Anfang 2023.

Zu viele davon ohne Olaf.

* * *

Nach der ersten erfolgreichen Tour in ausschließlich ausverkauften Dorfkneipen starten wir im Sommer 2018 die Besichtigungsreise für die nächste Tour. Alle Veranstaltungssäle werden von Olaf und mir persönlich ausgesucht. Keine Blindflüge. Ich bin offen und nahbar, und es ist mir wichtig, auch auf der Bühne so sein zu dürfen. Dazu braucht es den richtigen Ort. Die aufwendige Suche danach ist für die einen ein nerviger Tick, für die anderen eine Haltung. Ich nehme das Letztere.

Eines Tages fahren Olaf und ich zum Dorfkneipen-Gucken nach Vettweiß bei Aachen. Olaf hat Kopfschmerzen und fragt, ob ich fahren könne. Klar, kann ich. Im Auto reden wir, Olaf mit Bleistift im Mund. So eine Art Zähnezusammenbeißen, sehr unpraktisch beim Sprechen. Ich beobachte das vom Fahrersitz aus und wundere mich. Sage es ihm. Er lacht und nimmt den Bleistift raus.

Zwei Wochen später frage ich ihn am Telefon, was aus seinem Kopfschmerz geworden ist. Er erzählt, dass er beim Arzt war. Olaf hatte auf einen beginnenden Burn-out getippt, doch der Doc hatte ihn gleich an eine neurologische Abteilung überwiesen. Ein paar Tage darauf erfahre ich von einer Freundin, dass Olaf einen Tumor im Kopf hat und operiert werden soll. Ich bin schockiert, will was sagen. Und während ich noch nach Worten suche, weiß ich doch, dass ich keine Ahnung habe, was man in so einer Situation sagen kann.

Was dann folgt, ist eine Achterbahn. Zuerst heißt es: »Die OP ist gut gelaufen. Er lacht schon wieder.« Später sagt mir Olaf, dass es ein Tumor ist, der gerne wiederkommt. Er will das mit ein paar Witzen überspielen, und wieder bin ich überfordert: »Hör mal auf zu lachen!«, pampe ich ihn an. »Es ist doch gerade Scheiße!« Die absolute Hilflosigkeit.

... und am Ende bringt man nur Schrott raus.

Du kennst solche Momente: zu viele Informationen, Gefühle, Gedanken, und am Ende bringt man nur Schrott raus. Was sagst du zu Eltern, deren Kind vom Auto angefahren wurde und schwer verletzt im Krankenhaus liegt? Was sagst du zu einem Menschen, dessen Leben von einem Tag auf den anderen auf den Kopf gestellt wird und der nicht weiß, ob er jemals wieder Boden unter die Füße bekommen wird? »Wird schon wieder«? Oder: »Die Ärzte kriegen das in den Griff«? Manchmal stimmt das, manchmal aber auch nicht. Und ab wann macht Mitgefühl die Sache nur noch schlimmer? Auch Olaf hat keine Ahnung, wie er mit der Situation umgehen soll. Also lassen wir das mit dem Reden über den Tumor. Konzentrieren uns lieber auf unser Projekt, das wir mit Leidenschaft und Freude weitermachen wollen. Aber das heißt noch lange nicht, dass seine Krankheit vergessen und verdrängt ist. Wir sind mitten in der Tour und ständig laufen bei mir die stillen Fragen mit: Was kann ich ihm abnehmen, ohne ihn auszugrenzen? Was kann ich sagen, ohne ihn zu verletzen? Ganz schwierig. Dazu kommen meine eigenen Ängste: Wie soll ich das alleine hinkriegen, wenn Olaf ausfällt? Ich schäme mich für diesen Gedanken, aber ich kann ihn nicht ausblenden.

Es gibt keinen Ausweg aus diesem Dilemma. Da ist der Freund, dessen Leben durch einen kleinen Zellhaufen im Kopf aus der Bahn geworfen wird. Und da bin ich, die nicht weiß, wie sie mit ihren Gefühlen und Sorgen umgehen soll, und um die richtigen Worte ringt. Es ist wirklich eine sauschwere Zeit, aber wir schaffen die Tour. Im Nachgang kann ich sagen: Ich habe es genau richtig gemacht. Ich habe Olaf machen lassen, wie er wollte. Und übernommen, wenn er nicht konnte.

Im August-Urlaub kommt eine SMS: »Es ist ein Glioblastom«. Ich google. Überlebenschance: gegen null. Ich weine, voller Verzweiflung. So viele Tränen! Manche Tumore bedeuten, dass es ein Von-bis gibt. Sechs bis zwölf Monate. Oder: zwei bis fünf Jahre. Dank seines Glioblastoms hat jetzt auch Olaf ein Von-bis. Überlebenszeit etwa ein Jahr. *Jetzt hat auch Olaf ein Von-bis.*

Er wird noch einmal operiert, das Ding ist raus. Er wird bestrahlt. Er ist fast wieder der Alte. Als ich bei ihm zu Hause bin, um über die nächste Tour zu sprechen, geht er in die Küche, um mir einen Kaffee zu machen. Nach 30 Sekunden fragt er, was er eigentlich in der Küche will. *So what!* Ist nur 'n Kaffee.

Ich schreibe die Lieder, ich schreibe die Quizze, plane die Auftritte der Talk-Gäste, lasse mir bei Verträgen helfen und gründe meine eigene Firma, die das Ganze juristisch auf sichere Beine stellt. Bislang hat Olaf das gemacht mit seiner Firma, aber ich will ihm das abnehmen. Und ehrlich: Ich denke auch an mich. Ich muss sicher sein, dass er nichts vergisst.

Wieder so eine Sache, die einen schier zerreißt. Da wird jemand, der mit dem Tod kämpft, nicht mehr für voll genommen. Seine Lebensleistung langsam von seinen besten Freunden ausgeblendet. Wie soll man damit umgehen? Da hilft nur Offenheit. Ich sage Olaf, dass ich nun viele seiner Aufgaben übernehmen werde. Er guckt traurig, aber er versteht mich. Ob er in diesem Moment denkt, dass ich ihn aufgegeben habe? Damals habe ich die Sache einfach nur praktisch gesehen: Die nächsten Monate müssen dingfest gemacht werden für unser gemeinsames Projekt. Immer noch denke ich: »Wird doch alles gut!« Etwas anderes würde ich gar nicht aushalten.

* * *

Dass ich Olaf bewusst aufgebe, kommt erst später. Im Skiurlaub in Obertauern. Seit vielen Jahren fahre ich mit meiner Schwägerin eine Woche in den Schnee. Olaf schreibt: »Wieder ein Tumor. Ich möchte weinen und kämpfen, was soll ich machen?« – »Beides ist wichtig!«, antworte ich. Sitze auf der Mankei-Alm in Obertauern und treffe wen? Mirja. Das ist kein Zufall, heute weiß ich das. Wir trinken Marille. Wir weinen, wir halten uns, werden echte Freundinnen, die beide sagen: Wir sind bei ihm. Egal, was kommt.

Wir sind bei ihm. Egal, was kommt.

Wieder wird Olaf operiert, bestrahlt. Er kann sich nicht konzentrieren, sich nicht kreativ einbringen. Ich starte unsere zweite Steffis-Kneipenquiz-Tour allein, weil Olaf sich das grad nicht zutraut.

Völlig okay. An einem Abend im Mai ist er zum ersten Mal wieder dabei. Und erfährt eine halbe Stunde vor Showbeginn, dass wieder ein Tumor da ist. Sagt er mir im Vorbeigehen. Der Saal ist voll, die Menschen freuen sich. Bislang haben wir überall tolle Kritiken gehabt. Doch Olaf vergisst Texte, Regeln, Reihenfolgen, ist nicht drin im Thema. In der Pause geht er zur Toilette, nimmt leider die falsche. Freundlich wird er aus dem Damenklo bugsiert.

Ich bin wie erstarrt. Wie soll das werden? Wie werde ich ihm und gleichzeitig den Gästen gerecht? Ein Gefühl, das ich kaum in Worte fassen kann. Egal, was ich mache, es wird schrecklich: Entweder lasse ich Olaf außen vor und ziehe es allein durch – das wäre der ultimative Verrat. Oder ich lasse Olaf weiter freie Hand – und dieser und die nächsten Abende enden im Chaos. Es ist eine Situation ohne Lösung. Olaf macht weiter, die Zeit auf der Bühne ist für mich ein einziger Spagat. Aber die Gäste glauben, alles sei geplant.

Am nächsten Tag fragt mich Olaf per SMS, ob ich zufrieden mit ihm bin. Ich weiß, dass ihm diese Bühnenarbeit noch viel mehr als mir bedeutet. Sie ist buchstäblich sein Leben. Also antworte ich:»Mach dir keine Gedanken, du bist ein bisschen chaotisch, aber anders kenne ich dich nicht.« In Wirklichkeit habe ich einfach nur Angst vor der nächsten Show.

Es war das letzte Selfie. Er wusste es. Ich nicht.

Die kommt eine Woche später. Es läuft prima. Bis der Kneipenwirt in der Pause zu mir kommt und fragt, ob mein Kompagnon ein Alkoholproblem habe, er sei orientierungslos auf der Straße rumgelaufen. Ich frage Olaf, was los ist. Er hat ein Bier getrunken und vermutlich hat ihn die Kombination mit seinen Medikamenten aus der Bahn geworfen. Wir wuppen die zweite Halbzeit, die Gäste sind glücklich. Nach der Show meint Olaf:»Komm, lass uns ein Selfie machen!« Noch nie haben wir ein Selfie gemacht. Es war das einzige und das letzte. Er wusste es. Ich nicht.

Olaf ist am Ende. Ihm werden Bestrahlungsstäbe in den Kopf gesetzt. Im Juni fährt er zu seiner Schwester in die Schweiz, möchte Heilkräuter probieren. Am Bahnsteig vergisst er seine Tasche, seinen Kalender, sein Handy. Oder hat er sich absichtlich von der Welt verabschiedet, in der Termine eine Rolle spielen? Dann ist er auf der Palliativstation in Köln. Ich besuche ihn. Durch unsere gemeinsame Arbeit gehöre ich zum engeren Kreis, der Olaf auf seiner Zielgeraden begleitet. Einmal erzählt Olaf von seinem 50. Geburtstag, und ganz unvermittelt kommt der Satz: »Mein Kumpel, der da DJ war, der soll meine CD-Sammlung bekommen.« Olaf fängt also an, seine irdischen Güter zu verteilen. Sieht so das Ende aus?

Nächste Station: Hospiz. Olaf macht Witze. »Wenn der liebe Gott einen guten Unterhalter braucht, kriegt er bald einen, den er wenigstens bezahlen kann.« Seine Freundin hat eine Whats-App-Gruppe eingerichtet, auf der wir uns abstimmen, wer ihn wann besucht. Jeden Abend gibt es im Hospiz Programm für ihn. Er wird von seiner Familie und Freunden getragen. Eine wunderbare Begleitung.

Ein Victory-Zeichen und ein zartes Lächeln.

Olaf schickt ein Foto von sich per WhatsApp. Im Rollstuhl, Victory-Zeichen, ein zartes Lächeln. Dünn ist er, das linke Bein ist weggeknickt. Ich besuche ihn, wir reden über dies und das, erinnern uns, lachen. Und weinen. Ich frage mich, warum ein Mensch, der bewusst dem Tod entgegengehen muss, nicht wahnsinnig wird. Heute weiß ich ein bisschen mehr darüber, wie Morphine wirken.

Wieder ist es Sommer, wieder bin ich im Urlaub. Eine WhatsApp kommt: »Olaf hat es geschafft. Wenn ihr etwas tun wollt, zündet eine Kerze an, damit die Seele ihren Weg findet.« Ich weine, ich bete. Noch lange danach breche ich immer wieder in Tränen aus. Wegen Olaf. Und weil sein Sterben mich so brutal mit der eigenen Endlichkeit konfrontiert hat. Wie intensiv und dramatisch müssen erst seine Freundin, seine Ex-Frau und seine Kinder diese Zeit erlebt haben!

Bis zu Olafs Tod war ich gepampert, was Sterbefälle im engeren Freundeskreis und in der Familie angeht. Aber natürlich gab es immer wieder Leute aus meinem Dorf, die starben. Bei uns am Niederrhein ist es üblich, dass man dann in die Kirche »zum Beten« geht. Halbe Stunde. Danach *Gleich macht sie die Augen auf!* in die Friedhofshalle, wo man sich am offenen Sarg noch mal verabschieden kann. Wenn man möchte. Die Vorstellung, jemanden da in der Kiste liegen zu sehen, hat mir schon als Kind Angst gemacht. Es war doch immer von der Auferstehung die Rede – wer sagte denn, dass das nicht gerade genau dann passiert, wenn ich in den Sarg reingucke? Ich hatte sowieso die Vorstellung, dass sich ein Gestorbener gleich wieder aufrichtet, und alle haben sich vertan. Auch als Erwachsene brauchte ich diese Geste zum Tschüss-Sagen nicht. Immer schön Abstand halten! Bevor Olaf starb, hatte ich erst einmal in meinem Leben eine Tote gesehen, das war meine Großtante. Sie war von meiner Mutter über Jahre gepflegt worden und mit 95 gestorben. Da war ich 32 und schwanger. Nie vergesse ich diesen Moment an ihrem Sterbebett. Die ganze Zeit dachte ich: Gleich macht sie die Augen auf, gleich erschreckt sie dich.

Ich habe so viele Fragen an Olaf! Ich vermisse ihn so sehr! Auch jetzt beim Schreiben kommen mir die Tränen. Aber Tränen gehören zum Thema Mutmachen dazu. Das werde ich noch öfter merken. Aber am Ende, das habe ich von meinen Mutmachern gelernt, wird alles gut. Und wenn es nicht gut ist, ist es nicht das Ende. Diesen Satz habe nicht ich erfunden. Wer immer es war: Er gehört geküsst.

* * *

Als Radiomoderatorin bin ich eine Frau des Wortes und weiß Gott nicht auf den Mund gefallen. Aber eines hat mir die Zeit mit Olaf klargemacht: Ich war viel zu oft sprachlos. Ich war unsicher: Was kann ich sagen? Was darf ich nicht sagen? Wann ist Reden Gold und wann ist es nur Blei? Im Radio gibt es eine goldene Regel: Wenn du nichts Gescheites zu sagen hast, halt den Mund und spiel Musik. Bei Olaf wäre es zu viel Musik gewesen.

Es sind ja nicht nur die fehlenden Worte. Wohin mit dem Gefühls-Overkill? Wer gibt mir die Antwort auf die Frage:»Mach ich das richtig?« Und was mache ich mit den selbstsüchtigen Gedanken, die ich gar nicht haben will? Ich wollte nie mehr rat- und wortlos sein. Dazu musste ich nicht nur das Leben, sondern auch mich selbst besser kennenlernen.

Wer weiß, ohne Corona wären all diese Gedanken vielleicht wieder in der Versenkung verschwunden. Doch während der Lockdowns konnten meine Live-Formate nicht mehr stattfinden, und in meinem Leben war auf einmal genug Raum, um mich diesen Fragen ausgiebig zuzuwenden. Ich fand einen Menschen, mit dem ich viele Gespräche über diese Themen führte – und es heute noch tue.

Günter Hallstein ist das lebende Beispiel dafür, wie verrückt und vielfältig das Leben ist. Er war Polizist und Personenschützer, ging dann einen ganz anderen Weg und studierte Theologie. Eine Ausbildung zum Therapeuten hat er auch noch gemacht. Ich bin gerne bei Günter, der sich selbst »Menschenförderer« nennt. Dabei können die Stunden mit ihm richtig anstrengend sein. Denn er gibt mir nicht nur Antworten, er erwartet auch welche von mir. Befragt zu werden, ist nicht so mein Ding.

Bei Günter lerne ich viel über das Menschsein, über Angst, Tod, Sprachlosigkeit – und über meine leise Seite. In meiner Erinnerung an Olaf habe ich nicht die Stunden vor Augen, in denen *Wenn ich heute an Olaf denke, lächle ich.* wir wie in einer Wolke des Todes die Tour im freien Fall doch noch zu einem guten Ende brachten. Wenn ich heute an ihn denke, lächle ich. Dass ich ihn in dieser letzten Lebensphase begleiten durfte, schenkt mir eine tiefe Freude.

Seine Arbeit war für ihn seine Lebensaufgabe, seine Lebensfreude. Sie hat ihm eine Zeit lang über schwere Stunden hinweggeholfen und ihm eine Perspektive geschenkt. Ich hätte die Letzte sein wollen, die ihm das nimmt. Also habe ich den Druck einfach ausgehalten und gesagt: »Solange du möchtest, bist du dabei.« Es gab ja keine Alternative. Ich spüre immer noch tiefe Befriedigung und Glück, dass ich ihn bis zum Schluss mitgenommen habe und nie den kurzen Versuchungen nachgegeben habe, zu sagen: »Ich kann nicht mehr. Du darfst nicht mehr mit auf Tour.« Hätte ich sowieso nie gekonnt. Heute weiß ich, dass mich genau dieses Aushalten stark gemacht hat. Danke, Olaf!

Sozusagen im Gegenzug war Olaf gleich an zwei *Tiefe Befriedi-* der wichtigsten Weichenstellungen in meinem Le- *gung und Glück.* ben beteiligt. Ohne seine Einladung zu »Deine Sitzung« hätte ich bestimmt noch Jahre gebraucht, bis ich meine Liebe zur Bühne entdeckt hätte. Wenn überhaupt. Aber das letzte Jahr mit ihm schenkte meinem Leben noch einen weiteren Impuls: Ich wollte Menschen ein Stück weit begleiten. Mehr erfahren über ihr Krisenmanagement, ihre Resilienz, ihre Empathie, ihren Pragmatismus. In diesem Kennenlernen steckt auch Eigennutz. Denn erst, wenn ich mein Leben, meine Erlebnisse, meine Reaktionen auf Schicksalsschläge mit anderen abgleiche, weiß ich: Mit welchen Fähigkeiten bin ich ausgestattet? Was können andere besser als ich? Wo ist bei mir noch Luft nach oben?

Zu diesem Gedanken gab es noch einen Spin-off. Im Frühjahr 2021 entstand die Idee, einen Radio-Podcast zu machen. Aber nicht mit den üblichen Zweieinhalb-Minuten-Beiträgen. In dieser kurzen Zeitspanne gilt es, möglichst viel vom Gesprächspartner zu erfahren. Das kann ich gut. Darin bin ich geschult. Und dachte oft nach so einem Gespräch: Schade, da ist allerhand zu kurz gekommen. Da hätte ich gerne mehr gewusst.

Ich wollte in die Tiefe gehen, nachfragen, das Gesagte wirken lassen. Mehr Zeit erlaubt mehr Intensität. Neben dem Zeitfaktor würde auch der Ort des Geschehens eine große Rolle spielen. Sehr persönliche Gespräche brauchen einen geschützten Raum. Deshalb wollte ich die Menschen, die mir ihre Geschichte anvertrauen, bei ihnen zu Hause treffen. Aber wie sollte diese kleine Reihe heißen? Als der Name *Steffis Mutmacher* fiel, ging in mir gleich eine Sonne auf. Ich wusste sofort: Ja, das ist es. Ich möchte Geschichten von ganz normalen Leuten hören. Menschen, die in ihrem Leben Hindernisse überwunden haben, Besonderes leisten und Stärke zeigen. Vorbilder auf den zweiten Blick. Sie zeigen den Zuhörern: Und wenn es noch so knüppeldick kommt – es geht irgendwie weiter. Echte Mutmacher eben. Einige von ihnen lernst du in diesem Buch kennen.

Vorbilder auf den zweiten Blick.

Eine meiner Gesprächspartnerinnen hatte genau das, was mir in meinem Miteinander mit Olaf gefehlt hatte: Übung im Umgang mit Menschen, die ihr Ende vor Augen haben.

* * *

Martina Zimmer strahlt Liebe aus. Das gibt es. Es gibt Menschen, die sind das Licht. Einfach durch ihr Dasein, durch ihr Lächeln, durch ihre Stimme. Martina ist unauffällig und bleibt doch in Erinnerung. Sie ist Anfang 50, verheiratet, hat zwei erwachsene Kinder. Ein toller Mensch, der mich auf Anhieb beeindruckt. Sie lacht voller Liebe, der Blick ist zugewandt. Alles an ihr ist warm und lieb. So fühlt es sich an.

Martina ist Sterbebegleiterin im ambulanten Hospizdienst. Sie hält Hände, hört zu, beantwortet all die Fragen der Sterbenden und ihrer Angehörigen. Sie steht den Menschen aber auch physisch bei. Einen hilflosen Menschen zu versorgen, ihn zu waschen, seine Gerüche wahrzunehmen, Urin, Kot, Schweiß, Spucke, alles, was beim menschlichen Körper mit dabei ist, anzunehmen, hinzunehmen – das ist eine ganz große Aufgabe. Fremde Menschen anfassen, waschen, anziehen, also, ich könnte das nicht. Doch wenn ich darüber nachdenke, merke ich schnell, dass es gar nicht ums Können geht, sondern ums Mögen. Klar könnte ich das, wenn ich müsste. Aber niemals würde ich daraus einen Beruf machen wollen. Darf man das so sagen? Das klingt so nach: Nehmen, wenn du's brauchst. Aber nicht geben.

Martina ist Krankenschwester. Heißt für mich gleich: Den Menschen zugewandt sein ist ihr Ding. Das könnte ich zwar auch von mir behaupten, aber sobald es unappetitlich wird, ist es mit der Zugewandtheit auch schon wieder vorbei. Ich denke, das geht vielen so. Dabei waren wir alle schon mal im Krankenhaus und dankbar, dass es Menschen gibt, die uns zum Klo bringen und uns bei Schmerzen über die Wange streicheln. Erst im Krankenbett wissen wir zu schätzen, was Menschen wie Martina jeden Tag leisten.

Menschen, die uns bei Schmerzen über die Wange streicheln.

Das Erste, was sie mir mit auf den Weg gibt:»Ich habe als Sterbebegleiterin viel mehr mit dem Leben zu tun als mit dem Tod.« Punkt. Das sitzt. Und macht mich neugierig: Der Tod ist doch das Ende vom Leben! Das lässt sich doch nicht weglächeln! Um diesem Rätsel auf die Spur zu kommen, muss ich mehr über Martinas Alltag wissen. Also frage ich sie, wohin sie nach unserem Gespräch fahren wird. Zu einem sterbenden 83-Jährigen. Vor acht Jahren hat er noch seinen Doktortitel gemacht. Aber jetzt: Demenz, Lungenentzündung. Seine Frau betreut ihn zu Hause und hat Martina gebeten, zu kommen. Es gibt zwar eine palliativmedizinische Betreuung, aber keinen Pflegedienst. Die Frau ist allein. Sie ist besorgt, weil die Atmung ihres Mannes manchmal anders ist und sie nicht weiß, was sie dann tun soll. Es gibt auch noch mehr, als nur die rein praktischen Dinge zu klären. Sie fragt sich, wie sie ihre große Liebe in dieser letzten Phase seines Lebens am besten begleiten kann.

Zwei Dinge finde ich wunderbar an dieser Geschichte. Das erste: Was für ein starker Traum muss das gewesen sein, wenn jemand mit 75 den Doktor macht! Ich bewundere die kognitive Höchstform und den Mut dieses Mannes, sich für seinen Traum zu entscheiden und statt dem Gartenstuhl den Schreibtisch und das Bücherwälzen zu wählen. Und das zweite Wunder: der bedingungslose Beistand, den seine Frau ihm am Ende des Lebens schenkt. Wie toll ist das denn? Davon träumt doch jeder: Die Liebe des Lebens zu finden, mit der zusammen man alle Krisen übersteht. Zwei Menschen, die füreinander immer an erster Stelle stehen. Aufruf an alle Liebenden: Lasst uns wahrnehmen und wertschätzen, was wir haben! Auch wenn es zwischendurch auf der anderen Straßenseite glitzert.

Martina und ich sprechen über ihren aktuellen Patienten – oder in ihrer Fachsprache: ihre aktuelle Begleitung. Ist es für sie leichter, wenn jemand mit weit über 80 sterben muss? Martina meint: »Menschen leben gerne. Auch ältere Menschen leben gerne.« Man könnte es auch so sagen: Je länger du lebst, umso mehr liebst du das Leben.

Je länger du lebst, umso mehr liebst du das Leben.

Trotzdem schmerzt es besonders, wenn ein Kind gehen muss. Schon der Gedanke daran tut unfassbar weh. Martina hat da einen Begriff, der den Schmerz offenbar auf Abstand halten soll: Die Kinder sind »lebensverkürzend erkrankt«. Ich würde es anders ausdrücken: Scheiße ist das, schlimm und nicht auszuhalten. Aber auch in solchen Fällen kommen die engelsgleichen Martinas dieser Welt und bieten Hilfe. »Ab Diagnosestellung dürfen Familien einen Hospizdienst beanspruchen«, erklärt sie mir. Manchmal gibt es dann längere Pausen in der Betreuung, denn oft leiden Kinder unter genetischen und Stoffwechselerkrankungen, bei denen es ihnen zwischendurch besser geht.

Martina hat die Situation immer als Ganzes im Blick: »Wir begleiten das erkrankte Kind und das Geschwisterkind, das oft ja auch ein bisschen in den Schatten gestellt wird, weil die Erkrankung einen so großen Raum einnimmt.« Ich denke an die Zeit mit Olaf und daran, wie auch andere Menschen, die ihn gar nicht kannten, in den Strudel mit reingezogen wurden. Für meinen Mann war es unglaublich anstrengend, weil ich so lange Zeit monothematisch unterwegs war. Ich bin ihm dankbar, dass er auf mich gewartet hat, bis ich aus dem Tunnel wieder ins Freie kam.

Aus dem Tunnel wieder ins Freie.

* * *

Als Sterbebegleiterin weiß Martina, dass Angehörige das Gefühl brauchen, alles richtig zu machen. Aber eigentlich, versichert Martina mir, kann man gar nichts falsch machen. Das zu wissen, tut gut. Alle wollen etwas Gutes tun – darauf kommt es an. Schmerzfreiheit ist wichtig, dafür liegen die Medikamente parat. Aber das Wichtigste ist, jemanden an der Seite zu haben. Alles andere ist zweitrangig. Ich weiß von der intensiven Zeit mit Olaf im Hospiz, wie das ist. Viel Lachen. Viele Erinnerungen. Viel Dankbarkeit. Und viel Trauer und Schmerz. Eine Freundin sagte mir einmal, ihre Trauer sei da, aber diese fühle sich friedlich an. Und aufgeräumt.

Martina weiß: »Beziehungen sind das A und O. Das ist ein ganz großes Bedürfnis.« Ganz besonders am Lebensende. Sie erzählt mir von einem Fall, da hatte die Tochter Streit mit der Familie, es gab keinen Kontakt mehr. Nach zehn Jahren – die Mutter lag im Sterben – kam die Tochter wieder nach Hause. Genau in diesem Moment sei die alte Dame verstorben. Martina ist sich sicher: »Das hat sie noch mitbekommen: Meine Tochter ist da.«

Ob sich ein Mensch aussuchen kann, wann er stirbt? Offenbar geht Loslassen leichter, wenn sich ein emotionaler Knoten löst. »Aussuchen glaube ich nicht«, sagt Martina. »Aber ich glaube, dass Menschen am Lebensende solche Kraft entwickeln können, dass sie wirklich noch auf etwas warten. Eine Erleichterung, oder eben der Sohn, der noch aus Amerika einfliegen muss. Ich habe die Erfahrung gemacht, dass es manchen gelingt.«

Es gibt aber auch Brüche im Leben, die selbst im Angesicht des Todes nicht gekittet werden können. Ich denke wieder an Olaf. Ich hatte ihn einmal gefragt, ob er mit allen Menschen gut ist. Nein, mit einem Menschen sei er nicht gut, hatte er gesagt. Und dass er auch nicht wisse, ob er das will. »Es ist schon ein sehr großes Bedürfnis nach Frieden«, sagt Martina. »Manchmal gelingt es nicht, dann müssen wir halt die Brüche des Lebens aushalten.«

Ein großes Bedürfnis nach Frieden.

Manche Momente kann auch Martina nicht aushalten. »Dann darf ich auch mal weinen und sagen: Das nimmt mich jetzt auch mit und ich bin so traurig«, sagt sie. Schwer werde es vor allem, wenn sie Familien längere Zeit begleitet hat. »Dann weiß ich aber auch: So ist das Leben.« Der Gedanke, dass es für die Menschen vielleicht ein kleines bisschen leichter war, weil der Hospizdienst sie unterstützt hat, gibt Martina Trost.

Ich bin fasziniert von dieser Frau – und fühle mich sehr klein. Die Martinas dieser Welt stellen ihr persönliches Leid hinter das Leid der Familien. Überhaupt geht es ihnen nicht um die eigenen Vorstellungen und Überzeugungen, sondern allein um die der Menschen, die betreut werden. Das gilt auch für den Glauben. Martina erzählt mir lachend, dass sie einmal eine Buddhistin begleitet habe und auf der Suche nach einem gemeinsamen Nenner erst einmal googeln musste. »Ich habe sie gefragt: Können Sie sich vorstellen, dass Sie aufgefangen sind in Liebe? Sie konnte nicht sprechen, sie hat mir aber mit den Augen Zeichen gegeben. Als dann ihre Lieblings-Ehrenamtliche kam, ist sie gestorben. Aufgefangen in Liebe.« Als Martina das erzählt, mag ich gar nichts mehr sagen. Weil das so wunderbar friedlich klingt.

Nicht nur für die Sterbenden geht es um Lebensqualität. Angehörigen und Freunden fällt der Umgang mit ihrer Trauer leichter, wenn sie den Prozess des Sterbens mitgestalten. Wenn sie noch einmal etwas für den geliebten Menschen tun können. Die ständige Überlegung, was er gerade braucht, führt ganz automatisch zu einer weiteren Frage: Wie sieht es eigentlich mit *Aufgefangen in Liebe.* meiner eigenen Lebensqualität aus? Martina hilft den Menschen, auch auf diese Frage eine Antwort zu finden. Sie selbst wird immer wieder beflügelt, ihre eigene Lebenszufriedenheit auf den Prüfstand zu stellen. »Das ist das, was wir Haupt- und auch die Ehrenamtlichen mitnehmen in unser eigenes Leben. Das springt auf uns und unsere Haltung über«, sagt Martina und lächelt. Wie ein Engel irgendwie, mit ihrem blond gelockten Haar.

Als Sterbebegleiterin kann sich die gelernte Krankenschwester Zeit nehmen und anders als in ihrem ursprünglichen Beruf echte Fürsorge leisten. Auch im Ehrenamt kann man diese Tätigkeit ausüben. Eine intensive Ausbildung ist selbstverständlich – 120 Stunden kommen da zusammen, in denen es neben der bewussten Auseinandersetzung mit lebensendlichen Themen auch sehr viel um Selbstreflexion geht. »Gerade haben wir einen Kurs beendet«, sagt Martina. Die neuen Ehrenamtlichen waren durchweg begeistert: »Wir haben schon viele Fortbildungen gemacht, aber das war wirklich etwas, das unser Leben bereichert.«

* * *

Nicht zuletzt müssen auch die juristischen Grundlagen klar sein. Jetzt sind Martina und ich mal kurz weg vom Emotionalen. Ein Testament erspart Angehörigen und Freunden viel Ärger. Martina macht Mut, sich auch um lästige und unangenehm zu regelnde Dinge wie die Patientenverfügung zu kümmern. »Sterbende können so viel gestalten! Und keine Sorge: Nur weil man eine Patientenverfügung macht, stirbt man keinen Tag eher!« Da ist sie wieder: Martinas positive, empathische und gleichzeitig praktische Haltung.

Auch ich habe das lange vor mir hergeschoben. »Jaja«, dachte ich oft, »irgendwann kümmere ich mich darum.« Als mein Mann und ich vor ein paar Jahren gemeinsam nach Afrika flogen, haben wir es endlich durchgezogen. Mit zwei kleinen Kindern zu Hause war das wichtig. Am Tisch zu sitzen und daran zu denken, wer welche Entscheidungen treffen soll, wenn wir selbst es nicht mehr können, war nicht schön. Aber danach hatten wir's aus den Füßen. Und das war wiederum ein gutes Gefühl.

Mitten im Leben an den Tod denken.

Warum scheuen wir uns eigentlich so sehr, mitten im Leben an den Tod zu denken? Besser wäre es, schon in frühen Jahren den Tod als Teil des Lebens zu begreifen und ihm so den Schrecken zu nehmen. Als Martina und ich darüber sprechen, dass manche Kinder ferngehalten werden, wenn Opa oder Oma gestorben sind, wird sie ungewöhnlich energisch: »Ja, wie traurig ist das denn? Wir feiern ja auch Geburtstag zusammen. Und der Abschied gehört doch auch zum Leben dazu!« Viele Menschen wollen nicht, dass die Kinder ihre Tränen sehen. Martina hat da eine klare Empfehlung: »Es ist gut, Gefühle zu zeigen. Es wäre doch traurig, wenn auf einer Beerdigung keiner weinen würde.«

Martina gibt gleich noch einen Tipp mit: Wer sich nicht sicher ist, ob er sich auf der Beerdigung gut um sein Kind kümmern kann, fragt einfach die Freundin oder die Patentante, ob sie es an die Hand nehmen kann. Ihrer Erfahrung nach hilft es auch sehr, im Vorfeld mit dem Kind eine Kerze zu gestalten, die dann bei der Trauerfeier entzündet wird.

Später überlege ich, auf welcher Beerdigung ich als Kind war. Von Oma, von Opa. Den eigenen Vater bitterlich weinen zu sehen, das hat

mir als kleines Mädchen schon zugesetzt, daran erinnere ich mich
gut. Aber das war gar nicht so schlimm. Viel eindrück-
licher war meine Vorstellung, dass da jemand begraben *Was ist, wenn*
wird. Der kriegt doch keine Luft mehr! Ob der wirklich *der wieder*
tot ist, wenn Erde über ihn geschüttet wird? Ich hab bis *wach wird?*
heute Beklemmungen, wenn ich in enge, dunkle Räume gehen soll.
Höhlenwanderung? Niemals! In Keller runterzugehen überleg ich
mir dreimal, es sei denn, es ist ein Partykeller. Wie oft bin ich schon
eingeladen worden, eine Fahrt unter Tage mitzumachen! »Das letzte
Mal Zeche Zollverein« und so … Nie mitgemacht.

Blöde Idee, sich begraben zu lassen. Aber sich verbrennen lassen
ist auch scheiße. Egal, wie du's machst, es ist verkehrt. Gut, dass ich
gläubig bin. Also vertraue ich darauf, dass sich nach dem Tod schon
jemand kümmern wird. Was *vor* dem Tod geschieht und wie wir uns
um Sterbende kümmern, liegt dagegen in *unserer* Verantwortung.

* * *

Martinas Aufgabe als Sterbebegleiterin ist mit dem Tod nicht gleich
vorbei. Oft wird der Hospizdienst angerufen und die Familie fragt:
»Was machen wir denn jetzt?« Dann antwortet Martina meist als Erstes: »Möchten Sie beten?« Manche wollen und können das, manche
nicht. Es geht darum, sich auch nach dem Tod des geliebten Menschen die Zeit zu nehmen, sich zu verabschieden. Es gibt so vieles,
womit wir unsere Verbundenheit ausdrücken können. Das kann einfach nur ein bewusst ausgesprochener Satz sein, den du dem oder der
Verstorbenen mit auf den Weg gibst. Die Fürsorge zeigt sich auch in
dem Liebesdienst, für ihn oder sie eine besondere Kleidung auszu-
wählen. Ich halte beim Schreiben inne, gucke aus dem Fenster in die
Sonne und überlege, was ich gerne tragen würde. Etwas Bequemes.
Denn da liegt man ja länger. Muss lachen. Fertig.

Wen glaube ich zu treffen, wenn ich tot bin? Ich würde total gerne meinen Kumpel Olaf wiedersehen. Wenn er da oben schon meine Freundin Miri kennengelernt hätte, hätten sie bestimmt viel Spaß miteinander. Und wenn beide Rückenschmerzen haben, sollen sie Josef besuchen, der war mein Heilpraktiker. Alle viel zu früh gestorben. Aber der Gedanke, dass diese drei sich kennenlernen und mögen, der ist schön. Es werden jedes Jahr mehr, auf die ich mich freue. Wen willst *du* wiedersehen? Hast du mal darüber nachgedacht?

Es werden jedes Jahr mehr, auf die ich mich freue.

Nach meiner Begegnung mit Martina bin ich leicht, fühle mich erleichtert – dabei hat es sich im Vorfeld so schwer angefühlt. Sie hat ganz unkompliziert vieles gesagt, was mir schwergefallen wäre. Das Gespräch mit ihr hat mich noch mal bestätigt. Ich will mich mehr um mich kümmern. Nicht so vieles auf später verschieben. Meine privaten Beziehungen pflegen. Von Berufs wegen habe ich dauernd mit Menschen zu tun, darüber vergesse ich manchmal, dass ich auch einen eigenen Freundeskreis habe. Niemand sagt am Ende seines Lebens: »Hätte ich mal weniger Zeit mit meinen Freunden verbracht!« Genau andersherum ist es. Wahrscheinlich könnte auf jedem zweiten Grabstein stehen: »Hätte ich mal nicht so viel gearbeitet!«

Olaf hat es richtig gemacht. Er hat seine Arbeit geliebt. Aber er hat es irgendwie auch geschafft, dass er am Ende von einer ganzen Reihe Menschen liebevoll gehalten wurde. Das hat er gemerkt. Einmal sagte er voller Dankbarkeit in die Runde: »Die Engel hab ich schon auf Erden gehabt.«

Überhaupt: Dass niemand allein sein muss mit der Angst vorm Sterben, beruhigt so sehr. Das zu wissen, tut unendlich gut. Und macht mir Mut. Vielleicht geht es dir jetzt ebenso. Das würde mich freuen.

2

Absturz in den Alkohol

Marianne besiegt ihre Sucht

»Ich bin trockene Alkoholikerin, und dir, Steffi, möchte ich gerne davon erzählen«, schreibt Marianne aus Ostwestfalen. Als ich ihren Nachnamen lese, denke ich gleich: Die kennste doch. Und gucke nach. Ja, Marianne ist treue WDR 2-Hörerin, die sich oft an Sendungen beteiligt, Nachrichten schickt und von ihrem Mann Klaus als »meinem Lieblingsbauer« erzählt. Das finde ich natürlich prima, weil ich selbst auf einem Hof groß geworden bin. Zeig mir einen Bauernhof mit langer Einfahrt, Wiesen mit Tieren drauf und Misthaufen, und ich bin glücklich.

Alkoholismus ist also Mariannes Thema. Ich kann nur ahnen, welchen Weg sie hinter sich gebracht hat, und überlege, wie ich sie möglichst schnell treffen kann. Hüttinghausen. Nie gehört. Ich schaue nach: Das ist Soest, die Kante. Okay. Ganz schön weit weg vom Niederrhein, wo ich zu Hause bin. Mal schauen, wie ich das logistisch hinkriege. Ein Blick in meinen Tourplan *Landstraße, Land und dicke Trecker.* zeigt mir, dass einige Wochen später bei »Steffis Kneipenquiz« Ascheberg auf dem Programm steht. Eine Autostunde von Hüttinghausen. Drei Kneipenquiz-Abende hintereinander werde ich dann in den Knochen haben. Eigentlich bin ich nach so einer Tour echt durch. Aber ich finde: Mit Fantasie und Spucke liegt Marianne auf dem Weg.

Also fahren wir an einem kalten, usseligen Dezembertag durch Ostwestfalen. Um uns herum nur Landstraße, Land und dicke Trecker. Wie bei mir zu Hause, nur dass ich mich nicht auskenne. Wir sitzen zu zweit im Auto. Denn zu den Mutmacher-Aufnahmen reist immer ein Tontechniker mit, entweder Marian oder Kaya. So muss ich mich während der Gespräche nicht darum kümmern, ob der Ton funktioniert, der Geräuschpegel stimmt. Wenn ich nicht gerade eine Kaffeetasse in der Hand halte, habe ich also alle Sinne frei für mein Gegenüber. Das ist mir wichtig.

Tontechniker machen mehr, als nur auf den On-Knopf zu drücken. Es gehört viel Wissen dazu, einen guten Ton abzuliefern. Die Gesprächspartner dürfen zum Beispiel keinen Ohrschmuck tragen. Weil wir Headsets tragen, würde es bei jeder Kopfbewegung ein Störgeräusch geben. Es hilft auch nicht, die Handys auf stumm zu stellen. In Tonaufnahmen kann dann trotzdem ein unangenehmes Summen zu hören sein. Also: Handys ganz aus! Dass mal eine Kuckucksuhr reinbämmt, ist schon passiert. Ist ganz lustig. Aber über eine halbe Stunde eine tickende Armbanduhr im Hintergrund nervt einfach nur. Das sind so Kleinigkeiten, an denen eine ganze Aufnahme scheitern kann. Wenn die geklärt sind, fängt die Arbeit erst richtig an. Raumakustik, Sound, Toninfrastruktur … eine Wissenschaft für sich.

Am besten sind Tontechniker, wenn man am Ende gar nicht merkt, dass sie was gemacht haben. Wenn's dumpf, hohl oder scheppernd klingt, haben sie ihren Job nicht gut gemacht.

Die besten Tontechniker sind gar nicht da.

Und wenn einer sagt: »Mensch, das ist aber ein guter Ton!«, dann ist auch was verkehrt gelaufen. Genauso ist es bei den Aufnahmen selbst: Marian und Kaya sitzen bei den Gesprächen immer mit am Tisch, aber irgendwie sind sie gar nicht da. Sie verschwinden. Auch das ist eine Kunst. Echte Profis eben.

Marian und Kaya sind auch noch aus einem weiteren Grund wichtig für mich: Sie sind meine »ersten Hörer«. Noch während ich mich unterhalte, sehe ich an ihrem Blick, ob sie beim Gespräch dabei sind oder ob sie innerlich auf die Uhr schauen, wann es endlich vorbei ist. Für all das an dieser Stelle mein spezieller Dank an die beiden.

Auch Marian hat das Dossier über Marianne bekommen. Das ist für einen Tontechniker nicht selbstverständlich. Weil Unsichtbarkeit ihre beste Eigenschaft ist, werden Tontechniker auch sonst manchmal übersehen. Für mich ist es aber eine Sache der Wertschätzung, dass sie nicht einfach nur hinterherdackeln sollen, sondern mit einbezogen werden und wissen, was auf sie zukommt.

* * *

Ich freue mich auf Marianne, schon allein wegen dem Bauernhof. Als wir ankommen, denke ich: Wie gut, dass die Glücks-Skala nach oben offen ist! Ich bin total geflasht. Das hier ist eher ein Gutshof als ein Bauernhof! Alles ist weitläufig und wohlgeordnet. Das Hauptgebäude ist eingerüstet, weil das Dach gerade neu gemacht wird. Man sieht sofort: Hier wird alles in Schuss gehalten.

Die Fußhupe macht ihrem Namen alle Ehre.

Zur zweiflügeligen Haustüre geht es richtig herrschaftlich einige Stufen hinauf. Dahinter ein Riesenflur mit alten Fliesen, so groß wie eine Stadtwohnung. Ich bin sprachlos. Zwei Hunde kommen uns entgegen und freuen sich, ein größerer Labradoodle und ein kleiner weißer. Ein Bichon Frisé, wird mir später gesagt. Bei uns heißt das ja »Fußhupe«. Der kleine Kerl macht diesem Namen gleich alle Ehre, denn als Allererstes trete ich ihm auf die Pfote. Hinter den Hunden kommt Marianne, die sich ebenfalls freut. Eine fröhliche Frau mit langen blonden Haaren, 61 Jahre alt. Eine Anpackerin, die sich für unseren Besuch nicht extra in Schale geworfen hat. Dass ihre Alltagskleidung Sinn macht, merke ich, als wir später zu ihren Alpakas auf die Wiese gehen. Ich bin zwar in Jeans und Pulli, aber mit meinen schneeweißen Ankle Boots bin ich definitiv nicht auf dezemberliche Modderwiese eingestellt.

Hinter Marianne kommt noch ihr »Lieblingsbauer Klaus« – der freut sich genauso wie alle anderen. Hey, alles fein. Ich habe das Bedürfnis, Marianne zu umarmen. Weil wir uns ja quasi kennen und *Kurzer Drücker, los geht's.* sie mir diesen großen Vertrauensvorschuss schenkt, für den ich sehr dankbar bin. Kurzer Drücker, los geht's. Den langen Flur entlang. Links verzieht sich Klaus in sein Büro, rechts geht's in eine große Küche, eine breite Treppe führt rauf in den ersten Stock. Wir gehen weiter geradeaus ins Esszimmer. An dem großen Tisch wurde gerade gegessen. »Alle Mitarbeiter auf dem Hof essen hier mittags zusammen«, erzählt Marianne. Und das sind einige. Eine Flügeltür verbindet diesen Raum mit der Terrasse, von der aus Stufen runter in den großen Garten gehen. Ein Ort zum Glücklichsein.

* * *

Der Betrieb ist riesig. Seit vier Generationen gibt es den Hof schon, und man geht mit der Zeit: Fotovoltaik, Schweinemast und Ackerbau sind die Hauptbetriebszweige. Neue, innovative Themen sind dazugekommen, um dem Tierwohl gerechter zu werden. Draußen-Schweine, Strohwohl, kurze Transportzeiten der Tiere durch regionale Partner, ausgesuchtes Futter, Direktvermarktung, offener Betrieb. Die von Marianne geleiteten Führungen sind gut besucht. Schon als ich mir die Homepage des Hofes angeschaut hatte, dachte ich: Wow, das ist Landwirtschaft von morgen! Jetzt sehe ich das alles live, und der Eindruck verstärkt sich nur noch: Hier wird was bewegt. Und Marianne bewegt mit.

»Wir treffen alle Entscheidungen zusammen«, sagt sie. Wir. Klaus und Marianne. Auch Mariannes langjähriger Alkoholismus hat die beiden nicht auseinandergebracht. Sie ist mit Klaus in zweiter Ehe verheiratet. Auch für ihn ist es die zweite Ehe. Zur Patchworkfamilie gehören sechs Kinder. Mariannes erste Ehe – na ja. Hat aber trotzdem lang gehalten, 25 Jahre. Alkohol spielte schon damals eine Rolle: »In meiner ersten Ehe habe ich viel getrunken. Heute sehe ich es als innere Flucht.«

Kennengelernt haben sich Marianne und ihr zweiter Mann auf einem Trennungsseminar. Vorher kannten sie sich locker, weil Marianne dem frisch verlassenen Klaus mal gezeigt hatte, wie sein Computer funktioniert. Dessen Ehefrau war von dannen gezogen und mit ihr auch die IT-Kompetenz. »Die erste Nacht beim Trennungsseminar haben wir noch getrennt verbracht«, lacht Marianne und erzählt von dem Gesicht des Eheberaters, der schon am dritten Tag seines Seminars einen ersten Erfolg verzeichnen konnte. Seitdem sind die beiden unzertrennlich.

Wir setzen uns, es gibt Zitronenlimonade. Gleich rein in das Thema, denke ich. Bei Marianne geht das. Was passieren würde, wenn ich jetzt Lust auf ein Glas Wein hätte, frage ich sie. »Gibt's nicht. Es gibt gar keinen Alkohol hier im Haus. Es gibt noch nicht einmal die Gläser, aus denen ich früher getrunken habe.« Wow, das ist eine klare Ansage. Null Toleranz für Alkohol. »Anders geht es nicht«, sagt Marianne.

Null Toleranz für Alkohol. Anders geht es nicht.

Wenn bei Hofführungen jemand eine Flasche Wein als Mitbringsel überreichen möchte, geht die gleich wieder retour. Mit dem Hinweis: »Ich bin trockene Alkoholikerin. Bitte wieder mitnehmen. Das bringt mich um.« Marianne fragt auch bei jedem Restaurant-Besuch, ob in irgendeiner Soße Alkohol drin ist. »Das wird sofort analysiert. Ich bin sehr, sehr achtsam.«

Echt jetzt? So'n bisschen Amaretto im Tiramisu kann doch nicht schaden, oder? Ich hab mal nachgeschaut: Sogar dann, wenn ein Rinderbraten zweieinhalb Stunden vor sich hin köchelt, sind in der Sauce noch ungefähr fünf Prozent des zugefügten Alkohols drin. Und im Fischeintopf, der eine Dreiviertelstunde bei geschlossenem Deckel zieht, finden sich sogar noch 30 Prozent des im Weißwein enthaltenen Alkohols auf dem Teller. Dass der Alkohol beim Kochen vollständig verdampft und nur das Aroma zurückbleibt, ist also ein Märchen. Das sollten auch Eltern wissen. Denn auf Kinder wirkt Alkohol besonders schädlich, sie wachsen noch und das Zeug ist ein Zellgift. Alkohol steckt in vielen Sachen drin, ohne dass es draufsteht. Sogar als »alkoholfrei« deklarierte Getränke dürfen bis zu 0,5 Volumenprozent enthalten. Ein Alkoholiker, der sein Suchtmittel schmeckt oder riecht, muss geradezu übermenschliche Kräfte aufbieten, um nicht gleich wieder am Haken zu hängen. Bei jedem Grillfest, jedem Restaurantbesuch müssen sie also fragen: Ist da Alkohol drin? Nicht jeder Gastgeber hat dafür Verständnis. Schnell werden sie zu den Leuten in eine Ecke gestellt, die mit dem Essen nervig sind: »Einmal den Nizza-Salat bitte. Aber ohne Oliven und ohne Sardellen, dafür doppelt Kapern und den Thunfisch extra.«

Marianne hat sich daran gewöhnt, komisch angeschaut zu werden. Was sie aber wirklich ärgert, sind die Schnapsfläschchen an der Supermarktkasse. Die müssten echt verboten werden. »Das ist nur

»Na? Willste nicht doch?«

der Sprit to go für Menschen, die ein Alkoholproblem haben. Diese Flaschen werden versteckt in Innentaschen der Jacke, im Stiefelschaft. Das ist nicht der Drink für den gemütlichen Abend.« Über diese Fläschchen habe ich noch nie nachgedacht. Auch nicht darüber, wer die eigentlich kauft. Es ist so, als würde man einen Junkie, der verzweifelt versucht, vom Heroin oder Amphetamin loszukommen, die Spritze hinhalten und fragen: »Na? Willste nicht doch?«

* * *

Aber mal von Anfang an. Marianne ist im Sauerland groß geworden, als Kneipenkind. Die Eltern hatten eine Wirtschaft. »Mein Vater hat, als ich fünf Jahre alt war, eine Kneipe gepachtet, meine Mutter hinter die Theke gestellt und ›Nun mach mal‹ gesagt.« Ihre Mutter hatte keine Wahl, trotz vier Kindern im Haus. Das fünfte war dann bald unterwegs. »Die Kneipe war eine Dorfkneipe. Sie hatte keine Möglichkeit, Mittagstisch anzubieten, damit auch mal Touristen kamen. Es waren immer die Stammgäste. Und die haben nur getrunken.« Marianne erinnert sich genau, wie es war, wenn sie und ihre Geschwister etwas von ihrer Mutter wollten. »Da war so eine Schiebetür zum Schankraum. Und in neun von zehn Fällen hat sie die Tür einfach wieder zugeschoben.«

Das zu hören tut mir weh. Kleine Kinder, die von Mama was brauchen, werden zurückgewiesen. Es kommt mir vor, als sei da in Marianne ein großer Gram. »Nein«, winkt sie ab. »Gar nicht. Meine Mutter hatte keine andere Chance.«

Nicht nur, dass die Mutter kaum Zeit für sie hatte, die Kinder wurden auch in den Kneipenalltag eingespannt. »Wir haben als Kinder die Theke sauber machen müssen, das fand ich ganz schrecklich«, erzählt Marianne. »Es roch immer nach Alkohol.« Und dann war da die Sache mit dem Schnaps. Der wurde in großen Vorratsgefäßen angeliefert. Um ihn in kleinere Flaschen umzufüllen, gab es zwei Rohre im Stopfen. Durch das eine wurde Luft in die Flasche gepustet, sodass ein Überdruck entstand und durch das andere Rohr der Schnaps in die kleinere Flasche lief. Mariannes Vater schickte seine Kinder oft zum Schnapsholen in den Keller. Marianne schüttelt es heute noch: »Dann bist du an dieses Blaseding gegangen, hast gepustet und immer den Mund voll Schnaps gehabt. Ich fand das so eklig und hab's

... als Kind immer den Mund voll Schnaps.

ausgespuckt, aber mein Vater hat sich kaputtgelacht.« Marianne sagt heute, dass ihre Kindheit in der Kneipe nicht die Hauptursache für die spätere Sucht sei. Aber dass ihre Eltern auch nichts getan hätten, um sie zu schützen.

Wie unverantwortlich damals mit Alkohol umgegangen wurde! Ich versuche mich zu erinnern, wann für mich das erste Mal war. Genippt am Riesling-Glas der Oma. Das war fies. Als junges Mädchen beim Ausritt ein Pinneken Apfelkorn beim Zwischenstopp an den Gehöften. Mit Schütteln, weil es so gar nicht schmeckte. Aber man gewöhnt sich ja ...

Alkoholiker wird man nicht von heute auf morgen. Sondern schleichend. Wenn Alkohol zum Beispiel zum Problemlöser wird.

Ein Pinneken Apfelkorn beim Zwischenstopp.

Auch bei Marianne war das so. Anfangs gab es noch Phasen, in denen sie gar nicht trank. In den ersten beiden Jahren ihrer zweiten Ehe mit Klaus rührte sie keinen Alkohol an.»Weil ich so verliebt war, so glücklich.« Dann kamen einige Baustellen familiärer Art. Beide haben Kinder aus der ersten Ehe, da läuft nicht alles rund. Marianne belastete das sehr.

Genauso schleichend wie der Alkoholismus kommt auch die Erkenntnis, dass es da ein Problem gibt. In der Therapie lernt Marianne, dass es auch mal zwanzig Jahre dauern kann, bis einer nicht mehr die Augen davor verschließen kann, dass Alkoholismus im Spiel ist. Das gilt auch für das Umfeld von Alkoholikern. Denn bevor jemand seinen Konsum nicht mehr verbergen kann, sind es meist viele Jahre, in denen ihm das sehr gut gelingt. Familie und Freunde werden getäuscht, vielleicht wollen sie auch nicht genau hinsehen, finden Erklärungen für merkwürdiges Verhalten. Und fallen dann aus allen Wolken.

* * *

Marianne trank immer nur heimlich. Nie in der Öffentlichkeit. Wahnsinnig clever! Als herauskam, dass sie ein Alkoholproblem hat, waren ihre Freunde total baff:»Du trinkst doch nie Alkohol!« Beim Schützenfest im Dorf war Marianne immer die gewesen, die Fahrdienste übernahm. Von Hüh nach Hott die Gäste wegbringen.»Meinetwegen wurde hier die Apfelschorle eingeführt. Weil ich ja nie getrunken habe.« Später, wenn alle sicher zu Hause waren, holte sie die Flasche raus.

Noch nicht einmal ihr Mann Klaus merkte was. Weil er nicht trinkt, kam er nicht auf die Idee, dass Alkohol eine Rolle spielen könnte.»Ich war eine funktionierende Alkoholikerin«, sagt Marianne. Das heißt: Sie trank immer nur solche Mengen, dass sie noch ihre Aufgaben erledigen konnte. Mit der Zeit vertrug sie immer mehr, ohne aus der Rolle zu fallen. Und wenn sie dann doch mal desolat mit allerhand Schnaps intus auf dem Sofa lag, war es eben eine Migräne. Klaus glaubte ihr. *Wenn sie mal desolat auf dem Sofa lag, war es »Migräne«.*

Wie geht das?, frage ich mich. Wie kann jemand in einer Ehe so ein Riesengeheimnis mit sich rumtragen? Da ist doch allein schon die Organisation eine logistische Hochleistung. Wo kauft man den Alkohol ein, ohne dass es auffällt? Wie schafft man ihn unbemerkt ins Haus? Wo wird er deponiert? Wann kann man ihn trinken, ohne erwischt zu werden? Wie wird man die leeren Flaschen wieder los? Allein schon der Alkoholgeruch! Das riecht doch jeder, wenn jemand gesüffelt hat. Marianne winkt ab.»Es gibt so viele Wege. Knoblauchsoße zum Beispiel. Es gibt die tollsten Tricks, aber wenn ich die hier alle erzähle, wäre das eine Hilfe, die ich nicht geben will.«

Marianne berichtet, dass sie immer in verschiedenen Supermärkten einkaufte. Und nie auf Vorrat. Niemand sollte sehen, dass sie schon wieder eine Ladung im Einkaufswagen hatte. Ein Rest klarer Verstand war auch mit dabei:»Ich wusste genau: Je mehr im Haus ist, umso mehr trinkst du.« Trotzdem – es gab immer eine ganze Menge Flaschen zu bunkern. Wenn Marianne morgens allein war, sammelte

Niemand sollte eins und eins zusammenzählen.

sie die auf dem ganzen Gehöft versteckten leeren Flaschen ein und brachte sie zu den Glascontainern im weiten Umkreis. Immer woanders hin. Niemand sollte eins und eins zusammenzählen.

Und wo hatte sie den Alkohol versteckt? »Überall. Später in der Therapie haben wir uns in der Runde erzählt, was wir uns haben einfallen lassen. Da konnten wir dann drüber lachen.« Aber eigentlich ist das nicht komisch, wenn ein Mensch einen Großteil seines Lebens und seiner Kreativität damit verschwendet, etwas zu verschleiern. Vor seinen Liebsten Heimlichkeiten zu haben. Und sich selbst psychisch und physisch zugrunde zu richten.

Ich stelle mir vor, dass man Marianne ihren Alkoholkonsum doch angesehen haben muss. Graue Haut, faltig, fahrig, strähniges Haar – so stelle ich mir eine Alkoholikerin vor. »Nee, ich war vielleicht etwas aufgedunsener im Gesicht«, sagt sie. »Aber weil ich ohnehin etwas fülliger bin, ist das nicht so aufgefallen.« Erst später, als ihr Gesicht wieder schmaler wurde, wurde sichtbar, wie sehr der Alkohol sie gezeichnet hatte. Und sonst? Hat sie sich gehenlassen? »Nein, nie. Manchmal, wenn ich über Tage allein war auf dem Hof, weil Klaus am Wochenende wegmusste, habe ich Abstürze gehabt. Da hätte ich auch keinem die Tür aufgemacht.«

Marianne wird ganz ruhig, als sie sich an diese Zeit erinnert. »Im Grunde genommen sind da die ganze Zeit nur Scham und Reue. Dazu das Gefühl, nichts wert zu sein. Nicht aufhören zu können.« Marianne schämt sich, weil sie ihren eigenen Ansprüchen und denen anderer nicht genügt. Sie belügt ihren Mann. Ihre Kinder. Sich selbst. Eigentlich ist Scham ja schon ein Schritt in die richtige Richtung: Es stimmt etwas nicht. Es muss etwas anders werden. Das Dumme ist nur, dass bei Scham immer auch die Schuld-Komponente dabei ist. Und Schuldgefühl lähmt. »Ich habe nicht gemerkt, dass ich nicht schuld bin, sondern dass ich Hilfe brauche«, sagt Marianne. Jeden Morgen das Versprechen an sich selbst: »Heute trinke ich nicht. Jetzt ist es gut. Ich will das nicht.« Und jeden Tag das Versagen. Weil sie doch wieder zur Flasche greift. Noch mehr Schuld auf dem Schuldhaufen. Es ist unvorstellbar, welche Macht der Alkohol über einen Alkoholiker hat. Es ist kaum zu glauben, aber Marianne mag eigentlich gar keinen Alkohol. »Ich habe mich so geekelt, ich wollte überhaupt nicht. Gar nicht. Aber ich musste. Ich war wie ferngesteuert.«

Ferngesteuert. Dieser Begriff fällt in der Therapie oft. Alkohol übernimmt die Kontrolle im Gehirn. Damit meine ich nicht nur, dass er die Denkfähigkeit beeinflusst – weniger Urteilskraft, weniger Gedächtnis, weniger Konzentration. Alkohol kapert den Willen. »Ich möchte eine schöne Zeit mit meiner Familie verbringen«, »ich möchte mich beruflich weiterentwickeln«, »ich möchte heute Abend ein schönes Abendessen kochen« – all das wird gestrichen. Übrig bleibt nur: »Ich will Alkohol!«

* * *

Viele Jahre lang gelingt es Marianne, ihre Sucht zu verbergen. Bis im Dezember 2012 ihre inzwischen erwachsenen Kinder Klaus von ihrem Verdacht erzählen. Als sie noch klein waren, haben sie in der ersten Ehe ihrer Mutter schon diese Abstürze erlebt. Und nehmen deshalb als Erste wahr, dass es mit Mariannes Fähigkeit bergab geht, ihr Umfeld zu täuschen, zu beruhigen, mit Erklärungen abzuspeisen.

Jetzt wird alles gut, könnte man meinen.

Klaus stellt seine Frau zur Rede. Ihr fehlt die Kraft zum Lügen, sie gibt ihren Alkoholkonsum zu. Jetzt wird alles gut, könnte man meinen. Endlich ist der Knoten geplatzt, das Lügengebäude ist zusammengebrochen, die Familie weiß Bescheid und nun kann Hilfe geholt werden. Doch bis zur Einsicht und Therapie vergehen weitere Jahre. Jahre! In dieser Zeit steigt Mariannes Alkoholkonsum weiter an. Klaus ist hilflos, die Kinder ziehen sich immer mehr zurück. Marianne macht eine ambulante Therapie. Augenwischerei, sagt sie heute.

Klaus traut sich nicht, mit jemandem zu sprechen. Scham? Unvermögen? »Er hat für mich gelogen, wenn ich nicht mehr konnte«, sagt Marianne. Co-Abhängigkeit nennt man das. Genau in dieser Zeit stellt das Ehepaar den Betrieb auf mehr Tierwohl um. Eine Mammutaufgabe. »Klaus hatte dazu noch mich als Problem an der Backe«, sagt Marianne. Aber irgendwie schaffen sie es.

Genau fünf Jahre später, im Dezember 2017, ist Klaus am Ende. Marianne trinkt seit 25 Jahren. Seit zehn Jahren permanent. Die Abstürze werden häufiger. »Ich werde dich nie verlassen, nie alleinlassen«, sagt Klaus. »Aber du machst alles kaputt, was wir uns hier aufgebaut haben.« Genau dies ist der Moment, in dem es in Marianne endlich »Klick« macht. Jetzt ist es bei ihr angekommen: der Alkohol oder Klaus. Als Marianne von diesem Moment erzählt, stockt sie. Tränen laufen ihr über die Wangen.

Ich denke, im Leben jedes trockenen Alkoholikers gab es so einen Moment. Für Außenstehende ist nicht zu erkennen, warum es dieser Moment war und nicht einer der tausend anderen davor, der die Umkehr einleitet. Fakt ist: Dieser Moment ist immer der absolute Tiefpunkt. Fakt ist aber auch: Ab jetzt geht es bergauf.

»Dann ging alles ganz schnell«, erinnert sie sich. Es gibt viele Hilfsmöglichkeiten für Alkoholabhängige. Doch die professionellen Helfer und Helferinnen können erst loslegen, wenn der Klient keine Ausflüchte mehr macht, sondern klar erkennt: Ich brauche die Hilfe. Ich will sie. Die Diakonie kommt zur ambulanten Betreuung. Das ist schon mal ein erster

Ich brauche die Hilfe. Ich will sie.

Schritt. Klaus begleitet Marianne auch zum Hausarzt, wo sie gemeinsam über einen Klinikaufenthalt beraten. In die vom Hausarzt empfohlene Klinik geht sie dann doch nicht, denn die Diakonie meint, nee, besser eine andere. Später versteht sie, warum ihr abgeraten wurde: Dort wäre sie mit Alkoholikern, die nachts von der Straße aufgelesen werden, zusammengekommen. »Dazu zählte ich mich nicht«, sagt Marianne. Schaut sie auf diese Menschen herab? Nein, ganz bestimmt nicht. Sie wäre nur am falschen Platz gewesen. Auf der Homepage der Klinik, in die sie schließlich geht, steht: »Für Menschen, deren soziale und berufliche Integration noch weitgehend erhalten ist.« Ein Zuhause, ein Job, Angehörige. Das sind Ressourcen, die nicht brachliegen dürfen. Mit denen man arbeiten kann.

Also acht Wochen Bad Neuenahr. Die Klinik liegt oben auf einem Berg. Ihre beiden Söhne sind skeptisch. Vor allem der Jüngere traut seiner Mutter nicht zu, ihr Leben zu verändern: »Na ja, du hörst sowieso nie auf zu saufen. Kannste gerne versuchen, aber ...« Ich merke, wie weh es Marianne tut, das zu erzählen. Sie weiß genau, warum ihre Kinder kein Vertrauen zu ihr haben: »Weil ich zu viel gelogen habe. Habe immer gesagt: ›Nein, ich habe nicht getrunken.‹ Und hatte wohl getrunken.« Ihre Tochter Ina, ein Teenager, hat der Alkoholismus ihrer Mutter besonders gequält. Marianne will es schaffen. Für Klaus. Für ihre Kinder.

Ein Abschieds-brief an den Alkohol.

Eine ihrer ersten Amtshandlungen in ihrer Therapiegruppe: Sie schreibt einen Abschiedsbrief an den Alkohol. Liest ihn vor den anderen vor. Marianne sagt dem Alkohol, dass sie ihn nie wiedersehen will. Dass er sie nicht kaputtmachen wird. Dass er raus ist aus ihrem Leben. Es ist ein sehr emotionaler Moment. Als sie das Rednerpult verlässt: großer Applaus. Jemand hat diese Rede auf dem Handy aufgenommen. Ich sehe den Film an und kann trotzdem nur entfernt nachempfinden, wie viel Kraft dieser Moment Marianne gekostet hat. Und wie viel Leid der Weg dorthin verursacht hat. Marianne verbringt acht Wochen in der Klinik. Die ersten drei Wochen allein, kein Besuch. »Als mein Mann zum ersten Mal kam, war ich sogar froh, als er wieder weg war. Weil ich mich in diesem Raum, in dieser Welt so sicher gefühlt habe.« Marianne räumt ihr Leben auf. Als Klaus sie fragt, was er denn zu Hause den Freunden sagen soll, sagt sie: »Du musst nicht mehr für mich lügen. Du musst sagen, wie es ist. Auch wenn ich nach Hause komme, werde ich nicht mehr lügen.«

Ihre Kinder besuchen sie. Als Marianne mir davon erzählt, treibt es ihr wieder die Tränen in die Augen. Das kennst du vielleicht aus Dokumentationen im Fernsehen. Wenn da Menschen von einschneidenden Erlebnissen erzählen, die fünfzig, sechzig Jahre her *Aus Scham* sind, werden sie von ihren Gefühlen überwältigt. Die *wird Stolz.* Stimme stockt, das Kinn zittert. Auch Marianne und ihre Familie werden wohl nie »durch« sein mit dem, was der Alkoholismus ihnen angetan hat. In einer der Therapiesitzungen ist Mariannes Tochter Ina dabei. »Sie sollte, durfte alles rauslassen. Alles, was ich ihr angetan habe. Das kann ich nicht mehr gutmachen, nicht mehr rückgängig machen.« Heute stehen sich Mutter und Tochter sehr nahe. Überhaupt, so erzählte mir Marianne, sei das Verhältnis zu allen Kindern und Stiefkindern toll. »Alle sind stolz auf mich.« Genau das passiert, wenn der Alkoholismus seine Macht verliert: Aus Scham wird Stolz.

* * *

Das Thema Co-Abhängigkeit ist Marianne sehr wichtig. »Viele Angehörige decken ja die Sucht des Alkoholikers«, sagt sie. »Wollen es nicht wahrhaben. Gucken darüber hinweg. Das ist falsch.« Nur eines hilft – offen ansprechen: »Warum trinkst du?« Aber das ist auch der schwierigste Weg.

Die Sache mit der Co-Abhängigkeit finde ich so spannend, dass ich mir von Marianne den Kontakt zu Oliver Kreh geben lasse. Das ist der Leiter ihrer Klinik in Bad Neuenahr. Von ihm möchte ich erfahren, was Angehörige und Freunde von Alkoholikern machen können. Wie sie es schaffen, sich nicht in das Geflecht aus Lügen, Verharmlosungen und Heimlichkeiten ziehen zu lassen.

Videocall. Ein Gesicht ploppt auf meinem Monitor auf. Freundlich, zugewandt. Oliver Kreh ist Psychologischer Psychotherapeut, eine Tasse grüner Tee steht auf seinem Schreibtisch. Wir reden über Alkoholsucht. Er sagt, dass die nicht von der Menge des konsumierten Alkohols abhängt, sondern von dem Drang, welchen zu bekommen. Aha. Eigentlich klar. Muss man aber erst mal drauf kommen. *Eigentlich klar. Muss man aber drauf kommen.*

Kreh weiß noch eine Menge mehr über Alkoholismus. Zum Beispiel, dass es mehr alkoholabhängige Männer gibt als Frauen – 70/30 ist das Verhältnis ungefähr. Und dass es für die Betroffenen ein Schlüssel zur Veränderung ist, die Sucht und ihre Auswirkungen zu verstehen. Deshalb müssen die Patienten der Klinik sich in ihrer Therapie mit vielen Fragen auseinandersetzen. Wie hat es angefangen? Wie hat sich die Sucht entwickelt? Wie hat sie sich auf mich und mein Umfeld ausgewirkt? Warum gehe ich gerade jetzt in die Klinik? Was möchte ich erreichen?

Kein Wunder, dass Marianne so reflektiert ist. Sie hat während ihrer Therapie die Antworten auf all diese Fragen aus dem Hirn gekramt, ihr Seismograf für ihr Innenleben ist auf höchste Empfindlichkeit eingestellt. Kenne deinen Feind, dann kannst du ihn in Schach halten.

Und was ist mit der Co-Abhängigkeit? Da winkt Oliver Kreh gleich ab: Der Begriff sei unter Fachleuten umstritten. Denn da schwingt so was mit wie »Ich bin Kompagnon, ich habe was falsch gemacht«, sagt er. Natürlich verschiebt sich etwas in den persönlichen Beziehungen, wenn jemand den Haushalt nicht mehr auf die Reihe kriegt, nichts mehr mit den Kindern unternimmt, im Job abbaut, oft gereizt und genervt ist. Kennen wir alle. Einer in der Familie ist krank, fällt ein, zwei Wochen aus, der andere übernimmt. Das sind keine leichten Zeiten, aber die gehen von allein vorbei. Alkoholismus tut das nicht. Der Partner, der nicht konsumiert, fängt an, Ausreden zu finden. »Bleib du zu Hause, du hast getrunken. Ich hole die Kinder, ich gehe zum Elternabend, und zur Party gehst du besser auch nicht mit, das war unangenehm beim letzten Mal. Lass mich machen.« Und schwupp: Ungleichgewicht. Der eine fühlt sich schlecht, weil schuldig. Der andere kippt immer weiter in die Überforderung hinein, setzt alles daran, den Schein zu wahren. Oliver Kreh sagt das so: »Weil man sich liebt, geht man in Verhaltensweisen, die nicht gut sind. Merkt man oft erst zu spät.«

Eine klare Marschrichtung für Angehörige.

Ich möchte Mut machen. Was also kann jemand tun, der in seinem Umfeld einen lieben Menschen hat, der offensichtlich ein Problem mit Alkohol hat? Da gibt mein Gesprächspartner eine ganz klare Marschrichtung vor: »Helfen Sie ihm dann, wenn er Veränderungsschritte unternimmt in Richtung Nicht-mehr-süchtig-Sein. Aber nehmen Sie ihm nicht die Schwierigkeiten der Sucht ab, um eine Fassade aufrechtzuerhalten. Und akzeptieren Sie, dass Sie das Suchtverhalten nicht beeinflussen können.« Wenn das mal so einfach wäre!

Aber wenn die Angehörigen und Freunde die Sucht nicht stoppen können, wer macht es dann? Oliver Kreh sagt, dass es nur eine einzige Person gibt, die das kann: der oder die Süchtige selbst. »Wenn die Patienten zu uns kommen, sind sie an dem Punkt, an dem Konsequenzen drohen.« Oliver Kreh hat schon oft erlebt, dass der Arbeitgeber der Auslöser ist. Wenn die Leistungsqualität nachlässt, Termine verschwitzt werden, heißt es: Abmahnung, beim nächsten Mal Kündigung. »Oder der Partner droht mit Trennung oder damit, dass Kinder, Enkelkinder nicht mehr kommen dürfen«, sagt Oliver Kreh. So war es auch bei Marianne. Erst die Angst, ihre Familie zu verlieren, gab ihr die Kraft zum Aufhören.

* * *

In Jutta hat eine andere Angst den Wunsch geweckt, so wie Marianne in die Klinik in Bad Neuenahr zu gehen. Es ist die Sorge, im Alter arm und süchtig zu sein. »Ich bin jetzt 76«, sagt sie. »Meine Rente ist überschaubar, ich habe keine Reichtümer an Immobilien. Und ich habe Angst, irgendwann als Sozialfall und Alkoholikerin in einem Pflegeheim zu enden und dort um Alkohol zu betteln. Das wäre mein persönlich schlimmster Absturz.«

Jutta hat *Steffis Mutmacher* mit Marianne gehört und mir geschrieben: »Ihr Podcast, liebe Frau Neu, hat mir endlich den Mut gegeben, in stationäre Behandlung zu gehen.« Ich frage Marianne, ob sie mit Jutta Kontakt aufnehmen möchte. Und weil Mariannes Kampf gegen den Alkohol geradezu etwas Missionarisches an sich hat, sagt sie auch gleich zu.

In Netzwerken liegt große Kraft.

Seitdem telefonieren die beiden regelmäßig. Marianne unterstützt Jutta auf ihrem Weg raus aus dem Suchtverhalten. Ich bin dankbar, dass ich diese zwei Menschen verbinden durfte. Weil es Sinn macht. Und gut ist. Und wichtig. Netzwerke zu bilden, sich gegenseitig zu unterstützen – da liegt große Kraft drin.

Ich rufe Jutta an, frage, ob sie mir ihre Geschichte erzählen mag. Sie freut sich sehr. Ihre Stimme ist dunkel, sie spricht klar, aufgeräumt. Alkohol war ihr Begleiter, seit sie ein junges Mädchen ist. Jutta erinnert sich an eine Begebenheit, da war sie 14 Jahre alt. »Es war ein Apricot-Brandy – und der schmeckte mir so gut«, erzählt sie. »Ich war bei meiner Großcousine in Krefeld und sie gab ihn mir, weil ich ja schon konfirmiert war.«Ich kann ihr Kopfschütteln am Telefon geradezu hören. Mit 18 trinkt sie mit ihrem späteren Ehemann Cola-Whisky. Auf einem Campingplatz in Essen an der Ruhr, Jutta weiß es noch ganz genau. Ihr wird speiübel. Danach nie wieder.»Ich habe damals mein Maß verloren«, sagt sie.

Ich weiß mittlerweile: Je früher jemand mit dem Alkohol anfängt, desto größer ist die Gefahr, eine Sucht zu entwickeln. Denn es sind weniger die gelegentlichen Koma-Säufer, die diesen Weg gehen, sondern die, die durch lange Übung den Alkohol scheinbar ganz gut vertragen. Sie meinen, nicht aufpassen zu müssen.

Als Juttas zweiter Ehemann stirbt, ist sie 47 Jahre alt.»Schon Oma, aber noch zu jung, um allein zu bleiben«, sagt sie. Es folgen allerhand Männerbekanntschaften, bei vielen spielt Alkohol eine Rolle. So mancher kippt sich einen Happy-Macher für den Tag ins Wasserglas. Und Jutta freut sich, möchte auch. So geht das. Und so kommt das dann.

Wann genau kippt die Sache?

Alkoholismus beeinträchtigt das Leben, macht unfrei. Aber ab wann genau kippt die Sache? Ich denke an gesellige Abende in meinem Freundeskreis. Wir trinken Wein. Manchmal auch zu viel. Selten Schnaps. Ist das schon gefährlich? Hat der Alkohol da schon Macht? Wie ist das, wenn ich mit meinem Mann abends gerne noch einen Rotwein am Kamin trinke?

Unfrei wäre ich dann, wenn der Gatte, das Feuer im Kamin, der Rotwein egal wären. Wenn meine Synapsen nur noch melden würden: Hauptsache Alkohol! Bei dem Gedanken bekomme ich richtig Schiss. So denkt mein Gehirn nicht. Aber wenn ich zum ersten Mal merken würde, dass es so ist, wäre es schon zu spät. Ich wäre bereits in der Abwärtsspirale drin, aus der Marianne erst nach Jahrzehnten herausgefunden hat, als es für sie nicht mehr tiefer ging. Absolut gruselig.

Gruselig finde ich auch, dass Alkoholismus nicht heilbar ist. Man kann nur lernen, mit der Sucht umzugehen. Ich habe Marianne mal gefragt, was Alkohol jetzt, wo sie doch trocken ist, mit ihr machen würde. »Ich weiß es nicht«, sagt sie. Aber eigentlich weiß sie es doch. Denn sie erzählt mir von einigen Menschen, die sie in der Klinik traf. Sie hatten 15, 18, 20 Jahre keinen Alkohol getrunken und gemeint: Komm, ein Bierchen darf es jetzt sein. Und – schwupp – war Murmeltiertag und sie waren wieder in der Klinik. Das Suchtgedächtnis vergisst nie. »Wenn du früher drei Flaschen Wein und zwei Flaschen Wodka in der Woche getrunken hast, bist du binnen kürzester Zeit wieder genauso weit.«

Im Gegensatz zu Marianne mag Jutta den Geschmack des Alkohols. »Ein wunderbarer Rotwein, verlockend in seiner Farbe. So niedlich kommt dieses Gift daher!« Sie hatte auch immer ein paar Piccolöchen im Haus. Auch die sind niedlich. Ihr krankhaftes Suchtverhalten gipfelt darin, dass sie sich nicht nur nachmittags nach dem Kaffee einen großen Cognac genehmigt, sondern auch in ihren Abendtee einen ordentlichen Schuss gibt. Anschließend passen noch Bier und Piccolo drauf. »Schließlich hatte ich ja zwischendurch Tee getrunken« – so erklärt sie das vor sich selbst.

Immer ein paar Piccolöchen im Haus.

Wie Marianne ist Jutta viele Jahre lang eine funktionierende Alkoholikerin. Weil sie allein wohnt, muss sie nicht heimlich trinken und Flaschen verstecken. Sie kann tagsüber bis in den Abend hinein trinken und gepflegt mit der Freundin telefonieren. Niemand merkt etwas.

* * *

Irgendwann kommt Bewegung in die Sache. Jutta wird älter und ihre Angst kommt. Von 2004 bis 2006 besucht sie regelmäßig die Anonymen Alkoholiker und lernt da viel über die Ursachen ihres Trinkens. Aber noch fehlt der Anreiz, dem Alkohol endgültig Tschüss zu sagen. Erst Anfang 2022, sechzehn Jahre später, schenken die stärker werdenden Ängste ihr die Kraft, ihrem Leben eine Wendung zu geben. Am 10. Januar ist die Cognac-Flasche leer, das Bier ist alle. Der letzte Piccolo ist auch weg. »Passte also«, sagt Jutta. »Seitdem habe ich keinen Alkohol mehr getrunken. Und mich zwei Wochen später meiner ältesten Freundin in Essen anvertraut. Dieses Outing war für mich der erste Schritt.« Also der wichtigste.

Mit dem Älterwerden kam die Angst.

Die Freundin ist vollkommen überrascht. Nie hätte sie es für möglich gehalten, dass Jutta Alkoholikerin ist. Sie macht etwas Wunderbares: Sie wendet sich nicht ab. Und erzählt von dem Alkohol-Podcast, den sie kurz zuvor im Radio gehört hat. Jutta besorgt sich die *Steffis Mutmacher*-Folge mit Marianne. Und findet noch mehr Mut. Sie geht wieder zu einer Selbsthilfegruppe. Und outet sich auch dort. Immer mehr Menschen erzählt sie von ihrer Sucht. Ihrer Tochter, Verwandten, Freunden. Sie geht zum Hausarzt, zur Suchtberatung. Und mit jedem Bekenntnis entfernt sich der Alkohol weiter von ihr.

Jutta ist jetzt seit über einem halben Jahr trocken. Mit Mariannes Hilfe nimmt sie Kontakt mit der Klinik in Bad Neuenahr auf. Und hat schon Antwort. Nun hofft sie auf die Zusage der Krankenversicherung, dass sie bald dort »einchecken« darf.

Übrigens: Vorhin habe ich noch mit Marianne telefoniert. Wollte ein paar Details wissen. Alle meine *Mutmacher*-Gesprächspartner haben meine Handy-Nummer. Denn ich möchte nicht wie eine Dampfwalze über die Seelen schreddern und nach Veröffentlichung des Podcasts über alle Berge sein. Oft bleibt der Kontakt bestehen, schon allein um sich über die Reaktionen auf die Radiosendungen auszutauschen. Diese Verbindlichkeit ist mir wichtig, das gehört für mich zur Aufrichtigkeit dazu.

Marianne erzählt mir überglücklich, dass sie etwas Besonderes bewegt hat. Sie beobachtet sehr genau in Fernsehserien, wie beiläufig und selbstverständlich mit Alkohol hantiert wird: »Bei Freude ein Sektchen, bei Stress ein Whisky zum Runterkommen, zur Belohnung mal ein Wein, mit den Kumpels ein Bier ...« Schon ein paar Mal hat sie Fernsehproduzenten darauf aufmerksam gemacht, was das für eine Wirkung haben kann auf trockene Alkoholiker und solche, die eine Alkoholiker-Karriere vielleicht noch vor sich haben. Gerade hat sie eine Rückmeldung bekommen von der Produktionsfirma einer Serie in der ARD. Man hat sich bedankt für den Hinweis. Das sei bislang niemandem aufgefallen. Man wolle von nun an anders damit umgehen. Heißt: Sie wollen aufmerksamer sein. Einfühlsamer.

Alle, die dieses Kapitel gelesen haben, hoffentlich auch.

3

Demenz mit Fünfzig
Guido bleibt seiner Frau treu

Guido läuft mir in die Arme. Oder besser: Er fällt mir in den Blick. Er ist Chefredakteur einer großen Zeitschrift und hat mich als Moderatorin gebucht, um eine Talkrunde in seinem Verlag zu moderieren. Ist mein Beruf. Vorher haben wir zweimal telefoniert. Nette, heitere Stimme, ich stelle mir einen älteren Herrn vor. Jetzt sind wir zur Videobesprechung verabredet. Die Kamera geht an und er ist ganz anders: Mitte 50, attraktiv, uneitel, klar in der Sprache, schnell im Kopf. Und ein toller Humor. Es dauert keine Minute, und wir lachen über irgendetwas. Kein Samthandschuh-Lachen, sondern laut und ein bisschen böse. Die übliche Distanz zwischen Auftraggeber und Auftragnehmerin gibt es mit Guido nicht.

Fünfzig ist doch kein Alter!

Für ihn bin ich einfach Steffi. Und weil wir uns miteinander wohlfühlen, nimmt unser Gespräch eine überraschende Wendung. Nach fünf weiteren Minuten weiß ich von ihm, dass seine Frau vor acht Jahren an Demenz erkrankt ist. Mit fünfzig. Und dass die drei Kinder damals, als die Krankheit ausbrach, Teenager waren. Ein Alter, in dem die Mama noch sehr, sehr wichtig ist. Gewesen wäre. Marianne – zufällig heißt sie so wie unsere Mutmacherin aus dem vorigen Kapitel – ist jetzt im Pflegeheim.

Diese Offenheit haut mich um. Dieses Schicksal haut mich um. Dass wir eigentlich über die Moderation der Talkrunde sprechen wollen, tritt für mich in diesem Moment in den Hintergrund. Vielleicht liegt das auch daran, dass Marianne genauso alt war wie ich heute, als ihre Demenz nicht mehr zu übersehen war. Fünfzig ist doch kein Alter! Oder? Ich möchte von Guido mehr erfahren. Wie kam es dazu, wie hat er das gemerkt? Wie geht es ihm, den Kindern? Wer bezahlt das? Ganz schön persönliche Fragen an einen Mann, den ich immer noch sieze. Selbst für meine Verhältnisse ist das ziemlich forsch. Doch Guido tut es gut, mit mir über all das zu reden. Vielleicht ist unser Video-Call in diesem Moment genau der richtige Kommunikationskanal – ein Telefonat wäre zu unpersönlich und distanziert, ein persönliches Treffen zu nah dran gewesen. Das kennst du bestimmt: Je nach Gegenüber, Tagesform und Gesprächsthema fühlt man sich bei dem einen oder anderen Kommunikationsmittel am besten aufgehoben. Bei mir ist es meist das persönliche Gespräch; aber es muss ja auch für den anderen passen.

Noch nie habe ich ein persönliches Gespräch über Video geführt. Das ist neu für mich, aber ich fühle mich nicht unwohl. Sehr schnell habe ich das Bedürfnis, Guido zu *Steffis Mutmacher* einzuladen. Ob er sich das vorstellen kann. »Klar, gerne«, sagt er. Wir beenden das Gespräch. Ich speichere seine Handynummer und schreibe: »Danke für das Vertrauen.« Er antwortet: »Sollen wir Du sagen?« Klar.

Vom Leben übel eins mitbekommen.

Guidos Weg zu *Steffis Mutmacher* ist ungewöhnlich. Normalerweise kontaktieren uns Menschen, die den Aufruf über den Sender gehört haben: Wer hat vom Leben übel eins mitbekommen? Wer hat eine schwere Zeit hinter sich und sich wieder berappelt? Die Resonanz ist groß. So viele Schreiben über Erlebnisse und Enttäuschungen! Von Krankheit, Tod, Verlassenwerden, Pleite, Not und Elend. Die Geschichten, die ich lese, schmerzen, sie bringen mich zum Nachdenken, machen mich traurig. Ich möchte dann meinen Mann, die Kinder, den Hund an mich drücken, nie mehr loslassen, um diesen

Zustand zu konservieren. Manchmal traue ich mich morgens gar nicht, in meine Mails zu gucken.

An meiner Seite ist Dea. Sie ist Ergotherapeutin, Trauerrednerin, Mutter, Organisationstalent, Landwirtsfrau, Macherin, Merkerin, Vertraute – eine Eier legende Wollmilchsau. Sie ist empathisch und menschenliebend und wir tauschen uns über jede einzelne Mail aus. Wir sind uns einig darüber, wie sich *Steffis Mutmacher* anfühlen sollen, was genau wir erreichen wollen und was auf keinen Fall in den Podcast passt: Voyeurismus zum Beispiel. In der Regel wollen wir auch nicht über Menschen berichten, die über ihren Schicksalsschlag bereits ein Buch geschrieben haben oder Vorträge halten. Finde ich toll und bewundernswert, aber ich möchte lieber mit den versteckten Helden und Heldinnen sprechen, die zuvor noch nie eine Plattform hatten.

Dea sichtet die Mails. Führt mit vielen Menschen lange Vorgespräche am Telefon. Und stellt Dossiers zusammen, die schon mal ein paar Eckpunkte zusammenfassen: Werdegang, Wendepunkt, ein paar Zitate. Manchmal stehen da auch in Rot die Don'ts. *Macherin, Merkerin und Vertraute.* Wenn sich das Gespräch auf diese Themen zubewegt, weiß ich: besser die Klappe halten. Auf Deas Einschätzung kann ich mich blind verlassen. Dank ihrer journalistischen Anamnese kann ich ganz neu und frisch in das Gespräch gehen. Jedes erste Gespräch hat seinen eigenen Zauber, und den gibt es eben nur einmal.

* * *

Bei Guido ist es anders. Keine Magie des ersten Augenblicks, dafür von der ersten Sekunde an tiefes Vertrauen. Er erzählt, dass seine Marianne, genannt Mari, ein Geschenk war, eine Frau, so anders als die, die er zuvor kennengelernt hatte. Bier und Kino statt Sekt und Theater. Lebensfroh. Empathisch. Die drei Kinder wachsen fröhlich auf. »Wir sind fünf«, erzählt Guido. »Das war immer unser Leitspruch.« Fünf, das war auch ihre Hausnummer. Zu fünft sind sie immer noch, aber nur noch vier leben in dem Haus. Weil seine Frau Marianne nicht mehr da ist.

2014 beginnt sie sich zu verändern. »Sie war immer ein freundlicher, friedlicher Mensch, empathisch, konnte gut mit allen«, sagt Guido. »Und plötzlich wurde sie anders.« Was machst du, wenn deine Frau beim Reitturnier der Tochter mitten im Wettbewerb in den Parcours läuft und mit einer Schaufel Pferdeäpfel einsammelt? Oder wenn die »Mutter der Kompanie«, die mit dem Familienbulli ihren Sohn und dessen Freunde immer zu den Fußballspielen fährt, vom Spielfeldrand aus peinliche Kommentare vom Stapel lässt? Wie lange kannst du das als missglückte Sprüche statt als aggressives Verhalten einordnen? Wie reagierst du, wenn die sonst so sichere Autofahrerin die Familie mehrfach in echte Bedrängnis bringt?

Peinliche Kommentare vom Spielfeldrand.

Die Wesensveränderung ist unübersehbar, doch Guido will es nicht wahrhaben. »Wir hatten eine gute Arbeitsteilung. Mari hat immer die Wäsche gemacht. Dann ging es nicht mehr und wir haben es gemeinsam erledigt. Bis ich Wäscheberge im Gästezimmer gefunden habe. Sie hat sie versteckt, weil sie nicht mehr klarkam.«

In Guido haben sich eine Menge Geschichten angestaut. Es ergibt sich das Bild einer Familie, in der es an allen Ecken und Enden brennt – und von einem Vater, der mit all seiner Kraft versucht, seine Familie am Laufen zu halten. Doch das wird immer schwieriger. Marianne verlernt jedes Maß. Wenn sie in der Küche steht, gibt es entweder ein einziges Fischstäbchen für die ganze Familie, oder zwanzig für jeden.

Eines der einschneidendsten Erlebnisse war die Sache mit der Party. Marianne ist eigentlich eine tolle Gastgeberin, und ihre Käse-Lauch-Suppe wird weithin gerühmt. »Ich habe sie mittags aus dem

Büro noch angerufen«, erzählt Guido. »Ob alles okay ist, ob alles da ist, ob ich noch was einkaufen soll. Eine Packung Kräcker sollte ich mitbringen.« Das findet er komisch. Eine Kräckertüte für 40 Gäste? Später meldet sich sein Sohn. Dass Mama die Lauchsuppe nicht auf die Reihe kriegt. Guido fährt nach Hause und findet seine Frau am Herd. In einem Topf mit kaltem Wasser dümpeln ein Stück Käse und ein Klumpen Hackfleisch. Guido versucht zu retten, was an diesem Abend zu retten ist, und kriegt es hin. Marianne ist still, unterhält sich nur mit wenigen Gästen. Guido ist erleichtert, als sie um 22 Uhr nach oben verschwindet. Als er kurze Zeit später nach ihr sehen will, kommt sie ihm im Nachthemd entgegen, möchte wieder zur Party. Mit viel Mühe kann er sie überzeugen, wieder ins Bett zu gehen.

Ein Stück Käse und ein Klumpen Hackfleisch.

Dieser Abend ist für Guido ein Schlüsselmoment, die Erinnerung an ihn sehr präsent. Was ihn bewegt, ist weniger die Scham, dass der Abend so misslungen ist und sich viele der Gäste das Verhalten der Gastgeberin wohl mit einem Streit unter den Eheleuten erklären. Nein, für Guido steht ab diesem Tag ein ganz anderes Gefühl im Vordergrund: das Gefühl des absoluten Alleinseins.

* * *

Was Guido da erzählt, muss ich erst mal sacken lassen. An einem fröhlichen Partyabend so etwas wegstecken, rausreißen zu müssen, ist schon schwer genug. Aber es war ja kein einmaliger Aussetzer, sondern Teil des allmählichen Abgleitens eines geliebten Menschen in Bereiche, in die man ihm nicht mehr folgen kann.

Ich möchte natürlich wissen, ob Marianne die Veränderungen an sich selbst auch bemerkt hat. Guido nickt. Er hat sie einmal am Arm gehalten und sie gefragt: »Was ist mit dir los?« Und sie hat geantwortet: »Ich glaube, ich werde bekloppt.« Es gibt diese Augenblicke, in denen Marianne ganz klar ist. Aber die anderen Momente werden mehr und mehr. Sie geht bei kaltem Wetter im T-Shirt raus, bei Sonnenschein in der Winterjacke. »Wir sind fünf«, hat die Familie immer über sich gesagt. Doch eine hat sich von der Herde entfernt. Noch hat niemand auf dem Schirm, dass eine Krankheit im Spiel ist. Alle klammern sich an das, was früher einmal ein normales Familienleben gewesen ist. So soll es wieder sein. Man muss sich nur genug anstrengen, dann wird man irgendwann über diese Phase lachen können ... Erst Guidos Mutter wagt es auszusprechen: »Mit Marianne stimmt was nicht.«

Marianne wird untersucht. »Sie hat noch Witze gemacht: Die haben mein Hirn untersucht und nichts gefunden.« Erst nach einer weiteren Untersuchung, vielen Umwegen und auch unschönen Begegnungen mit Ärzten steht die Diagnose fest: die seltene Frontotemporale Demenz, auch Morbus Pick genannt.

Plötzlich ratlos vorm Kochtopf.

Zuerst klappt es mit den Routinearbeiten nicht mehr – hundertmal Lauchsuppe gemacht, und plötzlich steht Marianne ratlos vorm Kochtopf. Die Gefühlswelt wird zur Wüste, die geistigen Fähigkeiten lassen nach. Irgendwann dreht sich alles nur noch um elementarste Bedürfnisse. Essen, Trinken, Schlafen. Morbus Pick macht aus Erwachsenen Kleinkinder. Am Ende sind sogar die frühkindlichen Greifreflexe, die sich in den allerersten Lebensmonaten verloren hatten, wieder aktiviert. Du ahnst schon: Man kann beim Lebensalter nicht ins Minus rutschen. Die Krankheit ist tödlich. Eine Therapie gibt es nicht. Wie grausam ist das denn! So wie Olaf hat auch Marianne ein Von-bis: von acht bis zehn Jahren ist die Rede.

Der Tag der Diagnose, dieser wunderschöne Tag im Mai, an dem der Arzt sie über die Krankheitsfolgen aufklärt, ist in Guidos Hirn eingebrannt. Die Familie ist hinaus aufs Feld gerannt, hat sich im Kreis hingestellt und geschrien. Als Guido mir das erzählt, habe ich sofort Bilder im Kopf. Bilder voller Entsetzen und Verzweiflung. Und Liebe.

Marianne will nicht sterben. Sagt das auch. Und arbeitet weiter als Layouterin in Guidos Verlag. Bis es nicht mehr geht. »Es stimmte einfach vorn und hinten nicht mehr, was sie da entworfen hat«, erzählt Guido. Von da an bleibt Marianne zu Hause. Die Familie braucht dringend Unterstützung. Für die 14-jährige Franzi ist es eine besonders schwere Zeit. In der Woche kriegt es Guido irgendwie hin, aber die Familie braucht auch mal ein paar Stunden für sich, ohne dass das Demenzthema alles beherrscht. Über Facebook sucht Guido Hilfe im Dorf: Wer kann helfen, meine Frau zu betreuen? Zwei Jahre lang kommt jedes Wochenende jemand, um die Familie zu entlasten. So können Guido und die Kinder samstags, sonntags einfach mal ein bisschen durchatmen. Dürfen andere Gesprächsthemen haben, sich um anderes kümmern.

Einfach mal ein bisschen durchatmen.

»Das waren Menschen, die ich bis dahin kaum kannte«, sagt Guido. »Uns wurde wirklich lange und viel geholfen. Ich bin diesem Dorf sehr dankbar.«

Auch das ist ein kleines Wunder, finde ich. Denn nachbarschaftliche Hilfe ist doch meist auf kurze Zeiträume ausgelegt. Für jemanden ein paar Wochen Einkaufen fahren, bis der Gips am Arm ab ist – kein großes Thema. Oder drei Wochen im Sommer die Katzen füttern und Blumen gießen. Macht man doch gerne. Aber dann ist auch wieder gut. Dass Nachbarn zwei Jahre lang am Ball bleiben, durchhalten, nicht irgendwann abwinken und sagen: »So, jetzt reicht's aber«, das finde ich großartig.

Dann fällt Marianne vom Pferd. Sie reitet gerne, wird auf dem Pferd sitzend geführt, das Pferd scheut, sie fällt und bricht sich beide Arme. Das ist der Moment, in dem Guido erkennen muss: Es geht nicht mehr zu Hause. Marianne kommt in eine Pflegeeinrichtung. Mit eigenem Zimmer und klaren Strukturen. Für Guido war das ausschlaggebend: »Sie braucht diese Ordnung, und die können wir mit drei Kindern hier nicht leisten. Bei uns zu Hause ist viel Besuch, dauernd klingelt es an der Tür. Das war zu viel. Und wir wissen, dass sie dort, wo sie jetzt ist, gerne ist.« Trotzdem ist da das Gefühl, sich rechtfertigen zu müssen. »Ich habe sie nicht weggegeben, nicht abgegeben.« Für ihn ist Marianne immer noch Teil der Herde. Die Familie richtet Mariannes neues Zimmer mit Möbeln von zu Hause ein. Marianne spricht von »ihrem Hotelzimmer«. In dem sie sich wohlfühlt und in das sie nach Ausflügen gerne zurückkehrt. Seit fast vier Jahren ist sie jetzt dort.

Da, wo sie jetzt ist, ist sie gerne.

Und noch einer wohnt nicht mehr im Haus: Der Hund ist längst bei Guidos Eltern. Weil in der Woche tagsüber niemand mehr da ist. Im Wohnzimmer steht das leere Hundekörbchen auf dem Dielenboden, daneben der Kaminofen. Ich kann mir gut vorstellen, wie sich das hier mal angefühlt hat, in dem gemütlichen Haus, in dem so viel Liebe und Leben war. Heute gibt es auch Liebe und Leben, aber es ist trotzdem anders. Der Familie wurde der Mittelpunkt genommen. Nicht schnell, von heute auf morgen. Sondern ganz langsam. Diese Ehefrau, Mutter, Freundin, Schwiegertochter, die »Checkerin«, wie Guido gerne sagt, sie fehlt einfach an allen Ecken und Enden.

* * *

Guido ist jetzt 54. Sein Leben ist nicht langweilig: Er ist in der freiwilligen Feuerwehr, ist Hobbyschreiner, schreibt Kinderbücher, ist für seine Kinder da, für seine Eltern. Trotzdem fühlt er sich oft allein. Schlimmer noch: Manchmal ist Guido unfassbar einsam. »Weißt du Steffi, abends nach Hause zu kommen oder freitags ins Wochenende zu gehen – da frage ich mich manchmal: Worauf soll ich mich freuen?« Die Kinder sind mittlerweile groß, zwei leben noch zu Hause, sind aber selbstständig. Sie hängen nicht den ganzen Abend bei Papa rum.

Das Elternschlafzimmer hat er geräumt. Er schläft jetzt oben unterm Dach, wo er sich sein eigenes Reich eingerichtet hat. »Im alten Schlafzimmer schlafen, ich kann das nicht«, sagt er, »ich musste auch da einen Schlussstrich ziehen.« Dort ist jetzt das Gästezimmer. Ja, er hat eine Freundin. Auch das treibt ihn um. Er hat die Freundin schon lange. Und Marianne davon erzählt. Weil sie ihn einmal gefragt hat, als sie noch »auftauchen konnte« – so nennt Guido das. Sie wollte wissen, warum er so traurig ist. Und er sagte ihr, dass er eine Freundin hat. Und dass er sich dafür schämt. Aber Marianne meinte: »Wenn das der Weg ist, dass wir das schaffen, dann mach dir keine Sorgen.« Als Guido das sagt, kommen ihm Tränen. Mir auch. Ich sage ihm, dass Marianne ihn doch freigegeben hat, damit er sich keine Vorwürfe machen muss. Tut er aber. Weil er auf sich und seine Geschichte mit den Augen anderer Menschen schaut. Was könnten sie denken? In seinem Kopfkino sieht das so aus: Er hat eine Freundin, dann fällt die demente Frau vom Pferd und kommt in eine Pflegeeinrichtung – super eingefädelt!

Null Vorwurf.
Null schlechter
Gedanke.

»Aber so war es nicht!«, beteuert er. Ich merke, wie wichtig es Guido ist, dass ich ihn nicht verurteile. Aber warum sollte ich? In mir ist null Vorwurf, null schlechter Gedanke. Kann es sein, dass Guido sich ganz umsonst Gedanken macht, was andere denken könnten? Und wenn tatsächlich irgendein Miesepeter in der Nachbarschaft wäre, der dummes Zeug schwätzt, wäre das überhaupt von Belang? »Ohne meine Freundin hätte ich diese Zeit nicht durchgestanden«, sagt Guido. Damit ist doch alles gesagt, oder?

Guidos Freundin lebt in einer eigenen Wohnung, in einer anderen Stadt. Sie möchte nicht zu ihm ziehen und ist auch nicht oft bei ihm zu Hause. »Mich gibt es nur mit meiner Frau. Wer macht das mit?«, sagt er. Er ist eigentlich frei, oder? Aber er hat sich entschieden, als Ehemann weiter an Mariannes Seite zu bleiben. Jeden Mittwoch und jeden Sonntag fährt Guido zu Marianne ins Pflegeheim. Dabei erkennt sie ihn nur manchmal. Er bringt sie zum Lachen, indem er mit ihr Auto fährt. Im Kreisverkehr immer im Kreis. Das freut sie. Diese Frau, die jetzt 58 ist und so anders aussieht als damals. Guido zeigt mir Fotos. Seine Marianne früher: eine blonde, sportliche, lebenslustige Frau mit strahlenden Augen. Marianne heute? Um Jahre gealtert, schwerer, dunkelhaarig. Die Kamera, mit der er das Selfie mit ihr gemacht hat, nimmt sie offenbar gar nicht wahr. Statt schmeichelnder Frisur ist da nur ein praktischer Schnitt. Hat jemand für sie gemacht.

»Ich wünschte, er wäre tot«, diese Überschrift trägt ein Artikel, der im SPIEGEL erschienen ist. Eine Frau erzählt von der Demenz ihres Mannes. Dass er nicht mehr da ist, obwohl er noch da ist. Die Erinnerung an schöne Zeiten ist lebendig, aber sie verliert an Kraft. Der Wunsch nach Neuanfang ist groß, ebenso die Verantwortung. »In guten wie in schlechten Zeiten«, heißt es. Und was ist mit scheiß-schlechten Zeiten?

Manchmal bleibt uns Menschen gar nichts anderes übrig, als unser Schicksal anzunehmen und das Beste draus zu machen. Alle Kräfte zu mobilisieren, um nicht ins Wanken zu kommen. Wieder aufzustehen, wenn wir in die Knie gegangen sind. Hilfe zu suchen und zuzulassen. Unseren Lieben unser Möglichstes zu schenken. Aber was ist der richtige Weg? Du kannst bis zum bitteren Ende treu bleiben, koste es, was es wolle. Und sei es noch so vergebens. Oder dich aus dem Gravitationsfeld der Krankheit befreien, damit wenigstens *ein* Leben gerettet ist. Damit die Kinder einen halbwegs normalen Alltag haben dürfen. Das schlechte Gewissen bekommst du gratis dazu. Egal, wie du dich entscheidest – unbeschädigt kommst du da nicht raus. Dein Leben wird ein anderes sein. Und doch wird es weitergehen. Mühsamer. Tiefer. Mit goldenen Sprenkeln unverhoffter Momente der Menschlichkeit.

Mühsamer. Tiefer. Und mit goldenen Sprenkeln.

* * *

Alle drei Kinder haben Abitur gemacht. Darauf ist Guido sehr stolz. Aber sie alle tragen auch die Last der letzten Jahre in sich, sind mit dem Verlust-in-Raten der eigenen Mutter noch nicht fertig. Besonders Tochter Franzi. Guido macht sich Vorwürfe. Manchmal hat er seinen Kindern zu viel zugemutet.

Vor einigen Jahren musste er noch jeden Morgen zur Arbeit fahren. »Mit den Möglichkeiten, die wir durch die Pandemie erfahren haben, hätte ich damals mehr Homeoffice machen können«, sagt er. »Aber das war leider keine Option.« Einmal ist Marianne so wie immer fertig angezogen und soll vom Fahrdienst in die Tageseinrichtung gebracht werden. Guido muss los, der Fahrdienst ist noch nicht da. Die 14-jährige Franzi soll so lange bei der Mutter bleiben. Guido ist gerade aus der Tür raus, da läuft Marianne wieder ins Schlafzimmer und zieht sich aus. Die Tochter versucht, die Mutter »einzufangen«. Eine grauenhafte Situation. Zu viel Last auf zu jungen Schultern. Franzi sagt nichts, Guido erfährt es erst später. Arme Franzi. Arme Marianne. Armer Guido.

Zu viel Last auf zu jungen Schultern.

Auch dies war ein Grund dafür, dass Marianne nach ihrem Sturz vom Pferd stationär in einer Pflegeeinrichtung aufgenommen wird. »Wäre ich zehn Jahre weiter gewesen, die Kinder älter, dann hätte ich das geschafft. Aber es ging einfach nicht.« Guido möchte aufräumen mit der Einstellung, dass eine Pflegeeinrichtung ein No-Go ist. Bei Krankheiten wie der von Marianne kommt einfach irgendwann der Punkt, an dem ein Mensch zu Hause nicht mehr gut genug versorgt werden kann. So einfach ist das – und so schwer.

Guido wäscht jedes Wochenende fünf Maschinen Wäsche, er kocht, räumt auf, kauft ein, stellt die Mülltonnen an die Straße. Manchmal gibt's Streit mit den Kindern, die noch zu Hause wohnen. Dass sie zu wenig anpacken. Guido macht weiter. Reibt sich auf zu Hause, um alles zusammenzuhalten. In der Küche hängt ein Foto von Marianne. »Sie möchte, dass dieses Bild einmal auf ihrer Todesanzeige stehen soll«, sagt Guido. »So wird es dann auch sein.« Dieser Mann imponiert mir so sehr!

Guido kann sehr gut darüber reden, was Mariannes Krankheit für ihn und seine Familie bedeutet. Er hat über alles nachgedacht. Tausendmal. Es gibt kein Detail, das er vergessen hat. Rational ist für ihn alles klar. Und doch ist da ein großes Bedürfnis, sich mitzuteilen, sich Bestätigung zu holen, dass er es richtig gemacht hat. Oder zumindest nicht falsch. Wenn jemand so viel Kraft für andere aufbringen muss, dann ist die Sehnsucht riesengroß, auch selbst mal wahrgenommen zu werden.

In den Wochen nach meinem Besuch telefonieren wir viel, das tut ihm gut. Wenn die Kräfte nachlassen, hilft es, einfach nur reden zu dürfen, sich gut aufgehoben zu fühlen. Damals war mir das nicht so klar, aber im Nachhinein weiß ich, dass ich ihn auf einem Stück seines Weges begleitet habe. So eine Begleitung ist kein Versprechen auf immer. Sie umfasst immer nur einen gewissen Zeitraum. Weil die Betroffenen ihr Leben aus eigener Kraft bestehen müssen. Und weil diejenigen, die begleiten, sich schützen müssen.

So viel Kraft für andere, aber auch so viel Sehnsucht.

Die Themen all der Mutmacher, die ich kennenlerne, nicht zu nah an mich ranzulassen, musste ich erst lernen. Muss ich immer noch üben. Viele Schicksale der Menschen, die mir schreiben, beschäftigen mich lange Zeit, machen mich traurig. Empathie ist gut, aber sie bewirkt auch Leid. Mit-Leid. Auch mit Guido hatte ich anfangs dieses Mitleid. Aber je mehr ich erkannte, mit wie viel Kraft und Liebe er seine Familie zusammenhält, desto mehr trat dieses Gefühl in den Hintergrund. Und umso stärker wurde mein Respekt.

In der Zeit, in der ich Guido begleite, ist er mehrmals am Ende seiner Kräfte. Ich empfinde mit, gebe aber keine Ratschläge, was zu tun ist. Das steht mir nicht zu. Woher sollte ich auch wissen, was das Richtige ist? Es gibt keinen perfekten Weg. Es gibt nur Menschen, die ihren ganz eigenen, ganz persönlichen Weg finden müssen, mit einer schreienden Ungerechtigkeit des Lebens irgendwie zurechtzukommen. Genau das macht Guido. Wie ein Fels in der Brandung ist er für seine Familie da. Keine Pilcher-Familie mit Weichzeichner vor dem Objektiv. Als der Gefrierschrank vereist ist, weil die Tochter die Tür nicht ordentlich zugemacht hat, wird es laut und Türen werden geknallt. Und trotzdem wissen alle, dass sie zusammengehören.

Sie waren fünf. Sie sind vier.

Es gibt keinen perfekten Weg – nur den eigenen.

* * *

Die Geschichte von Guido ist so oft abgerufen und angehört worden wie kein Podcast der Monate zuvor. Weil Demenz ein wichtiges Thema in unserer Gesellschaft ist, über das immer noch viel zu wenig geredet wird. Mir fallen viele Beispiele aus dem Bekannten- und Freundeskreis ein. Und auch hautnah in der eigenen Familie.

Mein Schwiegervater war ein Mann von Welt, Geschäftsführer eines mittelständischen Unternehmens, wortgewandt, ein Genießer, Zuhörer, Ratgeber. Mit Mitte 70 beginnt die Vergesslichkeit, dann wird er stiller. Am Esstisch beteiligt er sich immer seltener an Gesprächen, er verliert seine Meinung. Und dann merken wir: Wir verlieren langsam ihn. Er erinnert sich an die Namen früherer Kollegen, singt laut alte Lieder, spielt Mundharmonika, sagt Gedichte aus seiner Schulzeit auf. Alles Früh-Gelernte ist noch da. Doch je näher er an das Heute kommt, desto dünner wird es. Die kognitiven Einschränkungen wirken sich auch auf sein Tun aus. Der Mann, der sich ein Leben lang vor langen Autofahrten nicht scheute, fährt plötzlich falsch herum in den Kreisverkehr. Wegen einer angezogenen Handbremse ruft er die Autowerkstatt an. Anhänge an E-Mails kann er nicht mehr öffnen. Seine heiß geliebten Fotobücher, die er regelmäßig für die Familie machte, werden zur totalen Überforderung. Er merkt es, er weint.

Die Diagnose der Ärzte bestätigt unsere Vermutung. Sie anzunehmen, ist für uns nicht leicht. Das gesamte Familiengefüge gerät ins Rutschen. Meine Schwiegermutter findet die Aufgabe ihres Lebens. Als gelernte Krankenschwester, die nach der Geburt ihrer drei Kinder den Beruf nicht mehr ausgeübt hat, kümmert sie sich rührend, mit Geduld und Verständnis. Sie übernimmt seine Aufgaben. Bei der Feier zur Goldhochzeit auf Norderney bezahlt sie die *Sie übernimmt* Rechnung für das gemeinsame Abendessen. Solche *seine Aufgaben.* Momente waren eigentlich immer die große Geste für unseren Vater, Schwiegervater, Opa. Wenn er aufstand und mit einem fröhlichen Ruf in die Runde: »Möchte noch jemand einen Digestiv?« zum Bezahlen schritt.

Beide sind 81 Jahre alt. Über fünfzig Jahre sind sie miteinander verheiratet, hatten festgelegte Rollen. Der Macher und die Ehefrau, die ihm den Rücken freihält. Jetzt ist meine Schwiegermutter die Macherin. Sie wäscht ihren Mann, zieht ihn an, hilft ihm beim Essen. Dann sitzt er in seinem Fernsehsessel und ist mit sich im Reinen. Die beiden gehen sehr liebevoll miteinander um. Reden miteinander, schäkern miteinander. Genießen die Zeit, die sie zusammen haben.

Das ist auf der einen Seite fein und beruhigend, auf der anderen Seite ist der geliebte Mensch von damals nicht mehr da. Gemeinsame Reisen, Unternehmungen, Treffen mit Freunden, Kegeln – all das geht nicht mehr. Die Pandemie hat ihren Teil dazu beigetragen. Lange Kontaktbeschränkungen für einen Demenzkranken? Da geht einiges verloren. Umso mehr achtet meine Schwiegermutter darauf, dass die Augenhöhe gewahrt bleibt. Sie erhöht sich nicht.

Oft sagt meine Schwiegermutter: »Da muss ich eben mit Papa drüber reden.« Dass Papa lächelnd nicken wird, wissen wir. Aber das sind die Rituale des Miteinander-Redens und Miteinander-Entscheidens, die nach so vielen Jahren fest mit der Persönlichkeit verbacken sind. Ihre Geduld ist bewundernswert. Wenn ihrem Mann etwas nicht einfällt, er das Wort nicht weiß, sich an ein Erlebnis des Tages nicht mehr erinnert, dann fragt sie liebevoll nach. Und baut ihm Brücken, über die er unbeschadet gehen kann.

* * *

Jeder von uns kennt jemanden, der an Demenz erkrankt ist. Wir werden immer älter und das Alter bringt neben körperlichen Malaisen eben Erkrankungen wie diese mit sich. In Zahlen sieht es so aus:

Kleine Übungen für Körper und Geist

900 Menschen erkranken täglich bei uns in Deutschland an Demenz. Die Deutsche Alzheimer Gesellschaft ist überzeugt, dass diese Zahl weiter steigen wird. Heute sind in Deutschland 1,6 Millionen Menschen betroffen, 2050 können es 2,8 Millionen sein. Jeder einzelne Fall ist mit viel Trauer, Hilfsbedürftigkeit und persönlichen Opfern verbunden. Da sollten nicht auch noch Scham und Unsicherheit dazukommen müssen.

Bei diesem Thema fällt mir Steffi ein. Stefanie Helsper ist Ergotherapeutin und hält in ihrem Institut *Fortbildung mit Herz* Seminare für Angehörige und Pflegende, die Menschen mit Demenz betreuen. Sie arbeitet aber auch mit den Betroffenen selbst, macht mit ihnen Übungen für Körper und Geist. »Kleinigkeiten«, sagt sie, »die den Verlauf einer Demenzerkrankung aber sehr beeinflussen können.« Das sind zum Beispiel Übungen zur Körperwahrnehmung. »Wir beobachten bei Demenzkranken häufig, dass sie sich die Hände reiben«, sagt sie. »Weil sie sich spüren wollen, sich suchen.« Aber auch Gedächtnisübungen machen Sinn. Ich muss da gleich an das Familien-Memory denken, das wir für meinen Schwiegervater gemacht haben. Das war ganz einfach: Fotos im Internet hochladen und ein, zwei Tage später kommt ein Memory ins Haus, mit dem man ganz wunderbar »Wer gehört zu wem?« spielen kann. Bei weitläufigen Verwandtschaften ist das übrigens nicht nur für Demenzkranke eine gute Stütze ...

Ich lerne Stefanie in Herborn kennen, wo wir gemeinsam ein Seminar besuchen. Die empathische, herzliche Frau macht mich gleich auf die korrekte Formulierung aufmerksam: Die Bezeichnung »demenzkrank« wird nicht gern gehört. »Menschen mit Demenz« muss es richtig heißen. Und dann ist ihr noch etwas wichtig: Demente Menschen zu betreuen, mit ihnen zu leben, dafür zu sorgen, dass sie morgens ordentlich angezogen sind, ihren geregelten Tagesablauf haben, das ist nicht nebenbei zu machen. Das ist ein Fulltime-Job.

Steffi erzählt mir, dass es viele Erscheinungsformen der Demenz gibt. In nur 65 Prozent der Fälle handelt es sich um Alzheimer. Ein bis zwei Prozent leiden an Morbus Pick, also an dem, was auch Guidos Frau Marianne hat. Steffi erzählt auch von der sogenannten Symptom-Trias: Verlust von Kurzzeitgedächtnis, Orientierung und Sprachfähigkeit sind die *Die »Kommode des Lebens«.* drei Hauptfaktoren bei Alzheimer. »Wenn diese Symptome auftauchen, ist auch gleich das Stigma da«, sagt Steffi. »Es wird anfangs viel vertuscht und verheimlicht. Dabei ist das die Phase, in der schon gehandelt werden kann, damit es langsamer geht.« Zu Beginn der Erkrankung gibt es nämlich noch viele gesunde Nervenzellen, an die Medikamente andocken können. Steffi spricht von einer »Kommode des Lebens«: »Die oberen Schubladen gehen nicht mehr auf, die unteren hingegen wohl.« Wenn eine Schublade erst mal zu ist, kann man sie auch nicht mehr ölen.

* * *

Die Geschichten von Familien, in denen einer dement ist, ähneln sich. Und doch ist jede für sich einzigartig. Christian ist ein guter Freund von mir. Sein Vater ist mit 72 Jahren an Alzheimer gestorben, war sieben Jahre krank. »Es fing an mit Mitte sechzig«, erinnert sich Christian. »Papa war Steuerberater, immer aktiv, viel gereist, ehrenamtlich engagiert. Und dann hatte er zunehmend Probleme, sich zu konzentrieren, sich Dinge zu merken.« Seine Mutter spürt diese Veränderungen sehr früh. »Weil sie wegen einer ehrenamtlichen Tätigkeit einige Seminare zum Thema besucht hatte, konnte sie die Anzeichen früh deuten. Und sie wusste, was auf sie zukommt.« Dass der Arzt ihre Befürchtung bestätigt, ist zwar erwartet, aber immer noch ein Schock. »Papa hat gleich seinen Autoschlüssel auf den Tisch gelegt. Das hat es für uns viel einfacher gemacht.«

Es folgt ein schleichender Prozess. Christian studiert zu der Zeit in einer anderen Stadt, bekommt aber vieles aus Erzählungen seiner Mutter mit. Rückblickend sagt er heute über seine Mutter, die selbst mit einer schweren Krankheit zu kämpfen hat: »Was diese Frau geleistet hat in den Jahren, ich kann es nicht in Worte fassen.«

»Wie schwierig es geworden war, haben wir an einem Wochenendausflug gemerkt.« Die Familie hatte unterschätzt, wie sehr Menschen mit Demenz durch Ortswechsel überfordert werden. »Nach drei Stunden Autofahrt im Hotel angekommen, war mein Vater völlig orientierungslos, wusste nicht, wo er hinmuss. Wir haben ihn gleich wieder eingepackt und sind nach Hause gefahren.« Christian muss den einen Schmunzler aber noch loswerden: »Als Mama und ich mit Papa schweißgebadet wieder zu Hause ankamen, meinte er: ›Das war doch ein richtig schöner Tag heute.‹«

»Ein richtig schöner Tag heute!«

Wenige Tage nach der überstürzten Rückkehr muss die Familie erkennen, dass sie den Vater nicht mehr zu Hause betreuen kann. Es folgt die wohl schwerste Autofahrt für den Sohn: »Ich musste Papa überreden, mit mir ins Auto zu steigen, um ihn in seine neue Wohnung in einem Pflegeheim zu bringen.« Seine Mutter hatte bis zuletzt gehofft, den Ehemann weiter zu Hause betreuen zu können. »Aber ich muss ehrlich sagen, mir ist eine Riesenlast von den Schultern gefallen, meiner Mutter auch. Das lag auch daran, dass er in dem Pflegeheim wunderbar betreut wurde.«

Als Christians Mutter diese Sätze ihres Sohnes liest, weil ich natürlich alles, was in diesem Buch steht, von den Beteiligten »absegnen« lasse, kommen wieder die Erinnerungen an diese Jahre hoch. »Die Krankheit war bei ihm lange auf einem stabilen Niveau«, sagt sie. »Aber dann ging es rapide bergab. Und dann musst du Entscheidungen fällen, die weniger mit Emotion, mehr mit dem Verstand zu begründen sind.« Sie weiß, dass ihr Mann in den letzten Wochen seines Lebens menschenwürdig behütet und gepflegt wurde. Das ist ihr ein Trost.

Ja, es sind einige Menschen mit Demenz, die ich kenne. Hätte ich anfangs nicht gedacht. Unterm Strich bleibt die Erkenntnis: frühzeitig Hilfe holen. Offen mit der Krankheit umgehen. Sich als Angehöriger nicht in der Aufgabe verlieren. Denn Demenz ist keine Kurzstreckendisziplin. Noch nicht mal ein Marathon. Demenz ist für pflegende Angehörige ein Triathlon. In der Wüste. Mehrere hintereinander. Dauernd rennst du, strampelst dich ab oder versuchst, deinen Kopf über Wasser zu halten. Wer das durchstehen will, muss bewusst nach Tankstellen der Freude suchen.

Ein Triathlon in der Wüste.

Steffi Helsper sagt ganz klar: »Nur wer auf sich selbst achtet, kann auf Dauer achtsam mit anderen sein. Die eigene Kraft ist der Motor von allem. Die gilt es zu schützen und zu fördern.« Und wenn die Zeit für eine Pflegeeinrichtung gekommen ist, dann ist das völlig in Ordnung.

* * *

Noch mal zu Guido. Nachdem wir den *Steffis-Mutmacher*-Podcast mit ihm veröffentlicht haben, erzählt er mir, dass sich Menschen bei ihm gemeldet haben, die sich von ihm abgewandt hatten. Die sich entschuldigt und gesagt haben, dass sie all das nicht wussten.

Auch das ist eine Last, mit der von Demenz Betroffene und die pflegenden Angehörigen leben müssen: Je weiter die Krankheit fortschreitet, desto unsichtbarer werden sie. Aus vielen alltäglichen Aktivitäten müssen sie sich zurückziehen. Dass Freunde seltener vorbeikommen, ist nicht schön, aber nachvollziehbar. Es ist ja auch wirklich nicht immer leicht, jemanden mit Demenz zu besuchen – es ist anstrengend und deprimierend. Demenz ist nicht lustig, auch

Wissen, auf wen man sich verlassen kann.

wenn es Filme und Witze gibt, die das Gegenteil suggerieren.

Mein Freund Christian hat eine ähnliche Erfahrung wie Guido gemacht. Einige Kontakte haben sich verloren. Aber er sagt auch: »Einige sehr enge Freunde waren dennoch immer für meine Mutter und für meinen Vater da. Sie haben, solange es noch ging, mit ihm etwas unternommen, haben auf ihn aufgepasst, uns in unseren Entscheidungen beraten und unterstützt.«

Und dann sagt Christian etwas, das nicht den Verlust von Freundschaften in den Mittelpunkt stellt, sondern ganz im Gegenteil den Gewinn von Vertrauen und Stärke: »Gerade solche langen Krisenzeiten zeigen am Ende, auf wen man sich wirklich verlassen kann.«

4

Ein schwarzer Hund namens Depression

Willibert kommt wieder auf die Füße

Wir kennen uns schon lange. Er mich länger als ich ihn – als Radio-moderatorin weiß ich ja nicht, wer mir gerade zuhört. Viel zu selten darf ich die Menschen am anderen Ende der Leitung persönlich ken-nenlernen. Bei Willibert Pauels hat das geklappt. Der »bergische Jung« ist im Rheinland und darüber hinaus eine feste Größe im Karneval. Büttenredner, rote *Knappe Pointen, guter Typ.* Pappnase. Seine Auftritte im Fernsehen sind kurzweilig, auf den Punkt. Knappe Pointen, guter Typ. Im Hauptberuf ist er Diakon, lacht über Gott und die Welt. Und die Menschen lachen mit. Willibert ruft mich an und fragt, ob ich sein Bühnenjubiläum moderieren würde. Klar. Das ist … ach, lang ist das her … 2005? Egal, es wird ein schöner Abend. »Willibert Pauels scheint die Sonne ausm Arsch«, sage ich auf der Bühne. Die Reaktion des Publikums irgendwo zwischen Entset-zen und Heiterkeit. Aber so nehme ich Willibert eben wahr. Er hat sich diesen Satz bis heute gemerkt. Weil er sich so darüber gefreut hat.

Wir bleiben in losem Kontakt, der ist aber nicht immer nur heiter. Weil er mir von seinem schwarzen Hund erzählt, von seiner dunk-len Seite, der traurigen. Gerade unter den kreativen, emphatischen Menschen trifft man häufig auf »weinende Clowns« wie ihn, sagt Wil-libert.

Auch ich habe einen schwarzen Hund. Ich kenne diese tiefe Trauer. Habe immer Angst, wenn der November kommt. Dann stelle ich Kerzen auf, wo es nur geht. Mein Mann sagt oft: »Deinetwegen fackelt hier irgendwann die ganze Bude ab.« Aber ich brauche Licht, ein bisschen Wärme, längere Tage. Ich weiß genau, rational gesehen sind meine Niedergeschlagenheit und meine Ängste unbegründet. Aber da steckste nicht drin, die Emotionen sind trotzdem im Keller.

Nach ein paar Jahren treffen Willibert und ich uns noch einmal. Auf dem Rückweg von einem Familienwochenende im Sauerland besuchen wir ihn bei seinen Einkehrtagen im Kloster in Meschede.

Licht, ein bisschen Wärme, längere Tage. Ich freue mich, ihn mal wieder live zu erleben, wir gehen eine Runde und erzählen über dies und das. Ich mag seine Witze, bemerke aber auch eine gewisse Fahrigkeit.

Die Ruhepausen im Kloster stärken Willibert. Das hat er auch bitter nötig. Über 300 Auftritte liefert er in der Karnevals-Session ab. Rein ins Auto, rauf auf die Bühne, runter, rein, rauf – bis zu acht Auftritte an einem Tag. Eine stramme Taktung. Das ist kein Pappenstiel und geht an die Substanz. Irgendwann macht Willibert öffentlich, dass er unter einer Depression leidet. Ich texte ihn an: »Hey, was ist los?« Wir reden über diesen größten aller schwarzen Hunde, ohne lang rumzufackeln. Weil wir uns kennen, uns vertrauen. Willibert hat es erwischt. Er hat viel gearbeitet, viel Freude gebracht, viele Auftritte gewuppt, viel Geld verdient. Dazu der Druck, liefern zu müssen, auch zu wollen, aber irgendwann nicht mehr zu können. Die Depression ist nicht über Nacht gekommen, lange Jahre war sie unentdeckt.

Willibert erzählt: Im Urlaub nach einer anstrengenden Session, als die Entspannung kommen soll, kommt sie nicht. 2013 ist das. »Ich war schon in der Zeit der Auftritte niedergeschlagen«, sagt Willibert. Er dachte: Komm, durchhalten! Danach ist Urlaub. Aber Depressionen gibts auch unter Palmen. Willibert hat jede Nacht Albträume.

»Ich wurde wach, aber der Albtraum ging weiter«, erzählt er. »Auch tagsüber. Ich konnte nicht schlafen. Nach der soundsovielten schlaflosen Nacht merkte ich, wie meine Frau neben mir still vor sich hin weinte und sagte: ›Ich möchte nach Hause.‹ Ja, auch sie konnte es nicht mehr ertragen.«

Durchhalten! Danach ist Urlaub.

* * *

Das alles berichtet mir Willibert bei sich zu Hause im Bergischen. Ein schönes Haus, Alleinlage. Willibert grinst, der Hund bellt, der Kanarienvogel singt, die Frau ist einkaufen. Und an die Kaffeemaschine ist nicht ranzukommen, weil der Fliesenleger da war. Die Küche darf nicht betreten werden. Lustige Situation. Es gibt Cola.

Willibert sitzt vor mir, mit strahlenden blauen Augen, »puppenlustig« sagt man bei mir am Niederrhein. Er sieht gut aus. Besser denn je. Seine Depression liegt jetzt viele Jahre zurück. Der wichtigste Schritt auf dem Weg zur Gesundung war es, sich zu bekennen, sagt er. Es braucht großen Mut, sich und anderen einzugestehen, dass die Depression einen im Griff hat. Denn die schlimmste Begleiterscheinung dieser Krankheit ist, dass sie immer noch unter einem Mehltau der Scham versteckt ist – so nennt Willibert das. »Niemand schämt sich, wenn er sagt, er habe Rückenschmerzen.« Sofort schaltet er auf Horst Schlemmer: »Isch hab Rücken …« Stimmt. Hört man bei jeder sich bietenden Gelegenheit. Manchmal auch von Leuten, die putzmunter durch die Weltgeschichte düsen. Bei Depressionen ist es genau andersherum. Es ist ein sehr, sehr langer Weg, bis jemand damit um die Ecke kommt.

Menschen mit Depressionen leiden unter dem Kann-sich-nicht-zusammenreißen-Stigma. Immer noch. Ich erinnere mich an meine Kindheit in den Siebzigern, Achtzigern. Von Schwermut war immer die Rede, wenn sich jemand aus dem Dorf im Güllekeller ertränkt, auf dem Dachboden erhängt hatte. »Das liegt in der Familie« reichte als Begründung. Aufgewachsen bin ich in der Nähe der auf psychisch und neurologisch erkrankte Menschen spezialisierten Klinik in Bedburg-Hau. Ein riesiges Areal. Da kamen die »Schwermütigen« hin, die sich nicht umbrachten. »Die is in Bedburg« – dazu eine abwinkende Handbewegung. Schublade zu. Fertig.

Schublade zu. Fertig.

Wenn ich darüber nachdenke, mit welchen seelischen Belastungen, Traumata die Nachkriegsgeneration meiner Großeltern umgehen musste … Mein Schwiegervater ist Kneipenkind. Irgendwann erzählte er mal, wie er als Junge die Gäste erlebte, die nach mehreren Bieren und Schnäpsen einsam weinten. Männer, die lallend von ihren Fronterlebnissen erzählten. So viele Menschen, die mit ihren Erinnerungen an diesen Wahnsinn, diese Todesangst und auch an diese Schuld leben mussten. Unvorstellbar, will ich gerade schreiben. Aber in Europa ist jetzt wieder Krieg, genau das passiert gerade wieder. Hunderttausende Männer, Frauen, Kinder werden in vielen Jahren, wenn sie überleben, nachts wach liegen, innerlich erstarrt. Erinnerungen gehen nicht weg, wenn das Schlimme vorbei ist. Erlebtes kann man nicht löschen.

Willibert erzählt ganz offen, wie es bei ihm war. Die Phasen der Niedergeschlagenheit ziehen sich seit frühester Kindheit durch sein ganzes Leben. »Da hieß es: Der Junge hat zu viel Fantasie, der soll mal nicht so viel Fernsehen gucken.« Wenn so ein Schub kam: Niedergeschlagenheit, Panikattacken, Grübelzwang, völlig irrationale Schuldgefühle. Willibert schüttelt den Kopf. »Ich habe das so gehalten wie die meisten: aushalten, aushalten, aushalten.«

Während seiner depressiven Phasen sind für Willibert schon kleinste Aufgaben zu viel. Morgens ist es besonders schlimm, am liebsten möchte er gar nicht aus dem Bett raus. Aufstehen, Hose und Hemd anziehen – eine einzige Überforderung. »Da fiel wie ein Gebirge der Tag in mein Herz.« Ein starkes Bild, finde ich. Denn dieser Zustand des Nicht-aufstehen-Könnens hat nichts damit zu tun, dass das Bett gerade so schön kuschelig und warm ist. Sondern mit Todesangst. Willibert beschreibt das Gefühl, das er in diesen Phasen hatte, so: Herzbeklemmung, der Hals wird eng. Du kriegst kaum Luft.»Dann kommt die Panik«, sagt er. Und dazu die Familie und die Freunde, die dauernd fragen, was denn los sei.

»Du bist zum Teil Monate in diesem Aushalte-Modus«, sagt Willibert.»Dann geht es dir wieder besser. Dann wieder abwärts.« Auf dieser Achterbahn zu sitzen, ist eine Qual. Sein ganzes Leben denkt Willibert, dass er es mit vorübergehenden Verstimmungen zu tun hat. Jede Talfahrt geht an die Substanz. Erst nach Jahrzehnten, am Ende seiner Kräfte, kommt er auf die Idee, dass etwas Grundlegendes nicht stimmen könnte. Das ist der Moment, in dem er seinen Freund Manfred anruft und Klartext redet.»Damit habe ich das getan, was ich jedem zutiefst ans Herz legen möchte: sich professionelle Hilfe holen.«

Dr. Manfred Lütz ist Psychiater, Psychotherapeut – und ein fröhlicher Mensch. Genau die richtige Kombination für Willibert. Lange Jahre war er Chefarzt der Psychiatrie im Alexianer-Krankenhaus in Köln.»Willibert«, sagt Lütz,»ich höre an deiner Stimme: Du hast einen Depressionsschub. Sofort in die Klinik!« Als Willibert mir von der Fahrt in die Klinik erzählt, muss er lachen.»Eine kleine Realsatire an der Stelle: *Ein Fünkchen Humor in schwarzer Stunde.* Wenn man zu der Klinik fährt, muss man die Abfahrt ›Wahn‹ runter, Köln-Wahn.« Selbst in einer seiner schwärzesten Stunden war also noch ein Fünkchen Humor irgendwo greifbar in seinen Gedanken. Das ist schön.

* * *

Konnten seine Frau, seine Tochter ihm in dieser Zeit irgendwie helfen? Willibert schüttelt den Kopf. »Wenn einer eine echte Depression hat, dann kommen tröstende Worte überhaupt nicht an. Das ist, als wenn du mit dem Kopf unter Wasser bist und von Weitem redet jemand auf dich ein. Es ist alles nur verschwommen.«

Auf einen depressiven Menschen einreden, ihm Ratschläge erteilen –»Mach doch mal was Schönes!« – vergiss es! Auch der Hinweis, dass es ihm doch viel besser gehe als anderen, erreicht genau das Gegenteil. »Frau Schulz, die gerade ihren Mann verloren hat, Herr Becker mit seiner schlimmen Krebserkrankung, die haben allen Grund, niedergeschlagen zu sein. Aber du doch nicht!«

Vermutlich würde ich in meiner Hilflosigkeit auf genau diese Weise versuchen, jemanden zu trösten. Aber objektive Realität und subjektives Empfinden sind in der Depression zwei Paar Schuhe. Und wenn bei einem depressiven Menschen überhaupt etwas davon ankommt, dann ist das die Aussage: »Eigentlich darfst du gar nicht traurig sein!« Es bleibt nur hängen, dass er schon wieder »was falsch macht« und »den Erwartungen nicht genügt«.

»Die Depression, uraltes Thema«, sagt Willibert. So alt wie die Menschheit. Im Psalm 77,1 werde sie wunderbar beschrieben: »Ich rufe, ich schreie zu Gott, auf dass er mich hört. Am Tag meiner Not suche ich den Herrn. Unablässig erhebe ich nachts meine Hände, meine Seele lässt sich nicht trösten.« Diese Textstelle »fällt« sozusagen aus ihm raus, er ruft diese Worte mit einer solchen Verve hinaus, dass ich zusammenzucke. Und ihn begeistert angucke.

Von inneren Dämonen getrieben.

Willibert weiß noch mehr, in der Klinik hatte er viel Zeit zum Lesen. Goethe hatte schwere Depressionsschübe, schlimmen Grübelzwang. Seinen von seinen inneren Dämonen getriebenen Doktor Faust ließ er das sagen, was ihn selbst bewegte. Als ich später im Buch nachschaue, finde ich auch gleich eine passende Stelle:

»Die Sorge nistet gleich im tiefen Herzen,
Dort wirket sie geheime Schmerzen,
Unruhig wiegt sie sich und störet Lust und Ruh;
Du bebst vor allem, was nicht trifft,
Und was du nie verlierst, das musst du stets beweinen.«

Gut beobachtet, Herr von Goethe! »Was nicht trifft«, also gar nicht real ist, macht depressiven Menschen Angst. Und um das, »was sie nie verlieren«, die Liebe ihrer Familie, ihre Existenzgrundlage und so weiter, machen sie sich größte Sorgen.

Der belesene Willibert hat noch weitere Beispiele für berühmte Menschen mit Depressionen. Winston Churchill ist unter ihnen, er machte das Bild vom »schwarzen Hund« berühmt. Auch J. K. Rowling ist dabei. Ob sie die gefühllosen Dementoren sonst so gut hätte beschreiben können? Die saugen den Menschen alle guten Erfahrungen weg, sodass nur Ängste und quälende Erinnerungen zurückbleiben. Wenn sie heranwehen, verschwindet alles Licht. Auch unter Künstlern finden sich Fälle von Depression. Der bekannteste dürfte Pablo Picasso sein. Die Bilder aus seiner »Blauen Periode« sind Zeugen der tiefen Traurigkeit, unter der er damals litt.

* * *

In der Kölner Klinik braucht der behandelnde Arzt nicht lange, um festzustellen: »Herr Pauels, Sie haben eine schwere Depression. Alle Auftritte absagen.« Wie jeder Bühnenkünstler ist Willibert damit natürlich nicht einverstanden. Es gibt zweihundert unterschriebene Verträge für die kommende Karnevals-Session. *Kein Aber. Feierabend.* Man kann doch nicht zweihundert Auftritte absagen! Doch der Arzt lässt nicht mit sich handeln. Depression ist eine ernst zu nehmende Krankheit. Mit einem Magendurchbruch würde er ja auch nicht auf der Bühne stehen können. Aber, aber, aber ... Kein Aber. Feierabend. Erst mal.

Also zweihundert Absagen. Willibert freut sich, dass kein einziger Veranstalter verärgert reagiert. Ganz im Gegenteil. »Alle haben gesagt: Gute Besserung!« Er solle sich Zeit nehmen, so viel er brauche, um wieder gesund zu werden. Sie würden schon Ersatz finden. Willibert hat sich viel zu viele Sorgen gemacht.

Dann kommt die Sache mit der Presse. Die Journalisten kriegen natürlich spitz, dass Willibert alle Auftritte abgesagt hat, und berichten ausführlich. Hat das nicht wehgetan? »Interessanterweise nicht«, erinnert sich Willibert. Es war ihm egal. Etwas ganz anderes ärgert ihn: Man will sein Aussetzen mit einem Burn-out erklären. Der wird ja oft übersetzt mit: Hat sich verbrannt für seinen Job, für seine Ideale. Irgendwie ein Ritterschlag. Aber diese Deutung geht in die völlig falsche Richtung. Willibert stellt die Sache richtig: »Quatsch! Schreibt, wie es ist! Ich habe eine schwere Depression. Und bin deswegen in einer Klinik.«

»Quatsch! Schreibt, wie es ist!«

Auch hierfür hat er einen Bibelspruch parat: »Die Wahrheit wird euch frei machen«, Johannes 8,32. Zur Wahrheit gehört, zwischen bloßen Befindlichkeitsstörungen, existenziellen Krisen und Depressionen gewissenhaft zu unterscheiden. Wenn jemand zum Beispiel plötzlich von Partnerin oder Partner verlassen wird, dann ist das tief erschütternd und für eine gewisse Zeit möglicherweise schlimmer als eine schwere Depression. Aber so ein seelischer Schock ist keine psychische Störung, sondern eine gesunde Reaktion auf eine schreckliche Situation. Je nach Resilienz finden die Betroffenen mit oder ohne professionelle Hilfe wieder ihr Gleichgewicht. Eine Depression dagegen muss ganz anders behandelt werden.

Vielleicht liest du das jetzt und bist unsicher: Habe ich eine Depression? Oder ist es November-Trauer, Frühjahrsmüdigkeit oder

Wechseljahre-Symptomatik? Vor allem bei Letzterem ist Willibert kein Fachmann, aber bei Depressionen weiß er Bescheid: »Beispiel: Wenn der Briefträger klingelt und sagt: ›Sie haben zehn Millionen Euro im Lotto gewonnen.‹ Dem Depressiven ist das völlig egal.« Denn eine Depression beherrscht dich total. Du hast Gefühle wie nach Dementoren-Besuch: kein Platz für Positives.

In Gedanken bin ich natürlich beim Briefträger mit dieser Nachricht. Du vermutlich auch. Also, ich würde mich freuen. Das wiederum erleichtert mich gerade.

* * *

In der Kölner Klinik seines Freundes Manfred Lütz wird die erste Diagnose gestellt. Für den stationären Aufenthalt geht Willibert in eine andere Klinik, nach Neuss. Der behandelnde Arzt dort sagt gleich: »Das kriegen wir in den Griff. Sie haben eine schwere Depression, und wenn ich Ihnen ein Foto von Ihrem Gehirn zeigen würde, könnten Sie das sogar sehen.« Die Botenstoffe in Williberts Gehirn sind durcheinander. Der Arzt erklärt ihm, dass eine Depression häufig die Folge einer genetisch verursachten Stoffwechselstörung im Gehirn ist. Und dass die Botenstoffe mit Medikamenten wieder in die Reihe gebracht werden können. Wie bei 90 Prozent der anderen fünf Millionen Deutschen, die an Depressionen leiden, auch.

So banal! Und dafür so viel Leid! All die Jahre voller Schlaflosigkeit, Angst und Niedergeschlagenheit hätten gar nicht sein müssen. Man kann es gar nicht oft genug sagen: Depression ist kein Zeichen von Schwäche, sondern einfach eine körperliche Erkrankung, die mit professioneller Hilfe meist sehr gut behandelbar ist.

Willibert erzählt mir von den zwei Säulen der Therapie: »Die eine Seite ist natürlich die Medikation, die andere ist aber genauso wich-

[handschriftliche Notiz am Rand: So banal! Und dafür so viel Leid!]

tig, wenn nicht wichtiger: die Seele stabil halten, die Gedanken verhindern, die dich in diese Trauerspirale schicken.« Er sitzt vor mir mit ausgebreiteten Armen, wie ein fliegender Vogel, der sich im Wind ausbalanciert. Dieses Bild finde ich sehr hilfreich. Das klingt so logisch! Eine Schwinge allein kann nicht tragen. Und wie fühlt sich das an, wenn einer auf einmal wieder fliegen kann?»Wie Phönix aus der Asche«, sagt Willibert.

In der Klinik bekommt er erst mal Tabletten, nach einer Woche beginnen sie zu wirken.»Damit war der Medikamentenflügel schon mal stabil.« Um den anderen Flügel kümmern sich die Therapeuten. Wichtig für seinen»Gedankenflügel« ist die geregelte Tagesstruktur. Dazu kommen die Gespräche in der Gruppe und auch mit den Ärzten, mindestens dreimal in der Woche. Dies ist der zeitintensivere Teil der Behandlung. Willibert weiß das. Er fühlt sich wohl und geborgen in der Klinik.»Ich wollte da gar nicht mehr weg«, sagt er lächelnd. Das sei der sekundäre Krankheitsgewinn, sagt er.»Den haben sogar Kinder, wenn sie sich das Knie aufgeschlagen haben. Dann zeigen sie das, guck mal!, und dann gibt's Zuneigung und ein Bonbon. So habe ich mich gefühlt.«

Wie Phönix aus der Asche.

Dabei war es für Willibert ein großer Schritt, sich überhaupt in eine Klinik einweisen zu lassen.»Ich geh nicht in die Klapse«, hatte er gesagt. Genau das ist ja der Punkt, vor dem die allermeisten Menschen Angst haben, die unter Depressionen leiden: in der»Klapse« zu landen. Die Bilder im Kopf: festgebunden, ruhiggestellt, vor sich hin vegetierend und Sabber im Mundwinkel. Dabei könnten diese Bilder nicht irreführender sein. Moderne Therapiezentren sind helle Häuser, in freundlichen Farben gehalten. Willibert ist überrascht, als er das erste Mal nach Neuss kommt:»Viel Licht, gute Architektur, jede Abteilung mit eigenem Garten mit Wasserspielen und prächtigen Blumen. Und dann steht da am Eingang das Schild: ›Zentrum für seelische Gesundheit‹. Da ging's mir schon gleich besser.«

Da muss ich natürlich mal nachhaken. Prominenter Karnevalist hat Depressionen und einen einflussreichen Psychologenfreund, der da was drehen kann. Verdankt Willibert seine tolle Behandlung also Vitamin B? Aber da hält Willibert dagegen: »Jeder mit einer akuten Depression wird sofort in eine Klinik aufgenommen.« Recht hat er: In jeder Stadt, auch in Kleinstädten, gibt es Einrichtungen, die Menschen in Not aufnehmen. Wartezeit: null. Bei schweren Depressionen sind nicht sofortige Behandlungsmöglichkeiten der Flaschenhals, sondern die Einsicht der Betroffenen, dass sie Hilfe brauchen. »In die Psychiatrie aufgenommen zu werden, geht wirklich schnell«, sagt Willibert. »Aber wichtig ist: Ein stationärer Klinikaufenthalt, dem keine ambulante Psychotherapie folgt, der ist für die Tonne.« Damit der Gedankenflügel stabil bleibt, brauchen Betroffene weitere Begleitung.

Willibert legt auch Wert auf die Feststellung, dass die freundliche Umgebung und die gute Behandlung in einer Klinik nicht etwa damit zu tun haben, ob einer als Kassenpatient oder Privatpatient kommt. »Ich hatte auch Einzelgespräche mit dem Arzt, obwohl ich nur Kassenpatient bin.« Und weil er in der vorangegangenen Session gut verdient hatte, bezahlt er aus eigener Tasche 30 Euro Zuzahlung am Tag für ein Einzelzimmer.

Nach acht Wochen Klinik kommt Willibert wieder nach Hause. Redet viel mit der Familie. Ihm wird klar, dass er Jahre nur als Körper dabei war, aber nicht mit der Seele. »Mir ist das gar nicht so aufgefallen«, erinnert er sich. Die Familie hatte sich damit arrangiert. Muss sie jetzt nicht mehr, denn Willibert hat einiges geändert: »Ich habe eine klare Tagesstruktur. Ganz wichtig. Die heilende Kraft der Strukturen, davon sprechen die Psychotherapeuten immer wieder. Und: viel weniger Alkohol.«

Alkohol – das gefährlichste Antidepressivum.

Kurzfristig ist Alkohol das best- und schnellstwirkende Antidepressivum. Klar, der Büttenredner Willibert hat abends noch das ein oder andere Kölsch getrunken. Aber die schenkten nur vorübergehende Erleichterung. Denn Alkohol wirkt zwar bei vielen Menschen als Stimmungsaufheller, aber am nächsten Tag ist es nur noch schlimmer. Diese Erfahrung hat auch Willibert gemacht: »Wenn der Rausch vorbei ist, ist die Depression doppelt schlimm.« Und dann muss eben noch mehr Alkohol her. Deshalb mündet eine Depression nicht selten in eine Alkoholiker-Karriere. Anders als Marianne aus Ostwestfalen hat Willibert keine Alkoholsucht entwickelt. Er musste also dem Alkohol nicht abschwören. Aber auch hier: Klare Struktur hilft. »Ich habe rigoros eingeschränkt, aber es mir nicht verboten. Ich bin ja katholischer Rheinländer.« Er lacht sein verschmitztes Lachen.

Heute ist Willibert in Rente. Der umtriebige Humorist lässt es langsamer angehen, genießt die Zeit mit seiner Frau und seiner erwachsenen Tochter. Macht statt dreihundert Auftritten im Jahr nur noch vierzig. Handverlesen. Nach vorne lachen, aber hinten weinen – diese Zeiten sind für ihn vorbei. Er ist rundum mit sich im Reinen. Auch das ist ein Zitat aus dem Faust, das auf ihn passt: »Die Erde hat mich wieder!«

* * *

Das Gespräch mit Willibert hat mich natürlich auf seinen Freund Manfred Lütz neugierig gemacht. Er ist nicht nur Psychiater und Psychotherapeut, sondern auch Theologe, Autor mehrerer Bücher und *Ein Mann voller* Kabarettist, der über seelische Erkrankungen ein gan- *Überraschungen.* zes Bühnenprogramm macht. Ein Mann voller Überraschungen. Der Zufall will es, dass ich 2021 Schirmherrin sein darf für die »KölnBonner Woche für seelische Gesundheit«, organisiert von der Eckhard Busch Stiftung. Zu meiner Aufgabe gehört, ein Interview zu führen, das als Podcast veröffentlicht werden soll. Mit wem? Mit Dr. Manfred Lütz. Ich freue mich so sehr!

Ich begrüße ihn mit den Worten, dass er für mich eine Ikone auf dem Gebiet der psychiatrischen Erkrankungen sei. Er sei keine Ikone, sagt er. Ich sage »doch«, er »nein«. Wir lachen. So fangen Gespräche doch gut an! Wir sind uns per Video-Call zugeschaltet, er sitzt in seinem Ohrensessel und gibt gleich zu bedenken, dass ihn unser Gespräch vom Kuchenessen abhält. Seit 2019 ist er in Rente, da hat er noch mehr Zeit für die schönen Dinge des Lebens.

Was Manfred Lütz als Erstes über psychische Leiden sagt, macht mich nachdenklich: Ein Drittel der Deutschen erkrankt im Laufe ihres Lebens daran. Sie sind oder waren psychisch krank – oder werden es sein. Vorübergehend oder chronisch. »Die anderen zwei Drittel kennen jemanden in ihrem Umfeld, der damit zu tun hat.« Damit ist für Lütz klar: Direkt oder indirekt ist jeder betroffen. Er erinnert sich: »Als ich damals mein erstes Buch zum Thema rausgebracht habe, bin ich von sehr vielen Journalisten befragt worden. Und ich habe jedem auf den Kopf zugesagt: Auch Sie haben einen seelisch kranken Angehörigen. Und so gut wie alle haben ›Ja‹ gesagt.« Das Buch *Neue Irre – Wir behandeln die Falschen* ist übrigens ein Bestseller geworden.

An dieser Stelle denkst du vermutlich nach und gehst deine Familie und deine Freunde durch. Ich auch. Und mir fallen einige Menschen in meinem Bekanntenkreis ein, die zu dem ersten Drittel gehören. Einige lassen sich helfen, andere müssten es dringend. Was hindert sie daran? Lütz meint: »Viele denken: Hach, das habe nur ich, und dann ist das vielleicht genetisch bedingt. Also sag ich's lieber nicht, denn sonst heiratet mich keiner.« Und gleich setzt er noch einen drauf: »Wenn keiner heiraten würde, der psychisch Erkrankte in der Familie hat, dann würden wir Deutschen komplett aussterben.«

Mir gefallen der Humor und die Leichtigkeit, mit der Lütz an dieses Thema herangeht. Dank seiner Erfahrung, seiner Expertise können wir ganz unbefangen und sachlich damit umgehen. Irgendwie

»lieber nix sagen, sonst heiratet mich keiner.«

denkt man ja immer, man müsse gleich mit den Köpfen zusammenrücken und zwei Tacken leiser sprechen, wenn es um Depressionen geht. Ein wenig ist schon in Bewegung geraten. In dem Podcast mit Dr. Lütz wird eine Umfrage unter Passanten eingespielt. Auf die Frage »Wie steht es mit psychischen Erkrankungen in Ihrem Umfeld?« antwortet eine Frau ganz offen, dass sie selbst in Therapie war. Für sie ist das kein Grund zur Scham: »Wenn mein Auto kaputt ist, dann repariere ich das auch nicht selbst, sondern lasse einen Fachmann ran.« Mir gefällt dieser Vergleich, für Lütz ist er aber ein bisschen zu einfach. »Das Bild ist gut«, sagt er. »Aber ich bin da vorsichtiger. Die Psyche ist nicht einfach so reparierbar, wie es ein Auto ist.« Wie gut, dass unter den psychischen Krankheiten die Depression zu den besonders gut behandelbaren zählt!

So wie Willibert legt auch Lütz großen Wert auf die genaue Unterscheidung zwischen Lebenskrisen und Depression. Unsere Reaktionen auf Lebenskrisen sind keine psychischen Krankheiten. Wenn die Lebensqualität zu stark und zu lange unter ihnen leidet, sind ganz andere Helfer gefragt als bei Depressionen. Es gibt noch einen weiteren – fatalen – Unterschied: Menschen, die »nur« eine Lebenskrise zu bewältigen haben, sind noch in der Lage, sich einen Psychotherapieplatz zu besorgen. Menschen mit Depression fehlt dagegen in der Regel der Antrieb, die Kraft, sich um sich zu kümmern. Dabei wäre das bei ihnen besonders wichtig. Manchmal kommt erst ganz am Ende ihres Leidensweges, wenn der Lebenswille nur noch ein unter hohen Schichten von Asche verstecktes, kaum noch glimmendes Fünkchen ist, noch einmal ein Aufflackern. So wie bei Willibert. Erst nach Jahrzehnten hatte er seinen Freund anrufen können. Als letztes Zurückweichen vor dem finalen Abgrund sozusagen.

Das Aufflackern des glimmenden Fünkchens.

Lütz bestätigt das, was Willibert mir schon gesagt hatte: »Jeder, wirklich jeder in einer akuten psychischen Krise wird jederzeit, ohne

Termin, in der psychiatrischen Ambulanz aufgenommen.« Niemand mit schwerer Depression wird alleingelassen. Und weil Menschen mit schweren Depressionen meist den ersten Schritt nicht von sich aus machen können, müssen ihre Familienmitglieder und Freunde sensibilisiert werden. »Darum ist zum Beispiel diese Woche der seelischen Gesundheit so wichtig«, sagt Lütz. Je mehr Menschen über Depression so gut Bescheid wissen wie über Schnupfen und aufgeschlagene Knie, umso weniger ist das Thema mit Scham behaftet. Und umso schneller kann gehandelt werden.

Ich bin froh und dankbar, dass Willibert und Dr. Lütz mir vieles so einfach und anschaulich erklärt haben. Ich weiß jetzt in groben Zügen, wie eine Depression entsteht und wie sie sich anfühlt. Und dass die Betroffenen professionelle Hilfe brauchen. Die gute Nachricht: Wenn erst einmal Profis mit im Boot sind, wird es meist sehr schnell sehr viel besser. »Ich habe schon Patienten mit schwerer Depression erlebt«, sagt Dr. Lütz, »die schon auf der Brücke gestanden hatten, und die dann nach drei Monaten gesund waren und sagten: ›Wie konnte ich überhaupt? Ich habe eine tolle Familie, einen schönen Beruf, wie konnte ich diese komischen, schlimmen Gedanken haben?‹«

Es überfordert Angehörige und Freunde, wenn sie einem depressiven Menschen die Lebensfreude wiedergeben wollen. Sie sind aber wichtig, um den Kranken darin zu unterstützen, sich Hilfe zu holen. Ihnen gibt Lütz drei Ratschläge mit. Der erste: Immer daran denken, dass Depression eine Krankheit ist. So wie Diabetes oder ein Magengeschwür. Der zweite: Je früher man offen über Traurigkeit, Weinen, Ängste redet, desto besser. Und der dritte: »Wenn Sie merken, jemand braucht Hilfe, aber er sieht es selbst nicht ein, dann sagen Sie ihm: ›Geh mir zuliebe dahin.‹« Dieses Argument hat gute Chancen, in einem depressiven Menschen verschüttete Gefühle von Partner-

Meist wird es sehr schnell sehr viel besser.

schaft und Freundschaft zu aktivieren und so den Besuch beim Arzt in die Wege zu leiten.

* * *

Wir müssen noch über Medikamente sprechen. Viele fragen sich: Bin ich überhaupt noch ich, wenn ich Tabletten nehme, um weniger traurig zu sein? Oder ist das dann ein künstliches Ich? Davor hätte auch ich Angst. Wer weiß, wie so ein anderes Ich dann ist?

Heilmittel, die kranke Seelen gesund machen.

Dr. Lütz lacht. Diese Gedanken kennt er: »Ich verstehe sehr gut, was Sie meinen.« Puh, denke ich, diese Vorstellung ist also nicht komplett gaga. Und dann sagt Manfred Lütz etwas sehr Wichtiges: »Antidepressiva sind keine Pillen zum Ruhigstellen. Es sind Heilmittel, die kranke Seelen gesund machen.« Auf gar keinen Fall werde man durch solche Medikamente zu einem anderen Menschen. »Antidepressiva machen nicht gedankenlos, teilnahmslos oder ruhig, sondern im Gegenteil: Die Patienten werden wieder lebendig wie früher, sie werden wieder sie selbst!« Dafür, dass die Pillen nicht die Persönlichkeit verändern, bringt Lütz ein Beispiel, bei dem ich laut lachen muss. »Hier aus'm Rheinland gesprochen ist es so: Man kann dadurch, dass man in Westfalen Antidepressiva ins Leitungswasser gibt, aus den Westfalen keine heiteren Rheinländer machen.«

Es ist die Depression, die die Persönlichkeit verändert, nicht das Antidepressivum. Am Ende ist es eine kleine Pille, die Leben rettet. Seelen rettet. Antidepressiva lassen Helligkeit ins Dunkel. Lütz hat das schon viele Hundert Male erlebt: »Das macht viele Patienten so fassungslos, dass Hilfe so einfach sein kann.« In meinem Kopf rückt sich einiges zurecht: Wenn jemand sich sein Leben lang Insulin spritzt, um Diabetes in Schach zu halten, ist das etwas ganz Normales. Warum sollte es anders sein, wenn jemand Antidepressiva nimmt?

Es macht echt Freude, mit Dr. Lütz über Depressionen zu sprechen. Aber an einer Stelle wird er ein wenig unleidlich: als die Rede auf den sogenannten Burn-out kommt. Das sei keine medizinisch anerkannte Krankheit, sagt er gleich. Für ihn ist Burn-out eine reine Befindlichkeitsstörung, ausgelöst durch Tod, Scheidung, Insolvenz, Mobbing, chronische Überforderung und andere schlimme Dinge. Er sagt: »Viele Lebenskrisen führen uns zu ganz normalen menschlichen Reaktionen, die vielleicht extrem sind, weil auch die Situation extrem ist. Das macht natürlich Angst, weil man sich so nicht kennt in dieser Ausnahmesituation. Aber es zeigt auch, dass man ein lebendiger Mensch ist.«

Freunde, die man nachts anrufen kann.

Lütz hat es schon häufig erlebt, dass er am Ende eines einstündigen Gespräches seinem Gegenüber sagen konnte: »Ich habe eine schlechte und eine gute Nachricht für Sie. Die Schlechte: Es ist schrecklich, was Sie erleben. Mir würde es auch dreckig gehen damit. Aber die gute Nachricht: Sie haben keine psychische Störung. Sie reagieren ganz normal. Nur wenn das jetzt noch Monate weiter dauert, dann kommen Sie bitte noch mal zu mir.«

Und dann erklärt Lütz ganz wunderbar: »Befindlichkeitsstörungen sind in der Medizin so etwas wie Falschparken im Straßenverkehr.« Wieder muss ich lachen. Bei Burn-out Knöllchen. Depression ist viel mehr: Kategorie Führerscheinverlust.

»Vor fünfzehn Jahren war ich noch sehr für die Bezeichnung Burnout«, sagt Lütz. »Weil sich viele Menschen mit Depressionen unter diesem Begriff endlich outen konnten.« Burn-out klingt eben viel dynamischer als eine Depression. An dieser Stelle lobt Lütz seinen Freund Willibert: »Er hat damals klar gesagt: Ich habe Depressionen. Das ist am Ende natürlich viel besser, als da lange rumzuwedeln.«

Und dann sagt Lütz etwas, was sich im ersten Moment total kaltherzig anhört: Er hält nicht viel davon, wenn Menschen, die unter vorübergehenden Lebenskrisen leiden, therapeutische Hilfe suchen.

»Dann sitzen die da und nehmen Menschen mit viel größeren Problemen den Platz weg«, sagt er. »Die meisten Menschen mit ›Burn-out‹ brauchen keinen Therapeuten, sondern eine gute Freundin, einen guten Freund. Jemanden, den man nachts anrufen kann, bei dem man sich aussprechen kann.«

Wer unter Burn-out-Symptomen leidet, macht jetzt vermutlich die Faust in der Tasche. Aber nach einigem Nachdenken klingt das für mich logisch: Bevor sich Betroffene weiter allein durch die Tage und Nächte quälen, bis endlich ein Therapieplatz frei wird, ist es doch viel besser, sich ganz bewusst Menschen aus dem privaten Umfeld zu öffnen, die ihnen mit ihrer Lebensweisheit helfen können. Bei mir wären das meine Eltern und meine Schwiegereltern. Auch eine Kollegin, die allerhand mitgemacht hat, kommt mir in den Sinn. In deinem Familien-, Freundes- und Kollegenkreis gibt es solche Menschen, mit denen du einen *deep talk* führen kannst, ganz sicher auch. Seelsorger, Coaches und Selbsthilfegruppen wären ebenfalls mögliche Anlaufstellen.

Lieber Lebensweisheit als trockene Wissenschaft.

Es gibt sogar einen guten Grund, warum Menschen in »normalen« Lebenskrisen bei Psychiatern und Therapeuten nicht selten weniger gut aufgehoben sind als bei Menschen aus den genannten Gruppen. Denn in einer Krise hilft Lebensweisheit viel mehr als wissenschaftliche Kompetenz. Manfred Lütz ist da ganz selbstkritisch: »Wer glaubt, dass wir Psychotherapeuten mehr Lebenserfahrung als andere hätten, der täuscht sich. Ganz im Gegenteil! Wir haben schon auf dem Schulhof nicht mitgespielt, um den Numerus clausus für unser Studium zu erreichen.« Wieder muss ich lachen.

Es ist wirklich so: Wenn Manfred Lütz eine Lebenskrise hätte, würde er sich keinem Berufskollegen, sondern guten, ihm nahestehenden Freunden anvertrauen. Er erzählt, dass sich nach Erscheinen seiner Bücher Menschen aus ganz Deutschland bei ihm gemeldet haben, um von ihm behandelt zu werden. Er ließ ihnen ausrichten: »Die beste Behandlung ist in der Nähe. Gehen Sie zu Ihrem Hausarzt. Der kennt Ihr Umfeld.« Wenn jemand Stunden im Auto sitzen muss, um zu seinem Arzt zu kommen, ist schon diese Entfernung therapeutisch kontraproduktiv. »Die Einstellung: ›Ich bin ein ganz kleines Würstchen. Und das ist der große Guru‹, ist für eine erfolgreiche Therapie eine Katastrophe«, sagt er. Jetzt verstehe ich, warum Manfred Lütz am Anfang unseres Gesprächs keinesfalls »Ikone« genannt werden wollte.

* * *

Wir haben jetzt viel über seelische Erkrankung, Depression, deren Symptomatik, erste Schritte zur professionellen Hilfe und die Therapiemöglichkeiten erfahren. Jeder Mensch trägt aber auch eine Resilienz in sich, also die Fähigkeit, mit seelischen Tiefschlägen umzugehen. Da ist jeder anders gestrickt. Es gibt Stehaufmännchen und solche, die nur schwer mit einer Krise klarkommen.

Gibt es seelische Gesundheitsvorsorge? Lütz ist gegen eine übertriebene Selbstbespiegelung. »Jeder von uns hat ein Stück Sonne in sich. Bei einigen strahlt sie nach außen, andere müssen sie bei sich suchen.« Zur Lebenskunst gehört für ihn dazu, es sich auch mal gut gehen zu lassen. Kleine Sünden zulassen. Lütz erzählt von dem Stück Pflaumenkuchen mit Sahne, das er unter dem mahnenden Blick seiner Frau mit Freude isst.

Jeder hat ein Stück Sonne in sich.

Übrigens ist er gegen Ratgeber. Am schlimmsten sind für ihn die Glücksratgeber, in denen ein Autor beschreibt, wie er selbst glücklich wurde, und die den Leser dann traurig zurücklassen, weil er nun mal ein anderes Leben führt. Wieder muss ich lachen. Es gibt so viele Arten, glücklich zu sein, wie es Menschen auf der Welt gibt. Deshalb ist der beste Weg zum persönlichen Glück:»Darüber nachdenken, wann war ich zuletzt glücklich? Wie kann ich die Situation, in der ich damals glücklich war, wieder herstellen?«Das gilt auch umgekehrt: Was hast du vor Jahren gemacht, als du schon mal eine Krise hattest?»Was Ihnen da gutgetan hat, das sollten Sie immer wieder machen. Nicht nur in der Krise.« Das Ende unserer Begegnung naht. Was denn sein Glücksmoment sei, auf den er sich jetzt freue, frage ich ihn. Da lacht er:»Dass endlich das Gespräch zu Ende ist und ich wieder Pflaumenkuchen essen kann.«Sage ich:»Dass Sie das so sagen, stresst mich jetzt. Am Ende bekomme ich Ihretwegen einen Burn-out.«Darauf er:»Ist ja keine Krankheit.«

Hilfe bei Depression gibt es unter anderem hier:

Beim Hausarzt / der Hausärztin.

Die Telefonseelsorge ist rund um die Uhr und kostenfrei erreichbar unter 0800/1110111 oder 0800/1110222.

In akuten Krisen suchen Sie die nächste psychiatrische Klinik auf oder wählen Sie den Notruf 112.

Bei Fragen zum Thema Depression helfen folgende Institutionen:

Info-Telefon Depression der Stiftung Deutsche Depressionshilfe kostenfrei unter 0800/3344533

Selbsttest Depression und weitere Hilfsadressen unter www.deutsche-depressionshilfe.de

---

5

Wenn die Liebe Schwindel ist
Heike verliert alles und fängt neu an

Es ist diese Mail von WDR 2-Hörerin Heike, die mich sofort so neugierig macht. Sie schreibt:

»*Ich habe von deinem Mutmacher-Podcast gehört. Die Kurzform meiner Geschichte: Ich habe vor etwa fünf Jahren einen Mann kennengelernt, der sich im Endeffekt als Betrüger und Heiratsschwindler herausgestellt hat. Dadurch habe ich ALLES, was ich je besessen habe, verloren. Ich hatte vorher einen sehr gut bezahlten Job, eine tolle Wohnung und eigentlich alles, was man sich wünscht. Nach dem großen GAU, als ich herausgefunden hatte, was mit ihm los war, besaß ich noch genau mein Auto, meinen Laptop, zwei Jeans und drei Oberteile, Unterwäsche und ein paar Hüte. Hatte weder Job noch Wohnung, einige Tausend Euro Schulden. Und das alles im Alter von 58 Jahren. Ich hab nach kurzem Tief mein Leben in die Hand genommen, und nicht zuletzt durch die Hilfe von meinen Kindern und Freunden innerhalb von kurzer Zeit nicht nur meine Schulden in den Griff bekommen, sondern auch eine Wohnung und einen guten Job gefunden. Kopf hängen lassen ist nicht mein Ding – ich bin jetzt, vier Jahre später, sehr glücklich mit meinem Leben. Wenn die Geschichte für euch interessant wäre, würde ich mich freuen, von euch zu hören.*«

Aber so was von interessiert mich die Geschichte! Heiratsschwindel! Ich habe gleich bonbonbunte Bilder im Kopf. Vom ZDF-Traumschiff und von der älteren, reichen Dame, die vom gut aussehenden und charmanten Herrn besäuselt und fast übern Tisch gezogen wird. Aber kurz bevor es zu spät ist, fliegt der Schwindel auf und der Traumschiff-Kapitän höchstselbst stellt den Liebeslügner zur Rede. Ich merke schnell, dass dieses Thema eine wahre Klischee-Konfettikanone ist. Und gleichzeitig, das gebe ich zu, ist da in mir auch der Gedanke: Wie blöd muss man sein! Das ist sehr unreflektiert und ich schäme mich dafür. Aber der Gedanke ist nun mal da, auch wenn ich den gar nicht haben will. Höchste Zeit, da mal ein bisschen klare Kante reinzubringen.

Ich bin richtig aufgeregt, als ich bei Heike vor der Tür stehe. Ein Reihenhaus im Rheinland, schön eingerichtet. Hier hat sie vor vier Jahren bei einer Freundin vorübergehend Unterschlupf gefunden, bis sie wieder eine eigene Wohnung mieten konnte. Als der Ehemann der Freundin Monate später verloren ging, zog Heike zurück zu ihrer Freundin in dieses Haus. Die beiden Frauen leben jetzt als WG zusammen.

Heike ist Anfang sechzig, eine »flotte« Frau. Das ist eigentlich ein doofer Begriff, aber er beschreibt sie gut. Modischer Kurzhaarschnitt, peppig gekleidet, offener Blick. Ehrlich gesagt hatte ich sie mir anders vorgestellt: gebeugt, gebrochen, voller Gram. Nichts davon ist da. Um das Ende vorwegzunehmen: Diese Frau hat die Kurve gekriegt.

Diese Frau hat die Kurve gekriegt.

In Heikes Wohnzimmer brennt eine Duftkerze. Ewig habe ich keine Duftkerze mehr gerochen, dabei mag ich das doch so sehr! In den Achtzigern gab es diese Duftlämpchen: Duftöl in einer kleinen Schale, darunter ein Teelicht. Was habe ich die zu Hause als Teenager geliebt! Bis mein Vater irgendwann protestierte, er könne es in dem Mief nicht aushalten. Daran muss ich denken und lächeln – und ich entscheide, bald Wellnessurlaub zu machen. Da riecht es auch im-

mer so gut. Entspannend irgendwie. Und wenn diese Entspannungs-
kerze Heike hilft, ihre Geschichte zu erzählen, soll es mir mehr als
recht sein.

Ich weiß ehrlich gesagt gar nicht, was ich als Erstes von Heike er-
fahren möchte. Ich habe so viele Fragen an sie! Also hinten anfan-
gen – diese Strategie hilft mir immer, mich langsam zum Kern der
Sache vorzuarbeiten. In diesem Fall heißt das: mit dem »unterm
Strich« beginnen. »80.000 Euro«, erzählt Heike mit fester Stimme. »In
Geld und Möbeln. Eigentum futsch, kein Job, ein paar Sachen zum
Anziehen sind geblieben, mein Auto. Das war's.«
Klare Ansage. Da ist keine Unsicherheit, kein Zittern. *Klare Ansage.*
Sie ist drüber weg, das merke ich. Und es ist keine *Keine Unsicher-*
Wut im Raum, auch das ist deutlich. Keine zehn Mi- *heit. Kein Zittern.*
nuten mit ihr, und mein erster Eindruck bestätigt sich: eine bemer-
kenswerte Frau!

* * *

Heike berichtet, dass sie 33 Jahre verheiratet war, drei Kinder hat, gelernte Tierarzthelferin ist und beruflich alles Mögliche gemacht hat.
Drei Jahre nach ihrer Scheidung sagte sie sich: »Ich möchte jetzt mal
jemanden kennenlernen.« Über ein Datingportal trifft sie auf Mike.
Der eigentlich doppelt anders heißt. Zum einen hat er Heike nicht
seinen wahren Namen genannt. Und hier im Buch muss ich seinen
erfundenen Namen noch einmal verändern, denn unter diesem ist
der Typ heute immer noch irgendwo unterwegs. Und da sind dann
Persönlichkeitsrechte betroffen, Arschloch hin oder her.

Eine Zeit lang schreiben sich Heike und »Mike« über das Portal. Ihre Handynummern tauschen sie erst aus, als Mike von einem
Freund erzählt, der ermordet wurde. Er braucht jemanden zum Reden. Heike ist da. Jetzt erst telefonieren die beiden. Dann treffen sie

sich auch persönlich. »Das Verliebtsein kam sehr schnell«, erinnert sich Heike. »Allerdings hat er beim ersten Treffen schon angedeutet, dass er Krebs hat. Nicht behandelbar. Und dass er total verstehen könne, wenn ich mich jetzt zurückziehe.«

Als Heike das erzählt, gucke ich sie mit großen Augen an. Ich weiß durch das Vorgespräch, das Dea mit Heike geführt hat, dass diese Erkrankung frei erfunden war. Ich bin entsetzt. Und unglaublich wütend. Da appelliert jemand mit erfundenen Geschichten an das Mitgefühl eines Menschen. Legt es darauf an, ihn mit diesen Lügen an sich zu binden. Vor allem, dass Mike mit einer erfundenen Krebsdiagnose Schindluder treibt, bringt meine Emotionen zum Kochen. Denn eine Krebserkrankung ist ein körperliches und auch seelisches Desaster für alle, die wirklich davon betroffen sind.

. Mikes infame Strategie geht auf. Heike lässt sich auf ihn ein. Aus Mitgefühl? »Ja. Aber auch, weil ich doch verliebt war«, sagt sie. Der nächste Akt in Mikes Theaterstück: Einzug in Heikes Wohnung. Er erzählt ihr, er habe eine Eigentumswohnung gekauft, die sei aber noch nicht fertig. Er wisse nicht wohin. Klare Kiste, wohin die Reise geht. »Ich hab' gesagt, okay, kommst du halt so lange zu mir.« Heike erinnert sich genau: »Ich wollte ihm die letzte Zeit, die ihm bleibt, so schön wie möglich machen.« Dass auch die Eigentumswohnung eine Finte ist und gar nicht existiert – geschenkt.

Klare Kiste, wohin die Reise geht.

Mike zieht bei Heike ein. Er arbeitet nicht, weil er ja »sterbenskrank« ist. Und Heike gibt ihre gut bezahlte Arbeit als Assistentin der Geschäftsführung in einer Unternehmensberatung auf, um für Mike da zu sein. Genug Erspartes hat sie ja. Die Zeit des Wartens, bis endlich die Eigentumswohnung bezogen werden kann, zieht sich. »Es gab immer wieder Ärger mit Handwerkern. Er hat viel telefoniert. Und ich konnte ja auf seinem Handydisplay sehen: Handwerker ruft an, Anwalt Peter ruft an, dann hatte der Fliesenleger den

Schlüssel verschlampt, dann hat die Bank es nicht auf die Reihe gekriegt, Geld zu überweisen ...« Monate vergehen. Mike lebt immer noch bei Heike. Die Luftschlösser werden ausgebaut: Heike soll mit in die Eigentumswohnung ziehen. Die soll sie auch erben, wenn Mike nicht mehr ist. »Und er hat für meine ältere Tochter auch noch ein Haus gekauft – angeblich.«

Echt jetzt? Haben nicht spätestens da bei Heike alle Alarmlampen geleuchtet? Mit dem Wissen von heute ist es einfach, schlau zu tun. Kann ich Heike Ahnungslosigkeit, Naivität vorwerfen? Nein. Sie hatte es mit einem Mann zu tun, der meisterhaft auf der Emotions-Klaviatur spielt. Der alle Register zieht und genau weiß, dass die Hemmschwelle groß ist, einen vom Pech verfolgten, vom Schicksal gebeutelten, vom Tod bedrohten Menschen zu fragen: »Hör mal, stimmt das denn alles auch, was du da erzählst?« Wenn du ein halbwegs anständiger Mensch bist, verbietet dir das deine soziale Prägung. Genau darauf hat Mike gesetzt. So einfach ist das.

Vom Pech verfolgt, vom Tod bedroht.

Und dann ist da noch ein zweiter Mechanismus, der ihn schützt: Wenn du einmal angefangen hast, für jemanden Partei zu ergreifen, dann ist es schwer, aus dieser Fahrrinne wieder herauszukommen. Denn du *möchtest* ja, dass du deine Zeit, dein Geld, dein Herz nicht an den Falschen verschwendet hast. Die Zeichen dafür, dass der Profiteur deiner Zuwendung und Fürsorge es nicht wert sein könnte, wischst du beiseite. Wer will schon gerne zugeben, dass er auf dem Holzweg ist? Ich finde es sehr menschlich, wenn jemand lieber an das Gute glauben möchte, statt misstrauisch nach weiteren Ungereimtheiten zu suchen. Vielleicht ahnte Heike tief im Herzen, wie der Hase läuft. Aber ich denke, sie *wollte* Mike auch glauben.

* * *

Ihre Begegnung: ein Geschenk. So fühlt es sich für Heike an. Sie hat drei Kinder: zwei Töchter, einen Sohn. Die jüngere Tochter ist schon bei Mikes Einzug in Heikes Wohnung misstrauisch, warnt ihre Mutter, aber die will davon nichts wissen. »Ich habe ihr gesagt, dass der doch so viel macht und permanent telefoniert und dass alles stimmt, was er sagt. Es war alles sehr echt.«

Heike ist voller Vertrauen. Doch für Mike wird es immer komplizierter, das Lügengebäude aufrechtzuerhalten. Seine vorgetäuschte Krebserkrankung erfordert häufige Besuche beim Arzt. Mike und Heike gehen gemeinsam dorthin. »Ich war bei den Arztgesprächen nicht dabei, ich habe immer draußen gewartet«, sagt Heike. »Er war krank, er sah schlecht aus. Heute weiß ich, es war was anderes, nichts Lebensbedrohliches.«

Das mit seiner vorgetäuschten Krebserkrankung hat Mike also im Griff. Passende Arztunterlagen herbeizuzaubern ist eine Kleinigkeit für ihn. Die andere Baustelle ist komplizierter: Weil die beiden ja zusammenziehen wollen, kündigt Heike ihre Wohnung. Mike findet das super. Freut sich auf die gemeinsame Zeit. Muss immer neue Hindernisse erfinden, die den Umzug in das gemeinsame Heim, das ja gar nicht existiert, unmöglich machen. Richtig eng wird es, als Heike und Mike definitiv aus Heikes Wohnung rausmüssen. Gekündigt ist gekündigt. Die neuen Mieter stehen schon auf der Matte. Heike und Mike haben nun keine Bleibe mehr. »Vorübergehend«, sagt Mike. »Nur drei Tage. Dann wird alles gut.« Die Zeiträume, die ihm zum Manövrieren bleiben, werden immer kürzer.

Nur drei Tage. Angeblich.

Heikes Möbel werden eingelagert. »Wir sind dann für die drei Tage, von denen die Rede war, zu meiner ältesten Tochter gezogen.« Aus den drei Überbrückungstagen werden Wochen. Nichts passiert. Dann kommt der große Moment. Heike sieht Mike, der auf dem Balkon der Wohnung ihrer Tochter sitzt. »Ich konnte auf sein Handy gucken. Ich konnte sehen, dass er eine WhatsApp schrieb, auch *was* er schrieb.« Genau diese Nachricht ploppt eine Sekunde später auf ihrem Handy auf. Absender: Anwalt Peter. »Da wusste ich: Die Blase ist geplatzt, es ist alles ein Fake. Er schreibt die Nachrichten, die er mir zeigt, alle selbst!« Mir stockt der Atem, als sie das erzählt. Was ist ihr da durch den Kopf gegangen? Ich versuche, mich in sie hineinzuversetzen. Zwischen blankem Entsetzen, Wut, Hass, Aggression kann ich allerhand spüren in mir. Was würde ich in so einer Situation machen? Den Typen sofort vor die Tür setzen. Nein, besser erst zur Rede stellen. Nein, erst ihm eine runterhauen.

Heike reagiert ganz anders. Null impulsiv. Sie sagt nichts, tut nichts. »Ich bin nicht der Typ, der jemanden konfrontieren kann. Ich musste das erst mal mit mir ausmachen.« Aber was gibt es da auszumachen?, frage ich mich. In mir brodelt es beim Zuhören. Keine Sekunde länger hätte ich mit diesem Menschen in einer Wohnung bleiben können. Heike schon. »Ich bin nachts aufgestanden und habe mir seine beiden Handys genommen.« Sie hat alle Passwörter, alle Zugänge. Heike und Mike haben ja keine Geheimnisse voreinander. Das verblüfft, oder? Da dreht einer so ein krummes Ding und vertraut auf das Vertrauen der Betrogenen. Hätte Mike seine Handys versteckt und seine Passwörter für sich behalten, wäre Heike vielleicht misstrauischer gewesen. Gerade in der scheinbaren Offenheit liegt Mikes größter Schutz. Auch hier erweist er sich als Menschenkenner. Wenn du an eine hohe Mauer kommst, bist du neugierig und lässt dir einiges einfallen, um dahinterschauen zu können. Wenn aber alles offen liegt, schaust du nicht genau hin.

Mikes Strategien sind perfide und an Frechheit nicht zu überbieten. Schwer nachvollziehbar für mich, wie der Mann das mit sich ausgemacht hat. Ein Unrechtsbewusstsein scheint er nicht zu haben. Und damit auch

Perfide und an Frechheit nicht zu überbieten.

kein schlechtes Gewissen. So ein Betrug gelingt dir nur ohne Wertegerüst. Dass Mike seine tägliche Portion an Beachtung, Zuwendung und Liebe auf Kosten eines anderen Menschen abschöpft, muss ihm egal gewesen sein. »Aber er muss richtig Stress gehabt haben«, da ist sich Heike sicher. Denn der Bewegungsspielraum für all seine Lügen wurde ja immer enger. Es war abzusehen, dass er sich irgendwann selbst ins Aus manövriert haben würde.

Beim nächtlichen Handy-Check findet Heike raus, dass tatsächlich alle Anrufe, die Mike angeblich von Handwerkern, Anwälten bekommen hat, jeweils nur eine Sekunde gedauert haben. Er hatte ja nur den Nachweis gebraucht, dass er angerufen worden war. Deshalb auch die zwei Handys. »Er hat anklingeln lassen auf seinem anderen Handy, hat dann aufgelegt, aber mir gegenüber so getan, als würde er stundenlang telefonieren. Er hat also auf einen imaginären Gesprächspartner eingeredet. Konnte mir aber immer in der Anrufliste zeigen, mit wem er sich den ganzen Tag über auseinandersetzen musste.«

Wer viel lügt, muss sich viel merken.

Wer viel lügt, muss sich auch viel merken. In Mikes Fall wäre ein Aktenordner nötig gewesen. Wie kräftezehrend muss das ständige Jonglieren mit den »alternativen Fakten« gewesen sein! Das fühlt sich schon beim Zuhören anstrengend an. Und was ist das für ein Leben, stundenlang am Telefon zu hängen und ins Nichts zu reden? Das klingt für mich einfach nur furchtbar. Was hat sich Mike wohl dabei gedacht?

* * *

Seit dieser Nacht weiß Heike Bescheid. Dass ihre große Liebe ein Windhund ist und die Eigentumswohnung ein Luftschloss. Schlimmer noch: Auch die eigene Tochter hängt mit drin in dem Schlamassel. Denn die hat ebenfalls ihre Wohnung gekündigt. Sie sollte ja in das neu gekaufte Haus ziehen. Das es natürlich auch nicht gibt. Obwohl Heike und ihre Tochter mit beim Notar waren und gesehen haben, wie Mike ganz offiziell den Kaufvertrag unterzeichnet hat.

Ich stelle mir sehr bildhaft vor, wie Heike Mike mit ihrem Wissen konfrontiert: große Szene, Geschrei, Gewüte, Hass. Aber es ist ganz anders. Heike tut nichts. Null. Ich frage mich: Wo ist ihre Wut? Warum ist sie nicht ausgerastet? »Ich bin kein Typ, der wütend wird«, meint sie lapidar. »Ich bin Buddhistin.« Ehrlich gesagt reicht mir diese Antwort nicht. Ist man als Buddhist vor Verletzungen gefeit? Ohne Gefühlsregung? Die Wut im Körper muss ja irgendwo hin. Wenn sie nicht rauskann, bleibt sie drinnen. Gesund kann das nicht sein. Ist ihr etwa egal, was ihr angetan wurde? Ist sie ein Opfer, das auch noch »Danke« sagt, wenn man auf ihm herumtrampelt?

Heike ist mir ein Rätsel. Ihre Betriebstemperatur ist so ganz anders als meine. Erst nach und nach verstehe ich, was sich da abgespielt hat. Und dass ihr Gleichmut etwas ganz anderes ist als Gleichgültigkeit. Denn Heike ist alles andere als gleichgültig. Sie hat auch keine Angst vor Konfrontation. Sie will sie nur nicht. Ihr Hinweis auf den Buddhismus ist nicht einfach so dahergesagt. »Wut bringt nichts«, sagt Heike sehr bestimmt. »Ich habe vorher nicht gewusst, ob ich wirklich Buddhistin bin. Nach diesem GAU, ich sage echt immer GAU, weiß ich, dass ich die buddhistischen Lehren alle in mir drinhabe. Wut ist vollkommen überflüssig. Das ist, als wenn man mit glühenden Kohlen nach jemandem wirft. Man verbrennt sich nur selbst.« Ich übersetze das mit: Sie hat gemerkt, dass Mike es nicht wert ist.

Die Sache mit dem Buddhismus interessiert mich, aber ich kenne eigentlich nur die Buddhafiguren von Tchibo und aus dem Baumarkt, und ich weiß, dass Madonna Buddhistin ist. Mit anderen Worten: Ich habe von dieser Philosophie keine Ahnung. Also nachschauen. Nichts leichter als das heutzutage. Ich erfahre, dass im Buddhismus Gleichmut zusammen

Von Grimm und Groll befreit.

mit Wohlwollen, Mitfreude und Mitgefühl zu den »vier himmlischen Verweilzuständen« gehört, die zur Erleuchtung führen. Das Gegenteil von Erleuchtung ist, sich durch äußere Einflüsse bestimmen und aus dem Gleichgewicht bringen zu lassen und ihnen so ausgeliefert zu sein. Das gilt für negative und auch für positive Gefühle. Denn nicht nur Ärger und Wut, auch die Suche nach dem nächsten Glücks-Kick treibt dich vor sich her. Gleichmut hat was mit Gelassenheit zu tun. Mit Loslassen. »Von Grimm und Groll befreit«, hat Buddha das genannt. Auch in der Bibel findet sich so eine Stelle. In Epheser 4,31 heißt es: »Alle Bitterkeit und Grimm und Zorn und Geschrei und Lästerung seien fern von euch samt aller Bosheit.«

Komisch. Quer durch alle Religionen versuchen so viele Menschen, Gleichmut zu finden! Durch Meditation, durchs Gebet wollen sie Negatives vorbeiziehen lassen und zur inneren Ruhe finden. Und wenn dann mal einer von Grund auf gleichmütig ist, findet man das blöd. Ich muss zugeben: Von Heikes Lebensweisheit könnte ich mir eine Scheibe abschneiden.

* * *

Heike weiht ihre Tochter ein, dass sie einem Betrüger aufgesessen sind. »Meine Tochter ist ähnlich gestrickt wie ich«, erzählt sie. Die beiden spielen das Spiel jetzt mit. Drei weitere Tage geht das so. Dann ist der große Moment der Schlüsselübergabe für die Eigentumswohnung da – Mike hat nichts mehr in petto, was eine weitere Verzögerung erklären könnte.

Mit zwei Jacken übereinander.

Dass niemand am verabredeten Treffpunkt mit einem Schlüssel erscheint, wundert weder Heike noch ihre Tochter. Mike mimt den Ahnungslosen. Er hat sogar eine Tasche gepackt. Für die ersten Tage in der neuen Wohnung, sagt er. »Ich hab mich gewundert, warum er so viel mitnimmt«, sagt Heike. Auch dass er zwei Jacken übereinander angezogen hat, ist merkwürdig. »Okay, es war Januar und sehr kalt, aber irgendwie übertrieben. Außerdem war die eine Jacke, die er anhatte, meine.«

Die drei stehen in der Tiefgarage des Wohnhauses, in dem sich die Eigentumswohnung befinden soll. Ende Gelände. Von hier aus geht es für Mike nicht weiter. Die Luft ist raus, jetzt muss der Vorhang fallen. »Ich geh schon mal rauf zum Ausgang und rauche eine Zigarette, da treffen wir uns dann«, sagt er. Heike weiß genau: Wenn der jetzt raufgeht, sieht sie ihn nie wieder. Will sie auch gar nicht. Sie schwatzt ihm noch ihre Jacke ab, die sie ihm auf keinen Fall überlassen will. Dann verschwindet Mike. »Weg war er. Und wir sind gleich zur Polizei.«

Ob sie meint, dass Mike gemerkt hat, dass sie ihm auf die Schliche gekommen ist? »Ja, ich glaube schon.« Sie weiß es nicht, weil sie nie mit ihm darüber gesprochen hat. Kein Wort. Keine Aussprache, keine Klärung. Heike sieht einfach zu, wie sich der Mann, den sie geliebt hat, aus ihrem Leben stiehlt. Wobei sie das volle Ausmaß des Betrugs noch gar nicht erfasst hat. Da sind zum Beispiel ihre eingelagerten Möbel. »Anwalt Peter« hat sich um alles Finanzielle gekümmert und auch die Einlagerungskosten bezahlt. Aber genauso wenig, wie es einen Peter gab, sind die Rechnungen beglichen worden. Das Mietlager hat Heikes gesamten Hausstand ohne ihr Wissen längst verschrottet. Wenn ich mir das vorstelle: Möbel, Fotoalben, Zeugnisse und andere Dokumente, schöne Kleider, Bücher … alles, was einem lieb und wichtig ist. Weg. Nichts mehr da.

Der gesamte Hausstand: verschrottet.

Dazu kommt: Heike und ihre Tochter sind jetzt ohne Wohnung. Ihre Tochter findet schnell eine kleine Unterkunft, will ihrem neuen Vermieter aber nicht gleich eine zweite Mitbewohnerin unterjubeln. Wenn sie demnächst umzieht, wird Heike buchstäblich auf der Straße stehen. »Ich musste mich obdachlos melden«, sagt sie.

Weitere Katastrophen sind im Anmarsch. Unter den wenigen Habseligkeiten, die Mike zurückgelassen hat, findet Heike eine Tasche, in der an sie adressierte Briefe sind. Von Mike abgefangen. »Rechnungen, Mahnungen, Briefe vom Gerichtsvollzieher. Es war alles auf meinen Namen ausgestellt.« Heike krempelt die Ärmel hoch. Schreibt Listen, fasst zusammen, was sie in den Briefen findet. »Am Ende war mir klar, dass nicht nur mein Erspartes weg war. Ich stand auch noch mit 6.500 Euro in der Kreide.« Nicht mal ihr Konto existiert noch. Ein neues aufmachen geht nicht, denn dazu braucht man einen festen Wohnsitz. Auch die Beantragung von Hartz IV ist ohne Adresse nicht ohne Weiteres machbar. Sie hängt nun in einer Spirale fest, aus der es scheinbar keinen Ausweg gibt: ohne Wohnsitz kein Geld, ohne Geld kein Wohnsitz. Damit ist Heike ganz unten angekommen. So sagt sie das auch: ganz unten.

Kleines Schmankerl nebenbei: In der Tasche mit den Briefen liegt auch ein Portemonnaie. Heike erkennt es sofort wieder: »Das haben wir mal in einem Kaufhaus gefunden und Mike sagte damals, er bringt es zur Kasse. Hat er nicht getan, er hat es behalten.« Auch das ist ein Fall für die Polizei.

Wie war das für Heike? Wie weit reichte damals ihr Gleichmut, kam sie wirklich gar nicht ins Straucheln? Heike braucht keine großen Worte: »Für mich war das Thema in dem Moment seines Weggangs abgehakt.« Sie scheint mit all dem sehr schnell fertig gewesen zu sein. Aber wenn das Lebensgerüst zusammenbricht, zusammengetreten wird von einem Menschen, mit dem man in Liebe verbunden war, ist auch ein Mensch wie Heike in seinen Grundfesten erschüttert. »Als wir von der Polizei kamen, habe ich mich gefragt, ob das Leben noch lebenswert ist, nach allem, was passiert ist. Nach zehn Minuten war mir aber klar: Diese Gedanken sind bekloppt.« Ich bin fast ein bisschen erleichtert, dass Heikes Gleichmut wenigstens kurz mal ins Stolpern gekommen

Kurz mal ins Stolpern gekommen.

ist. Sie ist ja schließlich kein Übermensch. Aber ihre Haltung ist schon bemerkenswert. Aufstehen, Krone richten und weiter – kann man das konsequenter umsetzen als sie?

Aber was ist mit Mike? Wird er zur Rechenschaft gezogen? »Ich habe der Polizei alles so erzählt, wie ich es dir erzählt habe«, sagt Heike. »Er hat mir die Ehe versprochen, hat versprochen, mich zu versorgen, aber das ist ja alles juristisch nicht greifbar. Was aber greifbar war: Kurz vor dem Auszug aus meiner eigenen Wohnung habe ich gemerkt, dass mein ganzer Goldschmuck weg war. Ich habe ihn auch nicht mehr gefunden. Heute weiß ich, dass er ihn versetzt hat.« Mike wird wegen Diebstahl angeklagt. Neben dem Schmuck fällt auch das unterschlagene Portemonnaie aus dem Kaufhaus ins Gewicht. Vor Gericht sehen sich die beiden wieder. »Mike ist von einem Justizbeamten vorgeführt worden, er hat mich aber nicht angeguckt.« Erst jetzt erfährt Heike, dass Mike schon mal im Gefängnis saß und nur auf Bewährung draußen war. Weil er mit dem Diebstahl gegen die Bewährungsauflagen verstoßen hat, muss er wieder einsitzen. Abgang Mike.

* * *

Trotz allem Gleichmut fällt Heike in ein tiefes Loch. Weniger wegen verletzter Gefühle, sondern weil nun nackte materielle Not herrscht. Die ehemals selbstständige Frau ist total auf das Wohlwollen anderer angewiesen. Genau hier beginnt der Mutmacher-Weg. Heike findet Kontakt zu alten Bekannten, von *Nun beginnt der Mutmacher-Weg.* denen sie ewig nichts gehört hat. Allen voran Freundin Angelika. Sie bietet Heike das Gästezimmer ihres Hauses an, Heike hat also wieder ein Dach überm Kopf. Eine andere Freundin erklärt ihr, wie die Anträge für Hartz IV auszufüllen sind und an wen sie sich wenden muss. Eine weitere Bekannte läuft ihr zufällig über den Weg, fragt, wie es ihr geht. Heike erzählt von dem Drama und dass sie Privatinsolvenz anmelden muss. »Sie ist aus allen Wolken gefallen und fragte, um wie viel Geld es geht. Ich habe dann gesagt: 6.500 Euro. Da meinte sie nur: Hey, dafür musst du keine Privatinsolvenz anmelden, das Geld leihe ich dir.«

Langsam kommt alles wieder ins Lot. Sie wohnt bei Angelika, bekommt übers Jobcenter Geld, geht zur Schuldnerberatung und findet eine Arbeit. »Diese langjährigen Freundschaften, die ich habe, die haben mir so geholfen!«, sagt sie. »Auch wenn wir uns teilweise aus den Augen verloren hatten. Und meine Kinder. Die sind ganz wunderbar.« Heike hat keine Wut in sich. Strahlt sie auch nicht aus. Ich sitze einer Frau gegenüber, die in sich ruht und sehr sachlich über den Tiefpunkt ihres Lebens erzählt. Mal ein spöttisches Lachen, eine ironische Bemerkung. Aber null Selbstmitleid. Kein »Hätte, würde, wäre doch«. Gar nicht.

Kein »Hätte, würde, wäre doch«.

Aber was passiert nach so einer Enttäuschung? Geht die Liebe zu einem Menschen von jetzt auf gleich weg? Oder stiehlt sie sich wie ein Dieb im Dunkeln davon? Über diese Fragen denke ich gerade nach beim Schreiben. Ich bin eine Lang-Lieberin, Immer-Lieberin. Wer einmal in meinem Herzen ist, kommt da ohne Weiteres nicht wieder raus. Bei Heike ist das anders. Sie meint, dass sich die Liebe innerhalb der ersten drei Tage, in denen sie definitiv Bescheid wusste, in Luft aufgelöst hat. Eigentlich auch schon vorher: »In den Wochen zuvor hat sie sich schon weggeschlichen.« Heute weiß sie das. Damals wäre sie mit dem Mann in die Wohnung gezogen, wäre bei ihm geblieben.

Natürlich finde ich es spannend zu erfahren, ob Heike wieder lieben kann, vertrauen kann. Ob sie das überhaupt möchte. Sie nickt: Ja, sie möchte. »Aber ich kann nicht sagen, dass so etwas nie mehr passiert. Das kann keiner sagen.« Sie ist vorsichtiger geworden. Wenn sie Männer kennenlernt, checkt sie in den sozialen Medien, ob es sie gibt, ob sie auch wirklich so heißen, wie sie sich nennen. Bei einer dieser Recherchen stößt sie auf Mike. Sein Profilbild: ein Foto mit Heike. Dazu alte Postings über Erlebnisse mit Heike. Nichts wurde gelöscht oder geändert. Seit dem Tag in der Tiefgarage ist aber auch nichts Neues mehr dazugekommen.

* * *

Heike ist auf einen Heiratsschwindler und Betrüger reingefallen. Das mit sich selbst klarzukriegen ist das eine. Aber es auch in der Familie, bei Freunden zu erzählen und aushalten zu müssen, dass manche sie hinter vorgehaltener Hand für dumm, naiv und leichtgläubig halten – das kommt zu all den anderen Schäden noch dazu.

Deswegen bin ich Heike so dankbar, dass sie ihre Geschichte im Radio erzählt hat. Auf die Gefahr hin, dass das Ganze in ihrem jetzt wieder geordneten Leben erneut Raum einnimmt. Doch sie ist sich sicher: Die Sache mit Mike liegt hinter ihr, sie hat viel gelernt daraus. Vor allen Dingen über sich selbst und die eigene Resilienz. Über die Fähigkeit ihrer Seele, in *Dumm, naiv und leichtgläubig?* Krisen standzuhalten und sich selbst zu heilen. Sich nicht zerstören zu lassen. Aber wenn es nicht Rachegelüste sind oder der Wunsch, für sich selbst mit einem Erlebnis klarzukommen – warum macht sie ihre Geschichte dann öffentlich? Warum tritt sie im Radio-Podcast auf, wenn sie sich doch ausrechnen kann, dass viele Zuhörer sie als gedemütigte Frau wahrnehmen werden? Es ist Heike wichtig, dass es anderen Frauen und auch Männern nicht so wie ihr ergeht. Sie will für das Thema sensibilisieren. Sie will auch zeigen, dass man sich nicht verstecken darf. »Ich hab damals alle die Freunde und Bekannten, die mir wichtig waren, über die Sache mit Mike informiert«, sagt sie. »Sie alle kannten Mike und waren genauso von ihm geblendet wie ich.« Vor allem aber will sie Mut machen: Auch wenn man ganz unten ist, kann man sich an den eigenen Haaren wieder rausziehen. Das ist echte Größe, finde ich.

Als der Podcast über Heikes veruntreute Liebe im WDR gesendet wird, gibt es so wie immer allerhand Kommentare. Doch während bei anderen Themen die Posts fast komplett wertschätzend sind, ist die Resonanz auf Heikes Geschichte zu einem großen Teil leider so, wie ich sie nicht haben möchte. Schadenfreude und Besserwisserei – dieses grundlegende Problem der sozialen Medien hat bei Steffis Mutmachern bisher kaum eine Rolle gespielt. Doch jetzt ist von »Wie naiv kann man sein?« bis »Selbst schuld!« alles mit dabei. Solche Reaktionen gehören in die Kategorie: keine Ahnung, aber dafür sehr viel Meinung. Nur wenige Zuhörer schreiben, dass sie die Kraft dieser Frau bewundern, sich aus diesem Schlamassel zu befreien. Wie schade!

Ich hab's ja schon zugegeben: Anfangs habe ich Ähnliches gedacht wie die Super-Schlaumeier. Wenigstens habe ich die Klappe gehalten und erst mal wissen wollen, was denn da genau passiert ist. Eines ist mir im Gespräch mit Heike klar geworden: Ich kann mit meinen bisherigen Lebenserfahrungen überhaupt nicht mitreden. Und mir deshalb, das finde ich wichtig, auch kein Urteil erlauben. Darum halte ich mich an das Motto: Nicht über Seefahrt schwadronieren, wenn man nie in einem Boot gesessen hat. Ist sowieso ziemlich schräg, über der Geschädigten den Stab zu brechen statt über dem Schurken.

Und was nimmst du mit aus Heikes Geschichte? Vielleicht hat sie dich nachdenken lassen: An welcher Stelle wäre ich misstrauisch geworden? Wann wäre ich aktiv geworden? Damit wäre schon viel erreicht. Hoffentlich bist du jetzt Menschen gegenüber, die du kennenlernst, nicht generell misstrauisch. Aber ein Ansporn, die Augen offen zu halten, darf es schon sein.

Keine Ahnung, aber dafür sehr viel Meinung.

Dass das Urgefühl von Liebe und Vertrauen missbraucht wird, ist nichts Neues. Jeder von uns kennt aus dem Bekanntenkreis Fälle von Betrug und doppeltem Spiel. Ich selbst habe das zum Glück nie erfahren müssen. Oder es nicht gemerkt. Auch dass Menschen durchaus schlecht sein können und anderen aus Eigennutz wehtun, ist gang und gäbe. Ich denke da auch an die Mistkerle, die mit dem Enkel-Trick alte Menschen um ihr mühsam Erspartes bringen. Was Mike gemacht hat, ist noch mal schlimmer. Und grausamer. Weil sein Betrug über so lange Zeit lief und er von Anfang an bewusst nicht nur Heikes Vertrauen, sondern auch ihre Zuneigung ausgenutzt hat. Ohne dass sie je eine Chance hatte, dass ihre Sehnsucht nach wahrer Liebe erfüllt wird.

Für mich ist klar: Wenn Gefühle im Spiel sind, ist es nicht einfach, den Überblick zu bewahren. Es kann jeden treffen. Wenigstens die finanzielle Seite kannst du aber schützen. Auch in einer rundum glücklichen Partnerschaft darf es ein gesundes Maß an gegenseitiger Kontrolle sein. Die meisten Ehen werden immer noch ohne Ehevertrag geschlossen. Angesichts der Tatsache, dass ein Drittel von ihnen scheitern und es immer noch oft so ist, dass der Mann das meiste Geld nach Hause bringt, während die Frau den Großteil der unbezahlten Tätigkeit im Haushalt erledigt, ist das ganz schön vertrauensselig. Auch wenn man nicht verheiratet ist, darf man noch mal darüber nachdenken, wie das Finanzielle in der Partnerschaft geregelt ist. Das ist ja kein Weg, den einer alleine geht.

Nachhaken ist kein Misstrauensvotum.

Macht der eine alles? Und der andere nichts? Gemeinsame Haushaltskasse? Getrennte Konten oder holt sich jeder, was er meint zu brauchen? Kauft A sich ein Motorrad und B scheut sich, sich mal einen Massagetermin zu gönnen? Schnell schleicht sich in eine Beziehung ein Ungleichgewicht ein. Nachhaken ist kein Misstrauensvotum. Und ein vernünftiges Gespräch über Geld sollte immer drin sein. Vor allem wenn große Summen im Spiel sind, beim Immobilienkauf zum Beispiel, ist eine Beratung durch einen Fachmann nicht verkehrt.»Das ist besser so, Schatz. Ist steuerlich günstiger« hat schon so manche Frau (und so manchen Mann) um gutes Recht und einen auskömmlichen Ruhestand gebracht.

* * *

Heikes Geschichte mit diesem Mann ist übrigens noch nicht zu Ende erzählt. Monate nach Erscheinen des Podcasts meldet sie sich noch einmal bei mir. Es gibt Neuigkeiten. Ein Mann, der mit Mike in Untersuchungshaft war, will ihr Auto kaufen. Mike hat ihm im Gefängnis erzählt, sie hätte eines im Angebot. Heike ist völlig perplex. Sie hat kein Auto zu verkaufen. Der ehemalige Mitinsasse ist außerdem – ebenso wie die gesamte Justizvollzugsanstalt, wie sich später zeigt – davon überzeugt, dass Mike promovierter Astrophysiker sei und sich mit Heike eine entsprechende Professur teile. Echt jetzt? Astrophysiker? Wenn es nicht so schräg und gelogen wäre, könnte man glatt drüber lachen.

Beförderung zum promovierten Astrophysiker.

Heike fragt sich natürlich: Was erzählt Mike da im Knast über sich und sie? Sie findet in der Lokalzeitung einen Artikel, in dem begeistert über einen studierten Insassen berichtet wird, der im Gefängnis einen Oldtimer aus Holz nachgebaut hat. Mike natürlich. Heike ruft bei der Zeitung an, um klarzustellen, dass der »Professor Doktor« ein Hochstapler ist. Lapidar wird ihr mitgeteilt, man könne nicht alles recherchieren. Die investigative Journalistin in mir dreht auf. Reicht es für einen guten Reporter, wenn er sagt: Wenn die JVA das so bestätigt, wird das wohl stimmen? Oder müsste man nicht zumindest stichprobenartig mal ein paar Dinge überprüfen?

Ich finde, dass die Leitung der JVA Bescheid wissen sollte. Also rufe ich in Absprache mit Heike dort an und lasse mich zur Leitung der Einrichtung durchstellen. In den Unterlagen der JVA wird Mike tatsächlich als »Professor Doktor« geführt. Wie er das wohl geschafft hat? Ich teile der Chefin mit, sie möge sich bitte *Steffis Mutmacher* zum Thema Heiratsschwindel anhören. Besagter Herr, über den in diesem Podcast berichtet wird, würde nach meinem Kenntnisstand in den Akten der JVA anders geführt werden, als es die Wirklichkeit hergibt. Die Dame ist interessiert, überrascht, verdattert. Bedankt sich. Damit war die Sache dann für mich erledigt.

Es bleibt ein fader Nachgeschmack. Wenn eine geschiedene Frau auf einen Schwindler hereinfällt, nennen das viele Menschen vertrauensselig und dumm. Wie ist es dann zu bewerten, wenn eine Zeitung genauso vertrauensselig ungeprüfte Informationen weiterreicht? Welche Schlüsse soll man ziehen, wenn sogar eine Institution wie eine Justizvollzugsanstalt, die ja offiziellen Zugriff hat auf alle handfesten Informationen, vom Geburtsdatum bis zur Sozialversicherungsnummer der Inhaftierten, auf so einen Blender hereinfällt? Zumal ein Gefängnis ja nun wirklich kein Ponyhof ist und Sicherheit dort eine gewisse Relevanz besitzt.

Aber da sieht man es mal wieder: Es kann echt jeden treffen.

6

Plötzlich blind mit 38

Martin macht trotzdem sein Ding

Christiane aus Wegberg bei Mönchengladbach schreibt mir eine Mail: »Ich glaube, ich habe einen Mutmacher zu Hause. Früher Spediteur, alleinerziehend, blind geworden, alles futsch. Und er hat den Hintern hochbekommen, neu angefangen und führt mit mir zusammen die kleine Farm Rickelrath mit Ziegenmilchkäse, Wochenmarktverkauf, einen Selbstversorgerhof.« Ihr Mann Martin ist 56 Jahre alt, blind wurde er mit 38. Christiane ist 50. Da muss ich hin, das ist mir klar. Mit vielen Fragen im Kopf: Warum blind? Was ist passiert? Was war das für ein Weg zu einer neuen Partnerin, einer neuen Existenz, einem neuen Lebensort?

Mehrere Nächte um den Schlaf gebracht.

Gleichzeitig geht bei mir das Kopfkino los. Das gehört nun mal zu mir. Wie begegnest du einem Blinden? Ich überlege, welche Nicht-Sehenden ich in meinem Leben bislang getroffen habe, und die Bilanz ist echt ernüchternd. In meinem persönlichen Umfeld gibt es keinen einzigen. Mir fällt die Sängerin ein, die mal für den Eurovision Song Contest angetreten ist, Corinna May heißt sie. Eine weitere Sängerin kommt mir in den Sinn: Joana Zimmer. Über sie kam neulich noch ein Bericht im Fernsehen, weil sie ein Baby bekommen hat. Sonst noch? Stevie Wonder. Andrea Bocelli. Und dann gab es da früher noch die Serie *Unsere kleine Farm*, mit der Familie Ingalls. Die habe ich so gerne geguckt! In einer der Folgen wurde eines der vielen Ingalls-Kinder, Mary, plötzlich blind. Das war so furchtbar! Diese großen, blauen Augen, die nichts mehr sehen konnten! Als Kind hat mich das mehrere Nächte um den Schlaf gebracht, das weiß ich noch gut. Echte Berührungspunkte mit blinden Menschen also: null. Entsprechend unsicher bin ich, weil ich so vieles nicht weiß. Ich nehme mir fest vor, Redewendungen zu vermeiden, in denen was mit »Sehen« vorkommt. So ein »Guck mal!« oder »Siehste!« hätte schon Peinlichkeitspotenzial. Ich bin ja sonst nicht so, aber bei diesem Treffen hab ich schon im Vorfeld die Sorge, etwas falsch zu machen. Gleichzeitig bin ich mir sicher, dass genau diese Sorge falsch ist. Patt-Situation in meinem Kopf. An dieser Stelle komme ich nicht weiter. Also andere Frage, um über dieses Thema nachzudenken: Was assoziiere ich mit Blindsein? Klar: Nichts mehr sehen können. Sagt sich so leicht, ist aber für Sehende unvorstellbar. Ich fluche ja schon, weil ich ohne Brille keine Zeitung lesen kann. Außerdem hab ich Angst im Dunkeln. Wenn die Lichter aus sind, dreht meine Fantasie mit mir durch und allerhand *Aktenzeichen XY*-Fälle ploppen auf. Weil das Schlimme ja im Dunkeln passiert. Hat ein Blinder also immer Angst?

Als Nächstes stelle ich mir das Gespräch mit Martin vor. Wenn Menschen kommunizieren, laufen im Gehirn unglaublich viele Informationen ein. Dass die Körpersprache wichtig ist, weiß jeder, der schon mal ein Bewerbungsgespräch geführt hat. Tausend Ratgeber gibt es dazu: gerade sitzen, Arme nicht verschränken, Beine nicht unterm Stuhl verknoten ... Neben Worten und Körpersprache gibt es

Gerade sitzen, Beine nicht verknoten ...

aber noch einen anderen Kanal, der ist für uns so selbstverständlich, dass er so gut wie nie erwähnt wird: die Augensprache. In den Augen eines Menschen kann man so viel lesen! Freude, Trauer, Verwirrung. Zustimmung und Ablehnung, Interesse und Gelangweiltsein. Manchmal ist da ein besonderer Glanz, eine verträumte Tiefe. Wenn ich's mir genau überlege, ist für mich der Blick in die Augen sogar besonders wichtig. Im Radio natürlich nicht, aber im täglichen Leben, im Gespräch mit anderen, brauche ich den Blickkontakt mit meinem Gegenüber, um zu wissen, woran ich bin. Im Gespräch mit Martin bin ich also wie im Blindflug unterwegs. Oje! »Blindflug«! Schon in die Falle getappt.

Je mehr meine Gedanken im Vorfeld kreisen, desto schlimmer wird's. Da hilft nur eines: Einfach los! Und sich darauf verlassen, dass man schon nichts granatenmäßig Unsensibles anrichtet.

Da hilft nur eines: Einfach los!

* * *

Ich parke an einem kleinen, hutzeligen Häuschen mit Vorgarten. Da stehen Sträucher und Blumen, klein, groß, wild und bunt. Es gibt ein Gartentörchen, das ich mit beiden Händen anpacken muss, damit es aufgeht. Drei Hunde kommen wedelnd und bellend auf mich zugestürmt. Ich habe keine Angst vor Hunden, ich weiß ja: Wenn sie lachen beim Bellen, dann freuen sie sich und drohen nicht. Die drei hier freuen sich auf jeden Fall, sind außer Rand und Band und haben offenbar Spaß an Besuch. Christiane kommt mir entgegen. Eine fröhliche Frau mit roter Kurzhaarfrisur. Man merkt gleich: Das ist eine, die anpacken kann. Die die Arbeit sieht. Wieder so ein Ausdruck, über den ich beim Schreiben stolpere. »Die Arbeit sehen« – das kann Martin ja gar nicht.

Christiane bringt mich zu ihrem Mann. Erst als wir ums Haus gehen, sehe ich, wie groß das Grundstück ist. Wieder einmal hab ich das Glück, auf einem Bauernhof sein zu dürfen. Erst geht es an einem Pferdestall vorbei. Ein schmaler gepflasterter Weg führt in das lang gezogene Hofareal: links die Ziegenställe, aus der ein Riesenradau kommt, weil die gut zwei Dutzend Ziegenkinder mitbekommen haben, dass was los ist. Rechts ganz viele Beete mit Stecklingen und größeren Pflanzen. Jede Menge Himbeeren, Brombeeren, Stachelbeeren, Johannisbeeren ... Und da steht dann Martin. Eine Erscheinung. Groß, stark, ein beeindruckender Mann, der seinen Spitznamen »Chef« zu Recht bekommen hat. Kurze Haare, Jeans und dunkles T-Shirt, genauso dunkel wie seine Stimme. Er trägt eine Nickelbrille. Später erklärt er mir, dass er die braucht, damit ihm keine Tiere ins Auge fliegen.

Angucken ist Höflichkeitssache.

Bei unserer Begrüßung fliegt sein Blick nicht in eine andere Richtung oder knapp an mir vorbei, sondern er guckt mich an. »Und du bist blind?«, frage ich gleich. Ich hatte nicht erwartet, dass Martin direkt in mein Gesicht schaut. Er lacht. »Ja, Angucken ist für mich Höflichkeitssache. Ich höre, von wo du sprichst, darum weiß ich, wie groß du ungefähr bist.« Er fügt gleich hinzu: »Es gibt viele Geburtsblinde, auch später Erblindete, die sich ziemlich gehen lassen. Die gucken ganz einfach irgendwo hin und das finde ich extrem unhöflich. Denn nur, weil man blind ist, heißt das nicht, dass man seine Mitmenschen wie Hulle behandeln muss.« Schon klar: Martin nimmt kein Blatt vor den Mund. Ob er ein bisschen bolderig ist, weil sein Schicksal ihn so verletzt hat? Ich werde das rausfinden.

Ein Zicklein läuft uns entgegen. So süß! Das könnte ich glatt im Kofferraum mitnehmen. Dann erinnere ich mich daran, dass Martin es ja gar nicht sehen kann und deshalb auch nicht weiß, worüber ich mich so freue. Ich sage also: »Eine kleine weiße Ziege läuft hier rum.« Und dann zur Ziege: »Wer bist du denn?« »Das ist Elisabeth-Chantal«, sagt Martin. Ich fasse es nicht. Wie kann er wissen, dass dieses Ziegenkind Elisabeth-Chantal ist? Er hat sie ja noch nicht einmal angefasst! Wieder hat er mich ausgetrickst. Denn die Sache ist ganz einfach zu erklären. »Sie ist die einzige weiße Ziege«, sagt Martin und lacht. »Sie ist jetzt noch ein Lamm, aber demnächst wird sie in unsere bestehende Milchherde gehen.«

Morgens fahren Martin und Christiane zu den Wochenmärkten der Umgebung und verkaufen selbst gemachten Ziegenkäse, Martins Führhund Sir Lancelot ist immer dabei. Von ihren verschiedenen Käsesorten geben sie mir was zum Probieren – lecker! – und ich packe gleich welchen für zu Hause ein. Martin freut sich, dass sein Käse gut ankommt, bei mir und auf dem Wochenmarkt. »Es ist nicht so, dass ich mich als armer blinder Ziegenkäseverkäufer da hinstelle. Ich will kein Mitleid. Ich will mein Ding machen.«

Neben dem Käse haben Martin und Christiane noch allerhand andere Dinge im Angebot. Auf ihrem Hof gibt es auch Hühner, Enten und Kaninchen. »Rheinische Schecken«, sagt Martin, »eine ganz alte Kaninchenrasse, die auf der Roten Liste steht.« Und dann ist da noch Fridolin, der 25 Jahre alte Haflinger-Araber-Mix. »Den holen wir jetzt erst mal von der Weide, komm!« Sagt's und geht voran. Christiane kommt auch mit. Wieder am Haus vorbei, über die Straße, rechts in den Weg, an den Weidezaun. Wir stehen am Gatter, Fridolin wird gerufen, guckt aber nur. Martin geht mit langen Schritten auf die Weide, zielgenau auf sein Pferd zu, das sich brav am Halfter fassen und mitnehmen lässt. Ich bin baff. Martin war ja schon blind, als er hierhergezogen ist. Trotzdem bewegt er sich mit großer Selbstverständlichkeit durchs Gelände – wie geht das? Und woher weiß er, wo genau auf der großen Weide Fridolin steht? »Christiane sagt mir die Richtung«, erklärt Martin. »Ich höre ihn dann fressen. Also gehe ich langsam vorwärts, bis das Fressen lauter wird. Und wenn er aufhört zu fressen, dann weiß ich, er ist aufmerksam und ich bin noch anderthalb Meter weg von ihm. Dann brauche ich mich nur langsam auf ihn zuzubewegen und er kommt mir entgegen.« Aber … aber … aber …, denke ich. Wenn Fridolin schlechte Laune hat, die Ohren anlegt, beißt, schnappt, tritt, sich umdreht, wegrennt, nicht nach Hause will? Ich bin erstaunt und begeistert gleichzeitig. »Das ist Vertrauen. Und

Was ist, wenn er beißt, schnappt, tritt?

auch Ansage. Wir kennen uns schon lange«, lächelt Martin. Er lächelt oft, während wir uns unterhalten. Dann wird sein Gesicht weich. Das gefällt mir. Und mir gefällt, dass er mit Fridolin allein Ausritte macht. »Anfangs bin ich mit jemandem zusammen geritten, der sehen kann. Mittlerweile kenne ich den Weg. Außerdem kann Fridolin sehen und kennt die Wege. Der springt ja nicht freiwillig in ein Loch oder rennt irgendwo gegen.« Klingt logisch. Aber auch ein bisschen wahnsinnig. Martin winkt ab:»Die Leute kennen mich, die Bauern sowieso, die fahren mich schon nicht mit dem Trecker übern Haufen.« Und die Wege hat er sich längst eingeprägt. Er weiß beim Ausreiten sehr gut, wo er gerade ist.»Wenn es auf den Wald zugeht oder du ihn passierst, hört man das einfach«, sagt Martin.

Wir bringen Fridolin in den Stall und setzen uns auf Lounge-Möbel in einen überdachten Anbau. Um uns herum liegen Heuballen, stehen Schubkarre, Gießkanne, Mistgabel und allerhand Feldgerät. So viel zu entdecken, zu gucken! Es ist hier wie ein Wimmelbuch. Aber wie findet sich ein Blinder hier zurecht?»Wenn hier was rumliegt, gibt's Schimpfe«, sagt Martin.»Für Christiane oder meinen Vater. Andere Menschen kommen nicht her.« Außer damals, als seine Mutter mal zu Besuch war. Sie hat gekocht und dabei die Gewürze im Fach vertauscht. Curry stand da, wo sonst Zucker steht. _Curry statt Zucker._ »Ich wollte am nächsten Tag Stirreries machen«, erzählt Martin.»Für die Nichtrheinländer: Milchreis. Der wird klassisch mit Zucker und Zimt gegessen. Und ich hatte statt Zimt halt Curry.« Machste nur einmal beim Kochen, denke ich. Martin grinst, als er das erzählt. Damals war er aber stinksauer. Nur wenn alles an seinem Platz ist und nichts herumliegt, kann er sich sicher bewegen.»Und wenn ich mir selbst was in den Weg stelle, dann muss ich mit mir selber schimpfen.« Wieder lächelt er.

Martin und Christiane wissen durch lange Übung, was sie machen müssen, damit das Leben einfacher wird. Damit kein Curry im Milchreis landet und Martin auch nicht über eine vergessene Sense lang hinschlägt. Sie wissen auch, dass ein »Hätte, hätte« einen nicht weiterbringt. Ich muss schlucken, als Martin sagt: »Ich bin mit mir im Reinen.« Wie hat er es geschafft, das sagen zu können? Wie wird jemand mit diesem Schicksal fertig? Auf diesen Weg bin ich sehr neugierig.

* * *

Martin hat beim Genlotto Pech gehabt. So beschreibt er seine Augenkrankheit ganz lapidar. »Ein Jahr vorher habe ich die Diagnose bekommen. Man hat noch versucht, die Krankheit zu behandeln, hat *Pech beim Genlotto gehabt.* aber nicht geklappt. Später bin ich dann innerhalb einer Woche komplett erblindet.« Der freie Fall. Ich muss das erst mal sacken lassen und schließe die Augen. Mir ist nachher erst aufgefallen, dass ich das mehrfach bei diesem Gespräch gemacht habe. Offenbar habe ich so versucht, mich in Martins Welt hineinzufühlen.

Vor zwanzig Jahren ist Martin erblindet. Da ist er 38. Gelernter Landschaftsgärtnermeister, selbstständiger Spediteur, beruflich in ganz Europa unterwegs, alleinerziehend mit einer Tochter. Er lebt mit einer Frau zusammen, die nicht die Mutter des Kindes ist. Alles so weit okay. Und dann, innerhalb kürzester Zeit, gerät alles aus den Fugen. »Ich konnte nicht mehr aus dem Haus«, sagt er, »nicht mehr gegenüber beim Bäcker Brötchen holen. Ich konnte nichts mehr.« Seine Speditionsfirma geht den Bach runter. »Niemand wollte mehr mit mir arbeiten: die Kunden nicht, die Banken nicht, die Fahrer nicht.«

Es dauert zwei Jahre, bis Martin wieder Boden unter seine Füße bekommt. In dieser Zeit durchlebt er alle Gefühlszustände. Er ist unfassbar traurig, voller Wut, dann wieder voller Tatendrang. Auch Depressionen sind dabei, Suizidgedanken. Ein halbes Jahr nach seiner

Erblindung beginnt Martin eine Ausbildung zum Fußreflexzonen-
therapeuten. Ein Jahr arbeitet er in diesem Beruf, aber das ist nur ein
Intermezzo. »Es lief nicht so, wie sich mein Arbeitgeber das vorgestellt hatte«, sagt er. Die Stelle ist befristet, dann ist Schluss. »Da bin
ich halt wieder in dieses Loch zurückgestoßen worden«, sagt Martin
über diese Phase in seinem Leben.

Er meldet sich arbeitslos. Für ihn ein unerträglicher Zustand. Einer
wie Martin dreht durch, wenn er Däumchen drehen soll. Das Arbeitsamt reicht ihn gleich weiter zum Integrationsfachdienst. Dort bietet ihm eine freundliche Dame an, in einer Behindertenwerkstatt zu
arbeiten. Martin freut sich und fragt, welche Gruppe er denn anlei-
ten soll. Immerhin ist er Landschaftsgärtnermeister und gehört mit
seinen gerade mal 40 Jahren noch lange nicht zum alten Eisen. Dann
der Schock: »Nein, nein, nicht als Leiter. Sie werden da betreut!«

Martin flippt aus: »Das können Sie sich von der Backe putzen!« –
selbst Jahre danach ist er beim Erzählen noch aufgewühlt. Dass er das
ja auch bezahlt bekäme, sagt die Frau vom Fachdienst zu ihm. Acht-
zig Euro. Am Tag? Nein, im Monat, aber er werde ja auch abgeholt,
wieder heimgebracht und bekäme Mittagessen. Auf Martins Frage,
wovon er denn seine Wohnung bezahlen solle, kommt die Antwort,
er könne ins betreute Wohnen gehen. Und als er wissen will, was
dann aus seiner Tochter werden solle, heißt es, die
könne ja zur Mutter. Staatliches Bemühen nach
Schema F, gepaart mit mangelnder Empathie – dabei
kommt genau das raus, was Martin um jeden Preis verhindern will:
nach ganz unten durchgereicht zu werden.

Martin schluckt und ringt nach Worten. »Ich bin unhöflich geworden«, sagt er nur. Mit dem Arbeitsamt ist er erst mal fertig. Ich
kann seinen Frust total verstehen. Gleichzeitig brennt es an der Be-
ziehungsfront. »Meine damalige Partnerin wollte mich abhängig machen. Hat in der Wohnung immer alles verstellt, sodass ich fragen

Mit 40 noch lange kein altes Eisen.

musste. Sogar, wo die Zahnbürste ist. Am Ende kam ich in meiner eigenen Wohnung nicht mehr klar. Also habe ich mich getrennt.« Diese Konsequenz passt zu Martin. Der ehemals Selbstständige will von niemandem abhängig sein. Auch wenn vielleicht mal der Gedanke aufgeblitzt ist, wie einfach und bequem es wäre, sich fallen zu lassen. Die Verantwortung für das eigene Leben anderen zu überlassen. Das Ich-würde-ja-gerne-aber-ich-kann-ja-leider-nicht ist ein Ruhekissen, in dem schon so mancher versunken ist.

In den ersten beiden Jahren von Martins Blindheit ist viel Druck im Kessel. In ihm sind Ungeduld und Wut statt Schicksalsergebenheit und Fügsamkeit. Wenn ich ihn anschaue, kann ich sehen, dass er zornig war. Diese Falte auf der Stirn … »Ja, da war eine unfassbare Wut«, erinnert sich Martin. Wut und eiserner Wille, sich aus den Abhängigkeiten, in die er als Erblindeter automatisch hineingerutscht ist, zu befreien. »Im Prinzip hatte ich drei Möglichkeiten«, erzählt er, jetzt wieder ganz ruhig geworden. »Entweder fang ich an zu saufen, stürz mich aus dem Fenster oder ich verabschiede mich von allem, was ich bisher hatte, schmeiß alle raus und mach mein Ding.« Martin entscheidet sich für die dritte Variante. Mir fällt nichts anderes ein, als zu nicken, zu schweigen und zu denken: Gut, dass dieser Mann seinen Stolz behalten hat. Offenbar sage ich diesen Gedanken laut, denn Martin stimmt zu: »Jo, mein Stolz hat mir den Arsch gerettet.«

»Mein Stolz hat mir den Arsch gerettet.«

Was bedeutet »Ich mach mein Ding« für Martin? Er macht sich selbstständig, aber ganz anders, als er es in seinem früheren Leben als Spediteur gemacht hat. Er absolviert ein Mobilitätstraining, lernt, mit dem weißen Stock zu gehen und mit einem blindengerechten Computer umzugehen. Sir Lancelot, sein Führhund, schenkt ihm weitere Sicherheit und Freiheit.

Aber es gibt auch Rückschläge. Sein Augenarzt rät ihm, sich dem örtlichen Blindenverein anzuschließen. Eigentlich eine gute Idee, aber für Martin zunächst eine Riesenherausforderung: »Als ich zum ersten Mal auf einer Versammlung war, war ich entsetzt.« Niemand hört dem anderen zu, es geht nur um die Frage: Wann gibt's Essen? Die Tischmanieren sind unterirdisch. Als beim Kuchenessen das zweite Mal Sahne vom Nachbarn in Martins Gesicht landet, ist er völlig verzweifelt. Und sauer. »Da hatte ich echt den Papp auf und hab gesagt: ›Nee, so willst du nicht enden.‹«

Für Martin ist Blindheit kein Grund, die Umgangsformen zu vernachlässigen oder anderen Menschen gegenüber unhöflich zu sein. Deshalb hat er sich auch Mühe gegeben, mir möglichst in die Augen zu schauen. Mit seiner nun fast schon zwanzigjährigen Erfahrung mit Blindheit teilt er Nicht-Sehende in drei Gruppen ein. »Die aus der ersten Gruppe machen Gott und die Welt für ihr Schicksal verantwortlich und fordern von den sehenden Mitmenschen, dass sie bedient werden: Ihr seid jetzt meine Lakaien, los, zack, hopp!« Die zweite Gruppe? »Das sind die, die der Welt zeigen wollen, dass sie es besser können als Sehende und von unglaublichem Ehrgeiz getrieben sind.« Martin zählt sich zur dritten Gruppe: »Ich möchte keinem zur Last fallen, aber auch meinen Ansprüchen gerecht werden.«

Ihr seid jetzt meine Lakaien: los, zack, hopp!

Es passt zu ihm, dass er dem Blindenverein nicht den Rücken kehrt, sondern sich dort bis heute engagiert. Zwölf Jahre lang war er Vorsitzender, ist immer noch im Vorstand aktiv. Hat lange Zeit Erstberatung am Telefon gemacht. Noch heute suchen Menschen, die erblindet sind oder denen das Augenlicht verloren zu gehen droht, seinen Rat.

* * *

Kurz nach dem Debakel mit dem Arbeitsamt sitzt Martin in seiner Wohnung am Computer – und lernt Christiane auf einem Internet-

Portal kennen.»Ich war überhaupt nicht auf Partnerschaft aus, ich hatte echt erst mal die Faxen dicke«, sagt er lachend. Ihm schwebt eher eine Brieffreundschaft vor. Aber irgendwie baut er sich doch ein Profil zusammen. Er schreibt nicht, dass er blind ist, sondern »dass man seinen Augen nicht trauen soll«. Er will wissen, wer sich Mühe gibt und zwischen den Zeilen liest. Es kommen mehrere Kontakte zustande, darunter Christiane. Was machte sie besonders? Fotos von ihr können es ja nicht gewesen sein. Emotionale Liebesworte kommen Martin nicht leicht über die Lippen. So ist er, der »Chef«. Zuerst sagt er, dass ihm ihr Schreibstil gefallen hat, und dass sie aus der Nähe kam. Später brummelt er noch was von Humor und Gradlinigkeit. Und: »Ihre Stimme. Und dass sie mit mir auf Augenhöhe war.« Ha! Augenhöhe – das hätte glatt von mir sein können. Aber offenbar ist es überhaupt nicht peinlich, solche Worte zu benutzen. Wahrscheinlich nervt es blinde Menschen viel mehr, wenn andere auf Zehenspitzen um sie herumtrippeln und ängstlich versuchen, bloß nix Falsches zu sagen.

»Du hast deine Frau noch nie gesehen«, stelle ich fest. »Christiane hat rote Haare, trägt eine Jeans und einen braunen Pulli.« Martin kann mit solchen Sprüchen umgehen. Er lacht. »Das weiß ich, und die Sachen kenne ich auch. Denn ich muss sie ja bügeln.«

Seinen Lebenspartner nie sehen zu können, wie wäre das für mich? Mein Mann und ich sind seit über dreißig Jahren ein Paar. Seine Locken und diese wunderbaren Augen haben mich fasziniert. Die Locken fühlen, das geht ohne Sehen. Aber ohne seinen Blick auskommen? Wie seine Augen mich anschauen: zugewandt, liebevoll, genervt, abweisend. Martin und Christiane kommen gut ohne diese Botschaften klar. Da ist eine Schwingung zwischen ihnen, die keine Worte braucht. Wie liebevoll Christiane ihren Mann anlächelt! Ich spüre, dass sie ihn bewundert. Seine Stärke. Im Gegenzug ist sie der

Martin hat seine Frau noch nie gesehen.

Turbo für seinen Mut, seine Kraft. Tiefes Vertrauen und Verständnis spüre ich, merke deutlich, wie stark die beiden miteinander verbunden sind.

Es fällt Martin anfangs sehr schwer, sich auf eine neue Liebe einzulassen. Er war ja gerade voll damit beschäftigt, erst mal auf die eigenen Füße zu kommen. Da wollte er sich nicht gleich in die nächste Abhängigkeit begeben. »Weil ich da vorher echt Schiffbruch erlitten hatte«, sagt er. »Aber ich habe auch gemerkt: Ja, so ganz allein ist das auch nicht so der wahre Jakob.«

Es dauert ein halbes Jahr, bis er und Christiane zueinander finden. Seit zehn Jahren sind die beiden nun verheiratet. Davor haben sie erst weiter in getrennten Wohnungen gelebt, Martin in Straelen, Christiane zusammen mit ihrer fast erwachsenen Tochter in Mönchengladbach. Beiden gefällt die Vorstellung, auf einem Selbstversorgerhof zu leben, und so kaufen sie gemeinsam den Hof in Wegberg, in den Martin zunächst alleine einzieht. Als ihre Tochter die Schule abgeschlossen hat, zieht Christiane zu Martin auf den Hof. Als Assistentin der Geschäftsführung einer großen Firma arbeitet sie in Teilzeit. Vieles kann sie von zu Hause aus machen.

Ich frage Martin, ob er manchmal darüber nachdenkt, was er heute täte, wo er wäre, wenn er nicht erblindet wäre. Seine Antwort erstaunt und rührt mich: »Ich würde heute mit Sicherheit viele Sorgen haben. Die Spedition gäbe es ganz sicher noch, ich hätte viele Krisen durchschifft. Aber ich würde mich über Fahrer ärgern, über Kunden ärgern, ich würde mich über Zahlungsmoral ärgern, eigentlich würde ich mich viel zu viel ärgern. Und hätte jetzt schon einen Herzinfarkt hinter mir.« Und dann sagt er noch: »Ich hadere nicht mit meinem Schicksal. Nein, schon lange nicht mehr.« Das ist ein Satz, der meinen Eindruck von diesem Mann, den ich erst seit einer guten Stunde kenne, bestätigt: Er war auf dem Weg ganz nach unten, hat sich aber gefan-

Leben auf einem Selbstversorgerhof.

gen und einen Platz erkämpft, an dem er zufrieden ist. Es ist ein Glück, solche Menschen kennenlernen zu dürfen.

* * *

Martin ist Realist. Er weiß genau, was ihm die Blindheit nimmt. Wenn er noch sehen könnte, würde er die Welt bereisen. Dass er diese Möglichkeit nur noch sehr eingeschränkt hat, schmerzt ihn. »Mein Traum war immer, einen Ritt um die Welt zu machen«, sagt er. Diesen Traum gibt er auf, schrumpft ihn auf eine Nummer kleiner, als er seine erste Frau heiratet: einmal in Amerika einen Mustang fangen, ausbilden und von New York nach San Francisco reiten. Mit seiner Erblindung ist auch dieser Traum vorbei. »Dann habe ich das Ganze noch mal reduziert«, sagt er. »Man könnte ja von Kevelaer nach Santiago de Compostela reiten. Aber auch von diesem Traum bin ich so weit weg wie von hier zum Mond.«

Warum eigentlich? Das ist mein erster Gedanke, als er das sagt. Martin hat schon so vieles geschafft. Warum nicht auch das? Zwanzig Kilometer Ritt am Tag sind realistisch. Ein paar Pausentage dazwischen. Gut drei Monate wäre er unterwegs. Das *Irgendwas ist immer und alles lässt sich regeln.* Argument, dass man einen Hof nicht so lange allein lassen kann, hält nicht stand. Irgendwas ist immer und alles lässt sich regeln. Warum sollte dieser Traum unmöglich sein? Dann merke ich, dass ich Martin unterschätzt habe. Nicht die 1.900-Kilometer-Strecke schreckt ihn. Etwas anderes steht seinem Traum im Weg. »Ich müsste das mit jemandem zusammen machen. Aber so soll es ja eben nicht sein. Mit dem Pferd allein, das ist es.« Er hat schon viele Wanderritte gemacht. Auch, als er schon erblindet war. Und er weiß, wie das ist: Man muss sein eigenes Tempo finden. Nach ein paar Tagen ist man in einem losgelösten Zustand. »Man nimmt den Bauer auf dem Trecker wahr, man denkt aber nicht drüber nach. Man gleitet eigentlich dahin. Dieses Sehen, Reisen, Träumen …« Ich verstehe, was Martin meint: in Gedanken versunken, eins mit dem Pferd. Ich bin selbst viele Jahre geritten, auch über Feld und Wiese. Dieses Eins-sein-mit-dem-Tier kenne ich. Keine Aufgaben, die ablenken. Keine Reize, die stressen. Ungestört seinen Gedanken nachhängen. Genau das ist das Gefühl der Pilger, die den Jakobsweg gehen. Irgendwann wird es ruhiger, das Miteinander-Reden hört auf, die Gedanken fliegen frei.

Martin möchte die 1.900 Kilometer zu sich selbst reiten. Allein. Und genau das geht nicht, weil er blind ist und nicht ohne Begleitung über Tage, Wochen, Monate durch unbekanntes Gebiet reiten kann. Auf kürzeren Ritten war Christiane schon dabei. »Mit ihr geht das prima, auch stundenlang schweigen. Pferd neben Pferd. Aber die anderen, die dabei waren, waren für mich dann schon schwierig.«

Stundenlang schweigen. Pferd neben Pferd.

Auch der Körper muss mitmachen. »Ich bin jetzt 56«, sagt Martin. »Da merkt man schon, wenn man morgens aufsteht, dass was zwickt. Früher haben wir oft im Heustall geschlafen, im Zelt, auch mal ohne Zelt, aber wenn man ein gewisses Alter hat, hätte man schon gern ein richtiges Bett.« Da muss ich grinsen. Er spricht mir aus der Seele. Diesem Luftmatratzen-Geschlafe konnte ich noch nie was abgewinnen.

Die Zeit läuft also. Martin überlegt, plant, sucht nach Alternativen. »Man könnte ja die Abende zusammen verbringen. Also morgens zusammen starten und abends zusammen sein, aber tagsüber eben allein.« Ist das nicht traurig, wenn ein Lebenstraum immer mehr zusammenschnurrt? Von einem freien Ritt rund um den Globus ist nur noch eine im Vergleich kleine Teilstrecke übrig geblieben, auf der Martin nur tagsüber so reiten könnte, wie er es will: allein. Und selbst diese Variante steht noch in den Sternen. Ich finde das alles andere als traurig. Dass Martin sich seine Vision vom freien Ritt nicht kaputt machen lässt, ist ein Mega-Mutmacher. Er resigniert nicht, sagt

nicht: Das war's. Sondern er hält seinen Traum lebendig, passt ihn
an die realen Möglichkeiten an. Es wäre schön gewesen, wenn er allein, ohne jede Begleitung und Unterstützung, einmal um die ganze
Welt reiten könnte. Geht aber nicht. Ich glaube, am Ende wird Martin mindestens genauso glücklich sein, wenn er morgens blind vom
Lager in den Pyrenäen aufbricht und sich ein paar Stunden als ein-
samer Cowboy erkämpft.

Spontan bin ich mir ganz sicher, dass Martin es irgendwie hin-
bekommen wird. Sein Traum wird in Erfüllung gehen. Weil sich bei
ihm so viel zum Guten entwickelt hat im Laufe der Jahre. Und wer
weiß, vielleicht findet sich ja auch jemand, der mit ihm die Welttour-
nee unternimmt …

* * *

Martin und Christiane haben auch einen gemeinsamen Wunsch. Die
beiden träumen von einem größeren Hof. Mehr Platz für alles. Puh,
denke ich, das wird ein Brett. Wie viele Menschen suchen gerade be-
zahlbares Eigentum! Und dann auch noch ein großes
Gehöft … Ich sehe da wenig Chancen. Doch ein halbes Jahr nach meinem Besuch in Wegberg melden
die beiden Vollzug. Hof gefunden. Hammer!

*Ein größerer Hof.
Mehr Platz für
alles.*

Wir telefonieren. Martin erzählt mir, wie er mit einem Kunden ins
Gespräch kam und der meinte, dass sein Opa seinen Hof verkauft. In
Osterholz, Niedersachsen, nördlich von Bremen. Man wird sich ei-
nig, der Hof in Wegberg wird verkauft, das neue Gehöft renoviert.
Auf 200 Quadratmeter Wohnfläche ist sogar genug Platz für Martins
Vater, der nun eine Einliegerwohnung dort hat. Nach dem Tod seiner
Frau vor knapp drei Jahren lebte der Vater allein im betreuten Woh-
nen. »Da haben wir ihn erst mal rausgeholt, da hat er sich gar nicht
wohlgefühlt.« Martins Vater hat zwar Schwierigkeiten, ohne jede

Unterstützung zu leben, ist aber noch viel zu rüstig, um in einer Institution zusammen mit vielen anderen über einen Kamm geschoren zu werden. »Er wollte sogar allein mit dem Trecker hierher auf den neuen Hof fahren und seine Sachen auf dem Anhänger bringen«, erzählt Martin lachend. »Das haben wir ihm schnell ausgeredet.« Bei der Vorstellung des 90-Jährigen auf dem Trecker muss ich lachen. Scheint in der Familie zu liegen, der Wunsch, sich nicht aufs Abstellgleis schieben zu lassen.

Mit 90 auf dem Trecker.

Seit Juni wohnen die drei in ihrem neuen Zuhause, sind zigmal die 350 Kilometer von Wegberg nach Osterholz hin- und hergefahren, um alle Tiere zu holen. »Jetzt bauen wir die Käserei hier neu auf, und dann geht's wieder ab zum Markt«, freut sich Martin. Und Christiane? Sie ist jetzt nah dran am Hauptsitz ihrer Firma in Bremen und arbeitet einmal in der Woche im Betrieb, den Rest von zu Hause aus. Es hat sich also alles bestens gefügt.

So viele Stationen, an denen fast jeder gesagt hätte: Geht nicht! Gib dich zufrieden! Sei bescheiden! Füge dich! Aber Martin ist nicht bescheiden. Er nimmt nicht fügsam den Platz ein, den andere ihm zuweisen. Das Schicksal hat ihm einiges auferlegt. Aber Martin hat die Kraft, nach seinen eigenen Vorstellungen zu leben. Und nach seinen eigenen Möglichkeiten, die größer sind, als alle gedacht haben.

Und noch eine Nachricht kommt: Eine kleine Ziege wurde geboren. Und auf den Namen »Steffi« getauft. Als ich meinem Mann das sage, lacht er. »Eine Ziege, die Steffi heißt, was soll ich sagen …?«

* * *

Es gibt noch eine weitere Namensvetterin: Steffi Jakob ist 52 Jahre alt, selbst erblindet und Beraterin beim Blinden- und Sehbehindertenverband für NRW. Ich telefoniere mit ihr, weil ich die Eindrücke und Erlebnisse, die Martin geschildert hat, gerne einordnen möchte. Die

Sache mit der Behindertenwerkstatt zum Beispiel, über die sich Martin so aufgeregt hat. Da möchte ich eine Einschätzung von ihr. Fällt man wirklich sofort durchs Raster und landet – egal welche Fähigkeiten vorhanden sind – bei totaler Abhängigkeit und 80 Euro Taschengeld im Monat? Steffi ist da die ideale Ansprechpartnerin, denn

Das Gemüse liegt auf 6 Uhr.

sie hat eine spezielle Fortbildung gemacht, um blinde Menschen und solche, die es bald sein werden, telefonisch beraten zu können. Ängste nehmen und Möglichkeiten erklären, das ist ihre Passion. Schließlich müssen sich erblindete Menschen in vielen Dingen total umgewöhnen. Sie müssen sich zum Beispiel unglaublich viel merken. »Am besten geht das mit Eselsbrücken und anderen Tricks«, sagt Steffi. Beim Essen arbeitet sie mit dem Uhrzeiger-Bild: »Wenn mir einer sagt: Dein Gemüse liegt auf 6 Uhr, das Fleisch auf 9 Uhr, dann weiß ich Bescheid.«

Steffi kann mir auch eine ganz grundlegende Frage beantworten: Was genau heißt eigentlich »blind«? Aus dem Internet weiß ich, dass Blindheit mit einer Sehkraft unter zwei Prozent definiert ist. »Blind« muss also nicht bedeuten, dass gar nichts mehr an Information im Gehirn ankommt. Also null Prozent. Manche blinden Menschen, darunter auch Martin und Steffi, können noch ein wenig Hell und Dunkel unterscheiden. Zwei Prozent heißen in diesem Fall, dass die Betroffenen Dinge, die normalsichtige Menschen aus 100 Metern erkennen, erst aus zwei Metern Entfernung wahrnehmen. Die zwei Prozent können sich aber auch auf eine Einschränkung des Gesichtsfelds beziehen. Steffi Jakob erklärt das so: »Das kann zum Beispiel bedeuten, dass man nur wie durch ein stecknadelkopfgroßes Loch sehen kann.« Der Rest ist verschwommen. Oder man sieht mittig verschwommen und ringsherum sind sichtbare Stellen. Es gibt noch weitere Möglichkeiten, wie 98 Prozent der Sehkraft verschwunden sein können. Steffi erklärt mir auch, dass die meisten Menschen erst im höheren Alter erblinden. Augenkrankheiten wie zum Beispiel die altersbedingte Makuladegeneration entwickeln sich eben erst im Laufe der Jahre.

Und was ist mit den anderen Sinnen? Martin hatte mir gesagt, dass er nicht besser riechen oder hören kann, seit er blind ist. Steffi Jakob bestätigt das. Die anderen Sinneszellen werden nicht auf einmal zu Überfliegern. Doch was wir sehen, hat in unserem Gehirn normalerweise Vorfahrt und lenkt von anderen Sinneseindrücken ab. Wenn keine Information mehr übers Auge kommt, ist mehr Platz für die Informationen da, die Ohren und Nase liefern. »Ich kann zum Beispiel hören, ob jemand im Raum ist«, sagt Steffi. »Auch wenn er keinen Mucks von sich gibt. Das hätte ich früher nicht gekonnt.«

Ich denke darüber nach, wie sehr unser Sehsinn unsere Wahrnehmung prägt. Und darüber, wie sehr wir »Guckis«, so nennt Martin die Sehenden, unsere anderen Sinne unterschätzen, die doch so schöne Gefühle machen können. In besonders schönen Momenten schließen wir die Augen, beim Küssen zum Beispiel, und nehmen auf diese Weise ein Gefühl besonders intensiv wahr. Siehste, denke ich und lache. Am Anfang hatte ich noch überlegt, ob man im Dunkeln dauernd Angst haben müsse. Jetzt verbinde ich geschlossene Augen mit angenehmen Gefühlen. Eine 180-Grad-Drehung.

Und die Behindertenwerkstätten? Ich erzähle Steffi von Martins Erfahrung, dass man ihn am liebsten gleich dort abgestellt hätte. Steffi nickt. Ihr selbst ist es ganz ähnlich wie Martin gegangen. »Ich habe Hotelfachfrau gelernt und kann nur nicht mehr sehen, alles andere kann ich ja, habe ich mir neu erarbeitet.« Die Behindertenwerkstatt wäre für sie genauso wie für Martin der falsche Ort gewesen. Für andere ist sie ein Segen.

Angenehme Gefühle bei geschlossenen Augen.

»Die Werkstätten sind eigentlich für Menschen mit kognitiven Einschränkungen gedacht. Wenn nur eine Seheinschränkung vorhanden ist, kann eine berufliche Reha-Maßnahme die bessere Wahl sein.

Denn die kann wieder in den ersten Arbeitsmarkt führen.« Steffi sagt, es sei spannend, während einer beruflichen Reha-Maßnahme mit den vorhandenen Fähigkeiten etwas Geeignetes zu finden: »Es gibt ja nicht nur die Besenbinderei, welche man mir damals angeboten hat.«

Jeder muss seinen eigenen Weg finden, mit seiner Erblindung umzugehen. Doch viele Menschen, die erblinden, sind durch den Schicksalsschlag traumatisiert. Auch wenn du längere Zeit weißt, dass die Blindheit auf dich zukommt, ist es doch ein Schock, wenn es so weit ist. »Du brauchst Zeit und Geduld, um dich an die neue Situation zu gewöhnen«, sagt Steffi. Sie weiß aus ihren Erfahrungen mit spät Erblindeten, dass die Trauerphasen sehr intensiv sind und unterschiedlich lang dauern. Es ist gut, wenn die Behindertenwerkstatt erblindete Menschen auffängt. »Aber du musst auch auf Zack sein, damit du nicht irgendwo angeschwemmt wirst, wo du gar nicht hinwillst.«

Ein Schock, wenn es so weit ist.

Sie stimmt direkt zu, als ich von Martins Einteilung der Blinden in drei Gruppen berichte. »Ja, es gibt wirklich viele, die sich hängen lassen, die keine Motivation haben, wieder mobil zu werden.« Sie hat dafür Verständnis, weil der Weg zur Selbstständigkeit steinig sein kann. Kontakt zu einem der Hilfsangebote aufzunehmen, zum Beispiel zu einer *Blickpunkt-Auge*-Beratungsstelle, kann da sehr hilfreich sein. Steffi selbst ordnet sich der Gruppe zu, zu der auch Martin sich zählt: machen, was geht, möglichst selbstständig sein. Durch ihr Ehrenamt ist sie viel auf Reisen, allein. Und weil ihr Mann jeden Tag zur Arbeit fahren muss, schmeißt sie zudem zu Hause den kompletten Haushalt. Sogar die Fenster putzt sie.

Es gibt viele Hilfsmittel, zum Beispiel PCs mit Sprachausgabe, manchmal auch durch eine Braille-Zeile ergänzt. Aber wenn Webseiten unübersichtlich gestaltet sind, wird es schwierig. Nicht immer denken Firmen, Arztpraxen und andere Institutionen für Menschen mit, die in ihrer Hör- und Sehfähigkeit eingeschränkt oder mit langen

Sätzen und Fremdwörtern überfordert sind. Es ist ein wenig aufwendig, einen Internetauftritt so zu gestalten, aber es lohnt sich. Denn dann bekommen noch viel mehr Menschen Zugang zu den Informationen. Barrierefrei nennt man das. Hier wird Steffi noch mal so richtig energisch:»Barrierefreiheit muss verpflichtend sein, ob digital oder im öffentlichen Bereich!«

Genau dieses Anliegen ist eines der Kernthemen für *Blickpunkt Auge*, das Beratungsangebot des Deutschen Blinden- und Sehbehindertenverbandes.»Erblindeten Menschen die Möglichkeiten aufzuzeigen, dafür setzen wir uns ein«, sagt Steffi.»Und auch dafür, dass Sehende wissen, welche Hürden sie den Blinden zumuten.«

* * *

Nach dem Gespräch mit Steffi habe ich noch mehr Respekt vor der Leistung von Christiane und Martin. Die beiden haben ihr gemeinsames Leben gut organisiert. Sie sind sich einig, sie ergänzen sich und sie leben im Hier und Jetzt, nicht in der Vergangenheit und auch nicht im Hätte-Wäre. Als ich sie besuchte, blühte in ihrem Garten ein Tulpenmeer. 2.500 Zwiebeln hatte Martin im Herbst zuvor gesetzt. An einer anderen Stelle standen dicht an dicht Tomatensetzlinge für den Markt, alle von Martin selbst gezogen.»Wenn ich im Frühjahr rauskomme und alles steht in Blüte, das ist so schön. Ich muss das nicht sehen, ich merke es. Weil ich alles selbst gepflanzt habe«, hatte er mir damals erklärt. Und ich weiß noch, dass ich schlucken musste, als Martin in mein Gesicht schaute und sagte:»Ich möchte mit niemandem tauschen. Ich bin bei mir.«

»Ich muss das nicht sehen, ich merke es.«

7

Unerfüllter Kinderwunsch

Sandra und André finden das Glück mit ihren Pflegekindern

Es kommt eine Mail aus dem westlichen Münsterland von Sandra:

»*Ich bin regelmäßige Hörerin von Steffis Mutmacher und der Meinung, dass auch mein Mann und ich vielen Mut machen können. Wir sind seit 20 Jahren ein Paar, wir haben sehr jung geheiratet. Mein Mann André war 26, ich 22. Irgendwann kam bei uns der Kinderwunsch, aber da hat uns die Natur einen Strich durch die Rechnung gemacht. Es folgten Hormontherapie, Eingriffe, Kinderwunschklinik. Am Ende waren wir nicht schwanger, aber pleite und mit den Nerven am Ende. Mein Mann konnte sich ein Leben ohne Kinder nicht vorstellen und hat mich davon überzeugt, Pflegekinder anzunehmen. Heute sind wir eine Familie mit zwei Pflegekindern und überglücklich. Unsere Kinder sind unser Ein und Alles und wir sind froh, dass wir diesen Weg gegangen sind.*«

Was für eine Geschichte! Ich bin gleich Feuer und Flamme. Man hört so viel davon, wie belastend und sogar zerstörerisch unerfüllter Kinderwunsch sein kann. Bei Sandra und André scheint aber alles gut geworden zu sein. Also ab in Richtung holländische Grenze, wo das Paar mit seinen beiden Pflegekindern wohnt. Auf dem Weg dorthin habe ich einen Haufen Gedanken im Kopf. Pflegekinder … das sind doch die, die einem wieder weggenommen werden können? Die man gerade lieb gewonnen hat, und dann kommen die leiblichen Eltern und nehmen sie wieder mit.

Wie komme ich auf diese Idee? Warum denke ich, wenn ich an ein Pflegekind denke, gleich an Beziehungen, die wieder getrennt werden? An Instabilität und Verlust? Die Sache ist ganz einfach: Ich hatte in der Grundschule eine Mitschülerin, die ein Pflegekind war. Wir waren Freundinnen, nicht eng, aber irgendwie schon. Mit dem Wechsel zur weiterführenden Schule haben wir uns verloren. Deshalb nenne ich hier auch nicht ihren richtigen Namen, sondern stelle sie als Hanna vor.

Hanna hat mein Bild von Pflegekindern geprägt. Als Kind schnappst du ja jede Menge Informationen auf. Die sickern in dich rein und setzen sich fest. Bei mir kam an, dass Pflegeeltern ja keine echten Eltern sind. Und dass sie keine Chance haben, ihr Kind zu behalten. Als Teenager zog Hanna *Jeden Tag Weißbrot mit Nutella.* tatsächlich zu ihrer leiblichen Mutter nach Holland.

Ich weiß noch, dass Hanna jeden Tag Weißbrot mit Nutella als Pausenbrot dabeihatte. Da war ich ein bisschen neidisch. Aber dass sie die Butterbrottüte aus Papier immer zurück nach Hause bringen musste, weil am nächsten Tag das nächste Nutellabrot da reinkam, fand ich schräg. So eine Nutellabrottüte ist ja schon nach dem ersten Gebrauch ganz schön unappetitlich … Dafür tat Hanna mir leid und irgendwie hab ich das dann mit »Pflegekind« verbunden. Heute bewerte ich meine damaligen Eindrücke ganz anders. Hannas Pflegeeltern haben einen guten Job gemacht. Und mit der nachhaltigen Benutzung der Brottüte waren sie ihrer Zeit einfach ein paar Jahrzehnte voraus.

Das ist immer so 'ne Sache, wenn du nur einen einzigen Vertreter einer Gruppe kennst und von diesem auf alle anderen schließt. Pflegekindmäßig fahre ich also mit einem Haufen Vorurteile im Kofferraum bei Sandra und André vor. Ein schickes, neues Haus, hell eingerichtet, Fahrräder vor der Tür, großer Aufstellpool hinten im Garten. Zwei sehr fröhliche Menschen machen Tonmann Kaya und mir die Tür auf: André und Sandra. »Ihr habt's aber picobello hier!«, rutscht es gleich aus mir raus. Weil es bei uns zu Hause mit zwei Kindern, die elf und vierzehn sind, durchweg chaotisch ist. »Wir wussten ja, dass ihr kommt«, lachen die beiden.

Ein entspanntes Paar sitzt mir gegenüber. Das sind zwei, die sich blind verstehen. Fällt mir gleich auf. Ihre Blicke und Gesten ergänzen sich, keiner unterbricht oder verbessert den anderen. Sandra ist 41 Jahre alt und als Steuerberaterin voll berufstätig, sie hat sich heute frei genommen. André ist 45, arbeitet stundenweise als Notfallsanitäter und schmeißt den Haushalt. Arbeitet also auch Vollzeit. Mindestens. Eine Familie mit Kindern sind sie seit über zehn Jahren. Der Weg dahin war lang und beschwerlich, voller Hoffnung und Tränen.

* * *

Unerfüllter Kinderwunsch ist ein Thema, das mich persönlich zum Glück nicht betrifft. Als mein Mann und ich uns ein Kind wünschten, setzte ich die Pille ab und wurde schwanger. Zwei Jahre später dasselbe noch mal. Ein Geschenk, das wir eigentlich als viel zu selbstverständlich genommen haben. Die Frage »Was machen wir, wenn es nicht klappt?« ist bei uns nie aufgekommen. Aber was hätten wir getan, wenn …? Ich weiß es nicht. Ich weiß nicht, was ich auf mich genommen hätte, um schwanger zu werden. So viel wie Sandra? Ich glaube nicht.

»Und? Wann kommt der Nachwuchs?«

»In unserer Lebensplanung war klar, dass wir Kinder wollen«, da sind sich die beiden einig. Als sie mit Anfang/Mitte zwanzig heiraten, ist das so, wie es auf dem Dorf eben so ist: Beide arbeiten, die erste Eigentumswohnung ist gekauft, und sofort kommt die Frage: »Und?

Plant ihr schon Nachwuchs?« Eine nervige Frage, die total übergriffig ist, finde ich. Es gehört sich nicht, das zu fragen. Auf Partys erlebt man oft das genauso bescheuerte Pendant zu dieser Frage. Sobald eine Frau keinen Alkohol trinkt, heißt es: »Und? Wann isses denn so weit?«

»Der Druck von außen war schon da«, erinnert sich Sandra, »da waren wir noch gar nicht in die Familienplanung eingestiegen.« Sie macht nach der Heirat erst mal ihre Ausbildung zur Bilanzbuchhalterin fertig. Sie ist ja auch noch jung. Sie hat mit 22 geheiratet – das ist so früh! (Ein kleiner Einschub: Ich muss lachen – Sandra hat beim Lesen des Buchmanuskripts nur an dieser einen Stelle was zu bemängeln. Sie lässt nicht locker: »Aber wenn man doch weiß, dass es der Richtige ist! Warum sollte es da zu früh sein?« Wie gut, dass es heute jeder so machen kann, wie es zu ihm passt!) Mein Mann und ich haben mit dreißig geheiratet. Nach dem Studium und ersten beruflichen Erfolgen. Früher hätten wir nicht gekonnt und auch nicht gewollt.

Zurück zu Sandra und André. Irgendwann entscheiden die beiden: Jetzt wollen wir das mit dem Baby angehen. Aber auch nach einem Jahr ohne Verhütung tut sich nichts. Sandra weiß, dass ihr Körper anders tickt, als es im Lehrbuch steht. »Mein Zyklus dauert 90 Tage«, sagt sie. Allein schon rechnerisch sinkt damit die Zahl der fruchtbaren Tage auf ein Drittel. Sandra wird sich immer unsicherer, ob ihr Körper überhaupt auf Kinderkriegen gepolt ist, und geht zur Ärztin. Die verschreibt gleich Hormone in relativ niedriger Dosierung. Auch André lässt sich untersuchen. Er sagt: »Ich finde es ein Unding, dass erst die Frau komplett auf den Kopf gestellt wird und dann erst beim Mann gesucht wird.«

Ihr Körper tickt anders, als es im Lehrbuch steht.

Das kenne ich aus meinem Bekanntenkreis – wenn es mit dem Kinderwunsch nicht klappt, können auch die fortschrittlichsten Paare plötzlich in Uralt-Rollenmuster zurückfallen: Die Frau geht davon aus, dass mit ihr was nicht stimmt, und lässt sich untersuchen, und der Mann hat ein Problem damit, seine Zeugungsfähigkeit checken zu lassen. Dabei ist die Statistik eindeutig: In 40 Prozent der Fälle ungewollter Kinderlosigkeit liegt die Ursache beim Mann, in 40 Prozent bei der Frau. Fehlen noch 20 Prozent – in 10 Prozent der Fälle liegt die Ursache bei beiden, und bei den restlichen 10 Prozent kriegen die Ärzte nicht raus, was eigentlich los ist.

Die Untersuchungen ergeben, dass bei André alles okay ist und Sandra weiter Hormone nehmen soll. »Da waren wir noch entspannt«, sagt André. Aber immer noch kündigt sich kein Nachwuchs an. Nach einem Dreivierteljahr kommt Stufe zwei: Kinderwunschklinik. »Das war ein Rat meiner Frauenärztin«, sagt Sandra. »Ich war

Dann kommt Stufe zwei: Kinderwunschklinik. schon so drin in diesem Kreislauf, ein Kind bekommen zu wollen, dass wir gleich einen Termin gemacht haben.« Ohne noch mal innezuhalten und sich zu fragen: Ist es wirklich das, was wir wollen?

Und wie weit wollen wir wirklich gehen? Bei reiflicher Überlegung hätten die beiden sich wohl genauso dafür entschieden, nach Essen zu gehen. Aber das wäre eine bewusstere Entscheidung gewesen. Sie wären Käpt'n auf ihrem Schiff geblieben und hätten später leichter den Exit gefunden.

Kurz mal Recherche: Was macht eigentlich eine Kinderwunschklinik? Die Antwort lautet: künstliche Befruchtung. Das wird im Großen und Ganzen auf drei verschiedene Weisen gemacht. Nummer eins: Du injizierst den Samen des Mannes per Spritze in die Frau. Wenn das schon auf natürliche Weise nicht funktioniert, scheint mir dieser Modus kein echter Fortschritt zu sein. Aber dank Hormonen für die Frau und extra aufbereitetem Sperma klappt das in bestimmten Fällen erstaunlich gut. Nummer zwei: Du nimmst ein paar Eizellen, gibst sie zusammen mit Spermien in eine Petrischale und hoffst, dass da zusammenfindet, was zusammenfinden soll. Das ist die In-vitro-Fertilisation, IVF. Nummer drei: Du legst eine Eizelle unter eine Art Mikroskop und spritzt eine einzelne Samenzelle gezielt in das Ei hinein. Das ist die ICSI, die Intrazytoplasmatische Spermieninjektion. Sie ist am erfolgreichsten und wird in Deutschland auch mit Abstand am häufigsten durchgeführt. In den beiden letzteren Fällen musst du natürlich irgendwie an ein paar Eizellen kommen, und wenn die befruchtet sind, müssen sie auch wieder dahin zurück, wo sie hergekommen sind. Für die Frau ist das kein Spaziergang. Allein schon die Hormone, die sie in höherer Dosis zu sich nehmen muss, damit ihr gleich mehrere Eizellen auf einmal entnommen werden können, machen ihr zu schaffen.

Man sollte nicht damit rechnen, dass es gleich beim ersten Mal klappt. Mit ein paar Durchläufen sind die Erfolgsaussichten aber ganz gut. Insgesamt wird fast jede dritte Frau nach einem bis vier Durchläufen schwanger. Aber auch dann kann noch einiges schiefgehen. Nur bei einem knappen Viertel der Paare liegt dann auch wirklich ein Baby in der Wiege – Baby-Take-Home-Rate wird das genannt.

Für Frauen kein Spaziergang.

Erfolgreich ist die Sache trotzdem, vor allem bei jüngeren Müttern. Dem ersten Baby, das 1982 in Deutschland nach einer In-vitro-Behandlung geboren wurde, folgten bis heute rund 340.000 Kinder, die ihr Leben der künstlichen Befruchtung zu verdanken haben. Ungefähr jedes 33. Kind wird heute durch künstliche Befruchtung gezeugt. An dieser Stelle kommt auf fast jeder Informations-Webseite das Beispiel mit der Schulklasse … Aber will man das wirklich wissen?

* * *

Für Sandra und André sind die Durchläufe eine schwere Zeit. Die anfängliche Gelassenheit ist schon lange weg. »Die Hormone machen einen schon zur Furie«, sagt Sandra. »Ich war nicht einfach und nicht leicht zu ertragen.« Ich schaue zu André, kein Widerspruch von ihm … Mit einer Frau »auf Hormonen« klarzukommen, ist echt ein Ritt auf der Rasierklinge. Er versucht, für Sandra da zu sein, seelische Brände zu löschen, die Wogen zu glätten, Harmonie zu fördern. Gleichzeitig muss er selbst damit klarkommen, wenn es wieder einmal nicht geklappt hat. »Das war eine enorme Belastung, auch für unsere Ehe«, sagt er. Dass die Kinderkriegerei zum einzigen Thema in ihrer Ehe wird, macht alles noch schwieriger.

Auch Sandra ist am Limit. »Ich habe nur noch Kinderwagen gesehen, Babybäuche. Alle sind schwanger, nur ich nicht. Ich war in einer ganz eigenen Welt und einfach nur noch traurig.« Beim zweiten Versuch ist sie kurz schwanger, verliert aber das Kind. Was für eine Gefühls-Achterbahn! Erst grenzenlose Freude, dann bodenlose Trauer.

Zermürbend auch, wenn in der Verwandtschaft Nachwuchs ankommt. Weihnachten hat André Nachtschicht und Sandra sitzt traurig unter fröhlichen jungen Müttern, die nur ein Thema haben und

Brei, Strampler und Babyschwimmen.

gar nicht merken, wie grausam die Situation für Sandra ist. Aber Mütter sind nun mal in ihrem eigenen Tunnel unterwegs. Das kenne ich aus meiner eigenen Baby-Zeit. Hier süß, da fein, großes Eititei. Es geht nur noch um Krabbeln, Brei, Strampler, Babyschwimmen. Eigentlich bin ich für so was gar nicht gemacht, aber als meine Kinder klein waren, war ich im Flow. Eine Sandra am Tisch, die nicht mitreden kann und sich weit weg wünscht, wäre auch mir wohl nicht aufgefallen.

Einen großen Vorteil hat die Kinderwunschklinik-Phase allerdings: Das Auf-Termin-miteinander-Schlafen ist jetzt kein Thema mehr. »Wir wussten ja, dass auf normalem Weg nichts klappen wird«, sagt Sandra. Dafür schwappt eine andere Welle ins Schlafzimmer. Neben dem Bett türmt sich medizinisches Material, hormonhaltige Medikamente müssen auf Spritzen aufgezogen werden. »Es sah bei uns aus wie in einer Fixerstube. Wir mussten ja mit Hormonen Eizellen heranzüchten.« André ist froh, dass er im medizinischen Bereich arbeitet. »Ich konnte das ja alles selbst machen für Sandra. Aber ich habe echt gedacht: Wie macht man das, wenn man keine Ahnung davon hat?«

Endlich zu dritt sein. Dann wäre alles gut.

Einmal ruft jemand aus der Klinik an und sagt, dass die geplante Bauchspiegelung zur Eizellenentnahme am nächsten Tag nicht gemacht werden kann, weil die Arztpraxis vergessen hat, Sandra eine Blutprobe zu entnehmen und der Klinik die Werte zu schicken. Kurzerhand regelt André das. Er nimmt Sandra in der Küche Blut ab und bringt es zum Labor, damit die Ergebnisse pünktlich da sind. »Leute, wir haben morgen den Termin«, sagt er den Angestellten dort. »Jetzt aber mal zackig!«

Es ist der blanke Stress. Genährt von der Hoffnung, ein Baby zu bekommen. Endlich zu dritt sein. Dann wäre alles gut. Sandras Mutter sieht das anders. Schon als Sandra kurz schwanger war und ihr Kind verlor, hätte sie am liebsten alles gestoppt. Sie sah ja, wie sehr ihre Tochter litt. Sandras Bruder lebt nicht mehr. Jetzt hat die Mutter Angst, dass sie auch ihr zweites Kind verliert. Doch Sandra kann nicht aufhören. Sie hat schon so viel in die Waagschale geworfen, soll das alles umsonst gewesen sein? André würde gerne die Reißleine ziehen, macht aber für Sandra weiter mit.

Im Nachhinein sehen es die beiden als großes Glück an, dass sie relativ früh mit den Versuchen zur künstlichen Befruchtung begonnen haben. Denn wenn es nicht klappt, hat man so oder so Versagensgefühle, auch wenn es völliger Blödsinn ist. Wenn dann auch noch Reue dazukommt – Warum hast du dich nicht früher um den Kinderwunsch gekümmert? –, wird es nur noch schlimmer. Dann wird auch noch der Zeitfaktor zu einer Wand, gegen die du läufst.

Woher nimmt Sandra die Kraft zu weiteren Durchläufen? Und woher nimmt André die Kraft, Sandras hormongesteuerte Launen und Tränen auszuhalten und sie immer wieder in den Arm zu nehmen? So etwas gemeinsam durchzustehen, das ist Liebe. Und das wissen die beiden. »Diese Zeit hat uns aneinandergeschweißt.« Wer so etwas übersteht, der übersteht auch alles andere. Bevor sie das heute als glückliche Eltern sagen können, mussten sie aber erst noch ans Limit gehen – nicht nur emotional, auch finanziell.

Für drei Versuche übernehmen Krankenkassen im Regelfall die Hälfte der Kosten, manchmal auch mehr. Darüber hinaus gibt das Land Nordrhein-Westfalen unter bestimmten Voraussetzungen noch einen Zuschuss. Doch die Sache geht trotzdem ins Geld. 11.700 Euro geben Sandra und André für ihren Traum aus, gemeinsam ein Baby zu bekommen. »Habe ich vorhin extra noch in den Steuerunterlagen nachgeguckt«, lacht Sandra. Viel zu lange sind die beiden im Babytunnel, in dem sich alles um Hoffnungen, Zyklen, Spritzen, Warten, Hormone, Fehlversuche, Tränen dreht. Nach zwei Jahren und vier Durchläufen ist Sandra 26 Jahre alt und auf dem gemeinsamen Konto sind noch 50 Euro.

Und dann geht das Auto kaputt.

»Wenn wir die Kohle gehabt hätten, hätte ich auch noch einen fünften Durchlauf gemacht«, gesteht Sandra kopfschüttelnd. Das ist *Irgendwann muss Schluss sein.* eines der Dinge, die sie anderen Paaren mit Kinderwunsch mitgeben möchte: Ein paar Versuche lohnen sich, aber irgendwann muss Schluss sein. André sieht das genauso: »Man muss auf jeden Fall irgendwann die Realität akzeptieren, so schwer das auch ist. Ab einem bestimmten Punkt ist es besser, einen Strich drunter zu machen.«

Bei Sandra und André läutet das kaputte Auto den Neustart ein. Sandras Mutter leiht dem Paar das Geld für die Reparatur und besteht vehement darauf, dass es so nicht weitergeht. Und Sandra reibt sich endlich die Augen und fragt sich: Was mache ich hier eigentlich? Gemeinsam mit André fasst sie einen Entschluss: Wir gucken nach vorne und setzen uns ein neues Ziel.

* * *

Jetzt kann endlich eine andere Idee in den Vordergrund treten. André hätte dem Thema Pflegekinder gerne von Anfang an eine Chance gegeben. Er ist mit zwei älteren leiblichen Brüdern und drei jüngeren Pflegeschwestern aufgewachsen und hat das als gute Erfahrung abgespeichert. »Das Thema wäre bei mir auch aufgeploppt, wenn wir leibliche Kinder bekommen hätten«, sagt er. Sandra kann sich dagegen einfach nicht vorstellen, dass das ein guter Weg ist. Sie kennt das Thema von einer anderen Seite. »Wir hatten damals eine Nachbarfamilie«, sagt sie, »die hatten Pflegekinder aufgenommen, und die wurden da ganz schlecht behandelt. Und da habe ich mir gesagt, vielleicht kann ich das genauso wenig wie unsere Nachbarn damals.«

André gibt nicht auf. Er möchte Sandra davon überzeugen, mit ihm zu einem Beratungsgespräch zu gehen. Immer wieder bringt er das Thema Pflegekinder zur Sprache. »Ja, ich war da eine ganz schöne Nervensäge«, sagt er. Zuerst sträubt sich Sandra, irgendwie hat sie die Vorstellung, sie müssten sich gleich entscheiden und ein Papier unterschreiben, das ihr Leben verändern wird. Ist natürlich ganz anders. Um endlich Ruhe zu haben, geht sie mit André zum Sozialdienst Katholischer Frauen in ihrem Heimatort. »Ich dachte, okay, dann können wir anschließend mal wieder über was anderes reden«, sagt Sandra. Ja, Pustekuchen! Die beiden fühlen sich wohl bei diesem Gespräch, fühlen sich angenommen, aufgenommen, wertgeschätzt und unterstützt. »Die Sachbearbeiterin war Gold wert«, sind sich beide einig. Sandra erinnert sich noch genau, dass sie sehr angespannt war bei diesem ersten Informationsgespräch. Und dass die nette Sachbearbeiterin meinte: »Nun machen Sie sich mal locker, das ist ja nur ein Infogespräch!«

Angenommen, wertgeschätzt und unterstützt.

Vielleicht stellen sich manche Menschen vor, dass beim katholischen Sozialdienst verknöcherte Menschen sitzen, die erst ein Ave-Maria beten, bevor das Gespräch beginnt. Aber auch das sind natürlich Vorurteile. Als Sandra und André mir von dieser Einrichtung erzählen, geraten sie geradezu ins Schwärmen. »Da können übrigens alle hin, die sich für ein Pflegekind interessieren«, sagt André mit leuchtenden Augen. Auch Schwule, Lesben, Muslime und Alleinstehende gehören zu der Gruppe, deren Teilnehmer sich an sechs intensiven Abenden mit ihrer zukünftigen Rolle als Pflegeeltern auseinandersetzen. Da bin sogar ich baff über die Offenheit in einer Einrichtung, die das Wort »katholisch« im Namen trägt.

Nach dieser Gruppenveranstaltung bleiben Sandra und André bei ihrer Entscheidung, ein Pflegekind aufnehmen zu wollen. Was ist der nächste Schritt? Eine Bewerbung. Mit Lebenslauf. »Der musste auch sehr reflektierend sein, mit Familiengeschichte und so. Bei mir war das nicht ohne, mit den Pflegegeschwistern und so, da kam schon einiges zusammen«, erinnert sich André. Dazu ein Fragebogen, den die beiden unabhängig vom anderen ausfüllen sollen. »Da gings dann um die Frage, was wir uns zutrauen.« Dürfen die Eltern der Pflegekinder HIV-positiv sein? Ein Alkohol- oder Drogenproblem haben? Was ist mit einem behinderten, gehandicapten Kind? Was traue ich mir zu? Wo sind meine Grenzen? Hinter jeder Antwort steckt ein Bündel an Konsequenzen.

Hinter jeder Antwort ein Bündel Konsequenzen.

Nachdem Sandra und André den Fragebogen ausgefüllt haben, besprechen sie ihre Vorstellungen miteinander. Für André käme zum Beispiel ein Kind infrage, das medizinisch betreut werden müsste. Er ist ja vom Fach. Aber Sandra glaubt nicht, dass sie das schaffen würde. Damit ist diese Möglichkeit vom Tisch. »Denn wenn ich mal nicht da bin«, sagt André, »stünde Sandra ja allein mit dem Kind da.« Sie einigen sich auch darauf, dass sie sich ein Kind wünschen, das bis zu zwei Jahren alt ist. Es zeugt von Verantwortung, sich und dem Partner all diese Fragen ehrlich und ungeschönt zu beantworten. Denn ein Kind aufnehmen, dann wieder einpacken, umtauschen, neu bestellen – so geht das nicht.

Am 23. Dezember, das Datum ist ihnen eingebrannt, geben sie die Bewerbung ab. »Wir haben gedacht, das dauert jetzt ewig«, sagt Sandra. Dabei hat der Sozialdienst längst für die beiden einen kleinen Jungen im Kopf, der bei einem Bereitschaftsvater in der Bereitschaftspflege ist. Das heißt, das Kind musste aus der Familie geholt werden und ist bei Übergangseltern untergekommen, bis eine passende

»Wir waren sofort schockverliebt.«

Dauerpflegefamilie gefunden ist. Schon am 4. Januar werden Sandra und André gefragt, ob eine Sachbearbeiterin einen Hausbesuch machen dürfe. »Zweimal haben wir Termine bei uns zu Hause gehabt. Und nach dem zweiten Termin meinte die Sachbearbeiterin, dass sie uns, wenn wir möchten, einen kleinen Jungen vorstellen würde.« Sandra lächelt, als sie das sagt. Ein paar Tage später treffen sie den kleinen, gerade zwei Jahre alt gewordenen Jungen zum ersten Mal. Als Sandra das Wort »vorstellen« benutzt, hab ich sofort ein Bild vor Augen: rechtsrum drehen, linksrum, Mund auf. Wie auf dem Pferdemarkt. Furchtbarer Gedanke! Aber so ist es natürlich nicht. Der Junge spielt in einer vertrauten Umgebung, sein Bereitschaftsvater ist dabei. »Der Kleine hat gar nicht gemerkt, was los ist«, sagt Sandra.

Natürlich sind André und Sandra aufgeregt vor diesem Treffen. Wird ein Funke überspringen? Bleiben die Gefühle kalt? Sie sind vorbereitet worden, dass sie da ganz ehrlich mit sich sein müssen. Schließlich geht es um eine Entscheidung fürs Leben. Doch die Sache ist klar: »Wir waren sofort schockverliebt, als wir unseren Sohn gesehen haben«, sagen beide. Die Entscheidung, den Kleinen bei sich aufzunehmen, seine Eltern zu werden, fällt schnell. Aber natürlich nimmst du nicht einfach ein Kind untern Arm und mit nach Hause.

»Anbahnungszeit« nennt sich die Phase, die nun kommt. Ganz behutsam gehen die Erwachsenen vor. Zuerst treffen Sandra und André den Jungen ein-, zweimal in der Woche. Dann öfter. Die nächste Stufe ist, dass die beiden den Jungen beim Bereitschaftsvater wickeln, mit ihm zu Abend essen und ihn zu Bett bringen dürfen. Bald finden auch Treffen bei Sandra und André zu Hause statt. Viele Wochen gewöhnen sich die neuen Eltern und das Kind aneinander, dann erst zieht der kleine Junge bei André und Sandra ein.

Sandra und André sind Eltern geworden. Aber wo bleibt das große Halligalli-Willkommensgedöns im Freundeskreis? Damals war das schon verletzend, erinnert sich André. »Zur Geburt gibts Geschenke, und bei uns kam nichts.« Es geht natürlich nicht um das Spielzeug und die Anziehsachen, sondern darum, dass Freunde und Verwandte den Familienzuwachs willkommen heißen und zeigen, dass sie das Kind in den Kreis aufnehmen. Stattdessen kamen Bemerkungen wie: »Hauptsache, es klappt alles. Nicht, dass man ihn euch noch wegnimmt!« Autsch! Hätte glatt von mir kommen können ... Ehrlich gesagt, weiß ich nicht, ob ich an ein Geschenk für jemanden aus meiner Familie oder meinem Freundeskreis gedacht hätte, der Pflegekind-Zuwachs bekommen hat. Bevor ich Sandra und André kennengelernt habe, wäre auch ich wohl überfordert gewesen. Aber wenn du das jetzt liest, weißt du ja Bescheid.

»Ich mach nicht mit!«

Sandras Freunde merken ihren Fauxpas erst, als für zwei hochschwangere Frauen aus der Clique Geld gesammelt wird. Sandra ist glasklar in ihrer Reaktion und sagt: »Ich mach nicht mit, denn ich bin schließlich auch Mutter geworden und habe von euch nichts bekommen.« Da erst fällt der Groschen. Cool, dass Sandra das gesagt hat. So kann sie heute sagen: Schwamm drüber.

Mit etwas Verspätung gab es dann doch noch eine Babypinkelparty. Das ist so bei uns im Westfälischen und am Niederrhein: Auf jeden Buchstaben des Kindernamens wird ein Schnaps getrunken. Früher war das ein Männerding und wurde gefeiert, während die Frau noch im Wochenbett war. Heute wird meistens gewartet, bis Mutter und Kind zu Hause sind, und dann gibt's ne Party für alle.

Und dann gab es doch noch eine Babypinkelparty.

* * *

Was ist eigentlich der Unterschied zwischen Pflegekind und adoptiertem Kind? Adoptiveltern übernehmen für das Kind alle Rechte und Pflichten, darunter Sorgerecht und Unterhaltspflicht. Das geht so weit, dass Adoptivkinder rechtlich gesehen nicht mehr mit ihrer Herkunftsfamilie verwandt sind. Pflegeeltern übernehmen dagegen »nur« die Pflege der Kinder, sind also für ihr Wohlergehen und ihre Erziehung verantwortlich. Aber der Kontakt zu den leiblichen Eltern soll, wenn möglich, nicht verloren gehen. Das Sorgerecht hat meist ein Vormund oder jemand vom Jugendamt. Der Vormund hat das letzte Wort, auf welche Schule das Pflegekind geht und ob es sich zum Beispiel minderjährig ein Tattoo stechen lassen und allein in den Urlaub fahren darf. Es kann aber auch sein, dass bestimmte Entscheidungen bei den leiblichen Eltern bleiben oder auf die Pflegeeltern übertragen werden. Alles eine Sache der Absprachen.

Für die Pflege der Kinder bekommen Pflegeeltern ein Pflegegeld. Je nach Region beträgt das zwischen knapp 1.100 Euro und guten 1.350 Euro pro Monat. Steuerfrei. Bezahlen müssen das die Landkreise, aber das ist für sie immer noch viel günstiger als ein Heimplatz, der um die 4.000 Euro pro Monat kostet.

Adoption und Pflege sind also zwei völlig unterschiedliche Dinge. Wenn jetzt jemand auf den Gedanken kommen sollte, sich mit der Annahme von ein paar Pflegekindern ein schönes Leben machen zu wollen, kann ich nur sagen: schlechte Idee! Die Motivation der angehenden Pflegeeltern wird von den Verantwortlichen sehr genau geprüft. Dazu gehört zum Beispiel, dass Pflegeväter und -mütter ihr Gehalt offenlegen müssen. Außerdem muss man ganz schön standfest sein, um Pflegekinder, die vielleicht schon älter sind und Erfahrungen von Vernachlässigung oder sogar Gewalt machen mussten, gut durch Kindheit und Jugend zu begleiten. Wenn alle vertrauensvoll zusammenarbeiten, Pflegeeltern, leibliche Eltern, Vormund sowie der Sozialdienst, ist das Risiko recht klein, dass die Pflegeeltern durch Verhaltensauffälligkeiten und Schulprobleme überfordert sind und aufgeben.

Sandra und André stehen mit beiden Beinen im Leben und bieten ihrem Pflegesohn eine liebevolle und stabile Beziehung. Zwei Jahre später kommt noch ein zweites Pflegekind dazu, eine Tochter. Das Familienglück ist vollkommen. Dieses Mal möchten die beiden erleben, wie ihr Kind Laufen lernt. Ihr Wunsch wird erfüllt. Als der große Junge auf dem Tret-Trecker sitzt, will die Kleine hinterher, aber ihr Bruder ist zu schnell. »Da ist sie aufgestanden und ihm hinterhergerannt. Das war süß, sie konnte plötzlich laufen!« Sandra ist immer noch ganz ergriffen. Wenn die Pflegekinder schon etwas älter sind, wenn sie in die neue Familie aufgenommen werden, fehlen diese besonderen Momente: »Mama« und »Papa« sagen, den Löffel zum ersten Mal selbst halten, zum ersten Mal ohne Windel …

Die Kinder von Sandra und André sind nicht miteinander verwandt. »Aber sie gehen genauso miteinander um, als wären sie leibliche Geschwister. Käbbeln sich, verschwören sich gegen uns, zanken, lachen, haben keinen Bock auf Aufräumen.« Der Sohn ist heute 14 Jahre alt. Pubertät. Und die Tochter ist auch bald so weit. Da ist Musik drin! Wenn die Bude brennt, auch in Erziehungsfragen, finden Sandra und André Ansprechpartner und guten Rat beim Sozialdienst. So wie damals, als der Große es überhaupt nicht toll fand,

Das Familienglück ist vollkommen.

dass da plötzlich eine kleine Schwester auftauchte. Das war ja auch keine Baby-Schwester, die erst mal nur rumliegt, sondern eine, die ihm gleich das Spielzeug wegnahm. »Bei uns sind ja kleine Persönlichkeiten eingezogen«, sagt André. »Für unseren Sohn war das eine Bedrohung«, ergänzt Sandra. Der Sozialdienst gab den ratlosen Eltern einen wertvollen Tipp: allen Besuchern sagen, dass sie zuerst das große Kind begrüßen sollen. Und auch selbst, wenn man von der Arbeit kommt, erst das große Kind umarmen, dann das kleine. »Nach zwei Wochen war die Situation eine andere«, sagt Sandra. Der Sohn war nicht mehr so neidisch und wusste nun: Ich bin ja immer noch was wert! »Total banal«, sagt André. Aber mit großer Wirkung.

Als Sandra und André das erzählen, hab ich ein Déjà-vu. Bei uns war das auch so! Als unsere Tochter zur Welt kam, haben sich alle ganz entzückt über das Babybett gebeugt: »Das ist aber eine kleine süße Maus!« Dann erst war unser zweijähriger Sohn dran: »Und du bist natürlich auch süß.« Über Nacht war er zum »Auch-Kind« geworden. Also haben wir es gemacht wie später auch André und Sandra. Manche unserer Freunde haben bestimmt gedacht, dass die Familie Neu völlig einen an der Waffel hat, weil sie jetzt schon Regeln aufstellt, wie die Kinder zu begrüßen sind. Aber das war uns egal. Bei uns war es übrigens nicht eine Sozialarbeiterin, die uns die Augen für das Auch-Kind-Problem geöffnet hat, sondern meine Mutter. Danke, Mama!

Über Nacht zum »Auch-Kind« geworden.

* * *

Sandras und Andrés Pflegekinder wissen, dass Sandra nicht ihre »Bauchmama« ist. Das ist für sie völlig in Ordnung. Sie wissen auch, dass die Frau, die alle vier Wochen vorbeikommt, nicht irgendeine Tante ist, sondern ihr Vormund. »Immer abwechselnd unternimmt sie was mit unserer Tochter, dann mit unserem Sohn«, sagt Sandra. Eis essen, Kino, Mäckes, Kaninchenstall ausmisten. So kann sie sich vergewissern, dass alles im grünen Bereich ist. »Neulich hat unser Sohn ihr das Fahrrad repariert. Und die Tür knarrt nicht mehr an ihrem Auto«, lacht André. Klingt nach einer Win-Win-Win-Situation. Ein Gewinn ist auch, dass diese Ähnlichkeits-Nummer entfällt. »Das Sture hat sie von dir und das künstlerische Talent von mir« – solche Sprüche funktionieren nicht. Bei Sandra und André läuft es eher andersherum. Neulich haben ihre Kinder am Mittagstisch beschlossen, dass es auch Vorteile hat, dass sie nicht die leiblichen Kinder von Sandra und André sind: »Wenn wir eure Nasen so sehen, nee, nee.« Es wird gelacht, es wird geliebt, es wird gestritten, es ist Familie.

Es wird gelacht und gestritten, es ist Familie.

Könnten die leiblichen Eltern nicht doch irgendwann vor der Tür stehen und ihre Kinder wiederhaben wollen? Und führt diese Sorge nicht dazu, dass man sein Herz dann doch nicht komplett an diese kleinen Menschen verliert? Sandra und André winken ab. »Die Kinder haben den größten Teil ihres Lebens bei uns verbracht, das ist safe.« Während früher eher nach dem Das-Kind-muss-unbedingt-zur-leiblichen-Mutter-Prinzip entschieden wurde, wird heute genauer hingeschaut. Wo fühlen sie sich geborgen? Wo sind sie zu Hause?

Wenn ich so die Geschichten im Internet anschaue, die von misslungenen Pflegeeltern-Pflegekind-Beziehungen erzählen, dann fällt mir eines auf: Oft ist da von gegenseitiger Wertschätzung keine Rede. Da gibt es Fronten und den Kampf ums Kind. Aber wie ist das für eine leibliche Mutter, wenn sie ausgegrenzt und als unfähig hingestellt wird? Liegt es da nicht nahe, dass sie unbedingt zeigen will, dass sie keine schlechte Mutter ist und ihr Kind zurückhaben möchte?

Sandra und André haben die Sache ganz anders angepackt. Sie unterstützen den Kontakt ihrer Kinder zu deren leiblichen Müttern und sagen: »Beide sind sehr sympathische Frauen. Wir wissen viel über sie, und unsere Kinder altersgerecht auch.« Sie maßen sich nicht an, das Leben der leiblichen Mütter zu bewerten. »Wir leben in Wohlstand«, sagt André. »Wir sind dankbar für das, was wir haben. Und es steht uns überhaupt nicht zu, zu bewerten, warum diese Frauen ihre Kinder abgegeben haben. Ich würde den leiblichen Eltern nie unterstellen, dass sie ihre Kinder nicht lieb haben.« Sandra fügt hinzu: »Bei dem, was diese Frauen durchgemacht haben, wäre ich auch nicht in der Lage, ein Kind großzuziehen. Da zollen wir erst mal großen Respekt, dass sie es zugelassen haben, ihre Kinder wegzugeben. Weil sie wussten, sie kriegen es selbst nicht hin.«

Diese Wertschätzung den leiblichen Müttern gegenüber haben Sandra und André ihren Kindern jeden Abend beim Zubettbringen vermittelt. Sie haben ihnen immer gesagt, dass es noch jemanden gibt, der sie sehr lieb hat. Als die beiden mir das erzählen, geht mir ein Schauer über den Rücken. Das ist großherzig, demütig und zutiefst menschlich.

* * *

Eine andere Baustelle bei Pflegekindern ist die Frage: Welche Anlagen und Charaktereigenschaften bringen sie mit? Sandra und André sind da entspannt. Sie wissen: Es ist nicht alles Genetik. Vieles geben die Bezugspersonen ihren Kindern durch ihr Vorbild mit – und das sind Sandra und André. »Unsere beiden Kinder können sehr dickköpfig sein«, lacht Sandra, »das können wir beide auch. Und wir sind sehr ordnungsliebend, unsere Kinder auch. Ich glaube schon, dass einige Dinge abfärben.«

Genetik ist nicht alles.

Die gesamte Familie liebt das Leben in ihrem Dorf. »Unsere Kinder wollen hier gar nicht weg«, freuen sich die Eltern, die im Musikverein aktiv sind, die Traditionen der Dorfgemeinschaft leben – und an ihre Kinder weitergegeben haben. Kirmes, Karneval, Schützenfest.

»Da simmer dabei, das ist prima!« Bei mir zu Hause ist das auch so. So bin ich aufgewachsen und meine Kinder auch.

Ein paar Unsicherheiten bleiben: Wenn die ersten Lebensmonate oder -jahre des Kindes nicht ohne Brüche waren, ist dann nicht doch irgendwo tief versteckt eine schwache Stelle im Urvertrauen? Und was haben die leiblichen Eltern ihren Kindern an eigener Geschichte mitgegeben? Was ist alles im Rucksack der Kinder drin? Wir alle haben so ein Päckchen, mit dem wir ins Leben treten. Vieles, was unsere Eltern und Großeltern geprägt hat, kommt auch bei uns an. Traumata wie Hunger, Verfolgung und schwere Krankheit können sich auf das Verhalten der nächsten Generationen übertragen – so mancher Enkel hortet mitten im Überfluss ängstlich Lebensmittel im Keller, weil Opa und Oma jahrelang Not gelitten haben.

Sandra und André wissen nicht, ob ihre beiden Pflegekinder ihren Rucksack irgendwann mal auspacken werden. Doch die beiden sind zuversichtlich. Es können ja auch richtig gute Überraschungen dabei sein. Aber da geht es Sandra und André genauso wie anderen Eltern: Es ist nicht immer einfach zu entscheiden, ob ein Kind gerade seinen Rucksack auspackt oder ob es sich gerade einfach nur danebenbenimmt.

Mein »Kriegen-wir-schon-hin-Pragmatismus«.

Ich finde es übrigens spannend, darüber nachzudenken, was »in der Familie liegt«. Bei mir ist es die Ackergaul-Mentalität – Fleiß bis zum Umfallen. Dazu ein gewisser Kriegen-wir-schon-hin-Pragmatismus. Helfen, wo's geht, und Tiere lieb haben. Mein Mann behauptet noch andere Dinge, aber da komme ich nicht so gut bei weg. Darum lasse ich diesen Teil meines Päckcheninhalts weg.

* * *

Mit einer Liebeserklärung möchte ich diese Mutmach-Geschichte schließen. Ich habe noch vor Augen, wie André sich bei unserem Gespräch zu seiner Frau drehte und meinte: »Ich muss sagen, ich habe eine ganz tolle Frau an meiner Seite. Wir beide haben das gerockt.«

Die beiden haben einen langen Weg hinter sich. Einen, der sehr mühsam begann, eine Zeit lang in den emotionalen Ruin zu führen schien und dann doch noch ins Glück führte. Auf dem ersten Streckenabschnitt hat Sandra enorm viel auf sich genommen, um den Wunsch nach eigenen Kindern wahr zu machen. Hätte ja auch klappen können. Hat es aber leider nicht. Sandras Mutter hat zur rechten Zeit ihr Veto eingelegt und so den Raum für Alternativen geschaffen. Und André hat es geschafft, Sandra davon zu überzeugen, die Pflegekind-Idee nicht abzulehnen, bevor sie Genaueres darüber weiß. »Gut, dass du so beharrlich warst«, lächelt Sandra ihren Mann an. »Auch wenn sich der Wunsch nach eigenen Kindern nicht erfüllte: Der Wunsch nach einer eigenen Familie ist wahr geworden. Und das ist einfach nur schön.«

Der Weg von Sandra und André ist eine echte Mutmacher-Geschichte: emotional, rührend und mit Liebe. Alles drin.

8

Endlich im Reinen mit dem eigenen Körper

Marcus verliert 52 Kilo

Marcus kenne ich schon lange. Er war Karnevalsprinz bei uns in der Region. Ich bin Karnevalistin, da läuft man sich übern Weg. Marcus ist 45 Jahre alt und ich kenne ihn nur als schweren Mann. Richtig schwer. Aber mit einem lachenden Kopf obendrauf. Zwei Jahre haben wir uns nicht gesehen und als es so weit ist, erkenne ich ihn nicht wieder. Er ist gar nicht mehr er. Das Lachen ist noch da, aber die Augen sind viel größer. Weil alles andere so viel weniger geworden ist. Ich frage ihn sorgenvoll, ob alles in Ordnung sei. Er lacht und erzählt mir, dass er sich den Magen hat verkleinern lassen. 52 Kilo fehlen jetzt an ihm.

Mir rutscht ein »Boah« raus und ich überlege kurz, ob ich nachfragen kann, wie das vonstattengeht, wie schwer das ist, was das für ein Weg ist. Man kann doch nicht einfach zur Klinik gehen und sagen: »Nu mach ma kleiner hier!« Oder? Nein, das ist etwas komplizierter. Und verlangt einen hohen Einsatz von den Menschen, die diesen Eingriff machen lassen möchten. Bei Marcus hat es ziemlich genau ein Jahr gedauert – von der ersten Idee, seinem Übergewicht operativ zu Leibe zu rücken, bis zur geglückten OP. So viel kann er mir schon bei diesem kurzen Treffen sagen: Es war ein Weg mit Höhen und Tiefen, mit Durststrecken und unerwartet positiven Überraschungen.

»Nu mach ma kleiner hier!«

Später finde ich heraus, dass jedes Jahr ungefähr 20.000 Magen-operationen in Deutschland durchgeführt werden. Als letzter Abzweig sozusagen für stark Übergewichtige, bevor ihre Körperfülle sie umbringt. Das sind 20.000 Menschen mit langer Leidensgeschichte, voller Sorgen und Unsicherheit. Und es könnten noch viel mehr sein. Denn in Deutschland ist ein Viertel aller Erwachsenen krankhaft übergewichtig, adipös nennt man das. Damit gehört unser Land weltweit zu den Spitzenreitern. Trotzdem werden hierzulande nur relativ wenige Magen-OPs durchgeführt, in manchen Nachbarländern ist die Rate vielfach höher.

Ich bin froh, dass ich Marcus gleich gefragt habe, ob er nicht einer meiner Mutmacher sein möchte. Und er hat Ja gesagt. Weil er eben genau das will: anderen Mut machen, diesen Weg zu gehen und wieder an Lebensqualität zu gewinnen.

Erst mal Zahlen aufn Tisch: Marcus hat mal 182 Kilo gewogen, bei einer Größe von 1 Meter 96. Seine Körpergröße reißt's nicht raus, der Body-Mass-Index lag über 47. Mit einem BMI von mehr als 30 bist du adipös. Ein BMI von über 40 bedeutet: Adipositas Grad III. Mehr geht nicht. Die Belastung für den Körper ist enorm, und die Folgen sind absehbar. Fängt bei Gelenkverschleiß, Schlafproblemen und Kurzatmigkeit an und hört bei zu viel Fett in Blut und Leber, Bluthochdruck, 89-fach erhöhtem Diabetes-Risiko und lebensbedrohlichen Herzkrankheiten auf. Unterm Strich steht eine um viele Jahre verkürzte Lebenserwartung. Und eine stark verminderte Lebensqualität und Mobilität. Und dann gibt es natürlich noch die sozialen Folgen. Dicke Menschen werden ausgegrenzt. Ist so. Blöde Sprüche gibt es Tag für Tag gratis dazu.

Wenn jemand wegen seines Gewichts diskriminiert wird, dann ist das eine der sehr wenigen Diskriminierungsformen, bei denen den Betroffenen unterstellt wird: »Selbst schuld!« So nach dem Motto:

Adipositas Grad III. Mehr geht nicht.

Wenn du fett bist, hast du dir das selbst zuzuschreiben. Dann bist du dumm und faul und hast dein Leben nicht im Griff. Ist natürlich totaler Blödsinn! Aber Leute, die andere mobben, haben sich noch nie durch Sachkenntnis ausgezeichnet. Es ist längst bekannt, dass Adipositas auch eine Stoffwechselerkrankung sein kann. Müssen wir nicht lang drüber reden – auch mit Kleidergröße 48 kannst du dich wohlfühlen und gesund und happy sein. Aber ab einem bestimmten Punkt wird es echt lebensgefährlich.

Bei Marcus wurde »Genetische Adipositas« diagnostiziert. Die hat übrigens nix mit »schweren Knochen« zu tun, die gibt es nicht. Sondern mit der durch unsere Gene bestimmten Fähigkeit unseres Körpers, ein Sättigungsgefühl zu verspüren, Fett einzulagern und bestimmte Hormone zu produzieren. Genetische Adipositas heißt für mich übersetzt: Du bist nicht schuld, dass du so dick bist.

Als Marcus und ich uns einige Zeit später bei ihm zu Hause treffen, erzählt er von einer Situation, die ihm lange nachging. Grachtenfahrt mit Frau und den beiden Kindern in Amsterdam. Aber Tische und Stühle auf dem Schiff sind auf dem Deck festgeschraubt. »Ich habe gleich gesehen: Da passe ich nicht zwischen«, sagt Marcus. Frau und Kinder sitzen gemütlich am Tisch, schauen auf die vorbeiziehenden Grachtenhäuser. Und Marcus, der sich doch noch irgendwie reingequetscht hat, macht den einstündigen Ausflug mit flacher Atmung mit. Als sie wieder aussteigen, hat er als Andenken an die schöne Fahrt eine Riefe von der Tischkante im Bauch.

Überhaupt sucht Marcus Restaurants und Cafés nach der Bestuhlung aus. Muss er auch. Denn in die allgegenwärtigen *Hochgeklappte Armstützen und schräge Blicke.* Monobloc-Plastikstühle passt er nicht rein. Damit sind gefühlt drei Viertel aller Straßencafés schon mal aus dem Rennen. Und Bierzelt-Garnituren? »Die gehen. Aber nur, wenn man auf der Stütze sitzt.« Flüge, Bahnfahrten – entweder nicht möglich oder ein Spießruten-Sit-in. Kino- und Theaterbesuch: hochgeklappte Armstützen und schräge Blicke. An so ein Leben kann man sich vielleicht gewöhnen. Aber Spaß macht es nicht.

Viele stark übergewichtige Menschen gehen auch nicht gerne zum Arzt. Weil sie die Erfahrung gemacht haben, dass es auch dort nur vorwurfsvolle Blicke und Worte für sie gibt und der Grund für Beschwerden pauschal aufs hohe Körpergewicht geschoben wird. Es ist wirklich so: Krankheiten bei dicken Menschen werden oft erst dann erkannt, wenn sie weit fortgeschritten sind und man längst etwas hätte machen müssen. Auch das kostet statistisch gesehen das eine oder andere Lebensjahr.

* * *

Marcus' All-Time-High ist ein gutes Jahr her, als ich mit ihm, seiner Frau Dajana und Tontechniker Kaya an seinem Esstisch sitze. Jeans, blaues Hemd, rote Fitness-Uhr und dieses Marcus-Lachen. Schelmisch, zugewandt, selbstironisch. 130 Kilo bei knappen zwei Metern, ein Hering ist er nicht geworden. Man sieht ihm an, dass er sich wohl mit sich, in sich fühlt, glücklich ist, auch sehr dankbar für diese neue Lebensqualität.

Es ist 17 Uhr. Was hat er heute gegessen? »Zum Frühstück eine wunderschöne Scheibe Brot und heute Mittag ein Fertiggericht mit Chia und Bohnen.« Damit ist er meilenweit von dem weg, was früher mal war. Marcus erzählt von einem seiner einprägsamsten Erlebnisse: »Wir haben morgens gefrühstückt, und mein Sohn fragt in die Runde, wer

Morgens sechs Brötchen, ohne satt zu sein.

wie viele von den zehn Brötchen gegessen hat. Er zwei, seine Schwester eins, Mama eins. Bleiben sechs. Und die Tüte war leer. Und ich hätte nicht sagen können, wie viele ich gegessen habe.« Er hat einfach gefuttert, was da war. Maßlos. »Es hätten auch zehn reingepasst«, sagt er. Marcus kennt es nicht, nach einem guten Essen pupsatt und zufrieden ins Bett zu fallen oder das Bedürfnis nach einem Verdauungsspaziergang zu haben. »Ich konnte immer essen. Immer!«, sagt er. »Hätte meine Frau nicht mit am Tisch gesessen und irgendwann gesagt ›Es reicht‹, ich hätte immer weiter gegessen.«

Seit er denken kann, ist Marcus dick gewesen, schwer. Schon in der Grundschule war klar, dass er niemanden beim Rennen einholt. »Selbst der Hausmeister war schneller als ich«, sagt er und grinst über diese ultimative Demütigung. Was machst du, wenn dir jemand den Tornister klaut und du genau weißt, dass es nur noch schlimmer wird, wenn du hinter deinem Herausforderer herkeuchst, während er johlend den Tornister vor deiner Nase herumschwenkt?

Dicke Kinder werden gemobbt, denke ich. Marcus muss ein trauriges Kind gewesen sein. Aber da winkt Marcus ab, das war nicht so. Er nennt es das Bud-Spencer-Syndrom: »Alle wussten: Bud rennt dir nicht hinterher. Aber wenn er dich hat, dann wird es schwierig.« Bei dem Vergleich muss ich lachen. An dem ist auch echt was dran. Weil Marcus so wie Bud Spencer ein sympathischer, liebenswert cooler Typ ist.

Er nennt es das Bud-Spencer-Syndrom.

Er hat eine unglaubliche Stärke, bei der viele nicht mitkönnen: Er ist präsent, schlagfertig, humorvoll, ein dicker Junge, den man gern haben muss. Weil er einfach toll ist. »Bei mir war immer Angriff die beste Verteidigung«, sagt er. »Ich glaube heute, dass ich so bin, wie ich bin, weil ich dick war. Ich konnte sportlich nie glänzen, aber kann gut mit Worten. Und dazu eben: bedingungslose Präsenz, immer da, immer Hänschen voran, immer engagiert, Organisator, Macher. Immer redegewandt, immer eine Antwort.«

Auf diese Weise schafft er es, dass er schon als Kind beliebt ist und ihm viele fiese Hänseleien, Einsamkeit, Traurigkeit erspart bleiben – all das, worunter so viele übergewichtige Kinder leiden müssen. Seine Schlagfertigkeit funktioniert wie der Lotus-Effekt, alle blöden Sprüche perlen an ihm ab. Bewundernswert. Ich denke aber auch, dass diese bedingungslose Präsenz, wie er es nennt, ziemlich anstrengend gewesen sein muss.

Marcus findet auch in Niederlagen die Sonne. Im Nachhinein wird einfach eine lustige Anekdote draus. »Ich habe es in 13 Jahren Schule nicht ein einziges Mal geschafft, bei den Bundesjugendspielen eine Siegerurkunde zu kriegen«, erzählt er. Und die bekommt nun wirklich jeder, weiß ich aus eigener Erfahrung. Einmal hat er von 1020 Punkten, die er ersporteln musste, schon 977 beim Kugelstoßen reingeholt. Für eine Urkunde muss er in den beiden noch ausstehenden Disziplinen nur noch 43 Punkte holen. »Mensch, Marcus«, sagt der Sportlehrer, »du musst beim Laufen nur auf der Bahn bleiben und beim Weitsprung im Sand landen, dann hast du das geschafft.« Aber es werden in beiden Disziplinen nur 36 Punkte. Keine Siegerurkunde. Er lacht, als er das erzählt. Ist ja auch eine witzige Geschichte. Aber wie es damals wohl für ihn war?

Wenn Niederlagen zu Anekdoten werden.

* * *

Sein Outfit für die Kommunion muss beim Herrenausstatter gekauft werden. Für alle Nicht-Katholen: Da sind die Kinder um die neun Jahre alt. Als Teenager muss er nach Köln in den Übergrößen-Laden fahren. Zum ersten Mal will Marcus ernsthaft ran an den Speck. Er meldet sich bei den *Weight Watchers* an, zählt Mahlzeiten, isst Diät-Essen. Aber die Familie zieht nicht mit. »Mein Vater hat den Krieg noch erlebt«, sagt er. »Nahrungsmittel im Überfluss zu haben, das hatte immer einen großen Stellenwert bei uns. Ich weiß noch: Wenn Papa als Unternehmer ein gutes Geschäft gemacht hat, wurden alle zum Essen eingeladen. Natürlich dorthin, wo die Teller bis zum Rand gefüllt wurden: zum Griechen.«

Auch als Marcus längst erwachsen ist, scannt er in Restaurants die Speisekarten konsequent nach maximaler Masse ab – so nennt er das. Er hat nie danach bestellt, worauf er Lust hatte. Sondern nach der größten Portion. »Es war immer die Zeus-Platte. ›Statt Leber tu noch mal ein Schnitzel dazu‹, das war so 'ne Standardbestellung.«

Bei Marcus' Art, »aus essen zu gehen«, fällt mir ein: Das war bei mir zu Hause auch so. Eine Restaurantkultur gab's bei uns in der Familie früher nicht. Etwas ausgeben für Essen, das andere kochen und Mama kann es vermutlich sogar noch besser? Rausgeschmissenes Geld! Also, in meiner Aussteuer war dieser Luxus nicht vorgesehen. Wenn meine Eltern sagten, dass wir »aus essen gehen«, war das etwas ganz Besonderes, Seltenes! Aber nicht fein mit Aperitif und Vorspeise, sondern ganz bodenständig. Ein Gericht pro Person und das musste aufgegessen werden. Meistens Jägerschnitzel mit Pommes. Und wenn das Schnitzel über den Tellerrand lappte, war es gut gewesen. Mit Glück nachher noch Vanilleeis mit heißen Kirschen. Und vorwurfsvolle Blicke, wenn die Augen mal wieder größer gewesen waren als der Bauch.

Nix Pommes und Teller bis oben voll.

Ich erinnere mich auch gut an die Zeit, als ich meinen Mann kennenlernte, da war ich 17. Seine Eltern gingen und gehen oft und gerne fein essen. Das dauert heute noch lang, bis spät abends. Das Beisammensein wird zelebriert. Nix Pommes und Teller bis oben voll. Natürlich geht es auch ums Essen, aber in erster Linie um das Gespräch am Tisch mit netten Menschen, um die miteinander verbrachte Zeit, um gemeinsam genossenen guten Wein, den Espresso danach. Eine völlig neue Kulturform, die ich da kennenlernte und bis heute sehr zu schätzen weiß.

Dass es eben nicht immer nur auf die Menge ankommt, sondern auch auf die Qualität der Speisen, auf die Zubereitung, auf das ganze Drumherum, war für mich neu. Bei mir zu Hause war Tischdecken,

Essen, Abräumen und Spülen die Sache einer halben Stunde. Mittags genauso wie abends. Mein Mann sagt bis heute gerne: »Während ich noch kaue, hast du meinen Teller schon in die Spülmaschine geräumt.« Dass ich so aufgewachsen bin, hat einen guten Grund: Auf einem Bauernhof wird gearbeitet, und wenn wir uns zum Essen setzten, ging es darum, Kraft zu schöpfen, und nicht ums gemütliche Verweilen. Lange rumpalavern am Tisch wäre verlorene Zeit gewesen. Wenn geredet wurde, dann darüber, was als Nächstes dran ist. »Der Hof sitzt immer mit am Tisch«, hat jemand mal gesagt. Das stimmt gleich doppelt, denn oft aßen Mitarbeiter bei uns mit. Mein Vater gönnte sich noch einen kurzen Mittagsschlaf, dann gings weiter aufm Gehöft.

Marcus und ich unterhalten uns über das Sich-Zeit-Lassen beim Essen. Darüber freut sich der Körper. Er wird nicht zugeballert und das Sättigungsgefühl hat eine Chance, sich zu entwickeln. Das ist der Moment, an dem Marcus' Frau Dajana mal eben verschwindet, um eine Hose »von früher« zu holen. Ein Riesenteil, anders kann ich das nicht ausdrücken. In *Ein langer Weg in den Keller.* jedes Hosenbein würde eine von uns Frauen reinpassen. Vielleicht auch beide zusammen in eines. Marcus überlegt sogar, ob auch er mit seinen aktuellen 130 Kilo Lebendgewicht in eines der Beine seiner alten Hose reinsteigen könnte. Aber dann winkt er ab: »Ich glaube, das wird doch ein bisschen eng.« Heute liegt die Hose im Keller. Wie sie dahin kam? Ein langer Weg.

Nach seinen ersten Abnehmversuchen im Teenageralter kommt Stufe 2. Mit Dajana ist er seit fast zwanzig Jahren zusammen. Sie ist Arzthelferin und hat dafür gesorgt, dass Diäten, Bewegung und Versuche der Ernährungsumstellung zu einem Teil seines Lebens wurden. »Das Thema Übergewicht war immer präsent«, sagt er. Gemeinsam versuchen sie, Marcus' Körpergewicht im Zaum zu halten. Doch trotz aller Anstrengungen zeigt die Waage immer mehr an.

Er erzählt, dass er morgens um sechs Uhr, noch vor der Arbeit, schwimmen gegangen ist. Drei Mal in der Woche. Mit dem Laufen hat er es auch versucht. »Als der Eichenprozessionsspinner, dieses fiese Vieh, zum ersten Mal den Niederrhein erreichte und alle aufgefordert wurden, den Wald zu meiden, war ich allein da joggen.

Allein mit dem Eichenprozessionsspinner im Wald.

Weil ich wusste: Da sieht mich niemand.«

Es ist zum Schmunzeln, und dennoch voller Tragik. Weil Marcus dank Eichenprozessionsspinner abends mit Pusteln übersät auf dem Sofa liegt. Vor allem aber, weil da ein Mensch ist, der sich seines Körpers schämt und sich nur dann traut Sport zu machen, wenn keiner hinschaut. Das ist eine Erfahrung, die er mit vielen dicken Menschen teilt. Ihnen wird pauschal unterstellt, sie würden nur faul herumsitzen und sich zu wenig bewegen. Und wenn sie dann Schwimmen oder Laufen gehen, wird die Häme noch beißender.

Irgendwann hat Marcus alles durch – alle Diäten, alle Sportarten, die ihm möglich sind, alle Drinks zum Abnehmen. »Ich glaube, ich habe alle Eiweißshakes der Republik ausprobiert. In allen Geschmacksrichtungen. Ich kenne sie alle.« Wieder lacht er dieses Lachen, da muss ich einfach mit.

Er weiß: Auf diesem Weg bekommt er sein Übergewicht nicht in den Griff. Was er nicht mehr darf und kann, wird immer mehr. Irgendwo hingehen, sich hinsetzen? Eine Tortur. Sich einkleiden? Ein Riesenaufwand. »Ich wollte wieder so am Leben teilnehmen, wie ich es möchte. Wollte diese ganzen Einschränkungen nicht mehr haben.« Laut seinem Hausarzt ist seine Gesundheit noch in Ordnung. »Ich weiß nicht, wie du es machst«, sagt der, »alle Werte sind okay. Aber ich kann dir die Prognose geben, dass das nicht ewig so bleiben wird.« Ein weiterer Schuss vor den Bug also.

* * *

Wie soll es weitergehen? Die Magenverkleinerung wäre eine Notbremse. Die Recherche im Internet ist mühsam. »Ich habe festgestellt, es gibt da echt eine Informationslücke«, sagt Marcus. »Es gibt im Internet Berichte über diese OP, aber kaum jemanden, der sagt: Leute, das war eine gute Entscheidung!« Marcus liegt es am Herzen, seinen Beitrag zum *Mutmacher*-Podcast zu liefern. Er möchte, dass die Menschen erfahren, wie glücklich er mit seiner Entscheidung ist. »Meine Hoffnung ist, dass irgendjemand dies hört und sagt: ›Dann versuche ich es doch auch mal.‹«

Bariatrische OP heißt das Stichwort, das Marcus und Dajana im Internet finden. Komisches Wort, kommt aus dem Griechischen und hat was mit Druck, Schwere zu tun. Im Wort »Barometer« steckt diese Bedeutung auch drin. Bariatrische Operationen sollen Adipositaspatienten eine schnelle Gewichtsabnahme ermöglichen, Folgeerkrankungen verhindern und die Lebensqualität verbessern. Sie machen aber eine intensive Nachsorge notwendig. Klingt für Marcus machbar. »Ich habe mich erst mal schlau gemacht, welche OP-Möglichkeiten es gibt«, sagt Marcus. Es gibt allerhand Zentren und Krankenhäuser, die sich auf die verschiedenen Möglichkeiten spezialisiert haben. Im Grunde sind es vier unterschiedliche Optionen.

Wenn ein Bypass gelegt wird, wird ein Teil des Magens zu einer Abkürzung umfunktioniert, welche die im jetzt kleineren Magen verarbeitete Nahrung erst weiter hinten in den Darm leitet. Die ersten eineinhalb Meter Darm werden sozusagen aus dem Verkehr genommen. Darunter genau das Teilstück, das viele Hormone steuert und deshalb unter anderem für den Appetit verantwortlich ist. Also: kleinerer Magen, weniger Appetit. Bingo!

Kleinerer Magen, weniger Appetit. Bingo!

Es gibt auch Magenballons, dafür braucht es aber keine OP, sondern die werden »leer« geschluckt und dann über einen Schlauch aufgepumpt. Der Ballon im Magen lässt nur wenig Platz für Essen. Nach ein paar Wochen beginnt er ganz von allein sich aufzulösen und wird ausgeschieden. Hört sich schnell und schmerzlos an, hat aber einen Riesennachteil: Der Magen dehnt sich aus. Wenn der Ballon weg ist, ist der Magen immer noch da – größer als je zuvor. Und sein Besitzer ist noch hungriger.

Dann ist da die Möglichkeit, den Magen mit einer Art Gürtel zusammenzuzurren. Klar: Wenn der Magen nicht mehr sackförmig ist, sondern so in Richtung Sanduhr geht, stellt sich das Völlegefühl schneller ein. Diese Magenband-OP wird heute aber nur noch selten angewendet. Ich stell mir das so wie bei einem Wasserballon vor: Du drückst in der Mitte ab, und oben oder unten bildet sich eine dicke Delle. Jedenfalls hat man festgestellt, dass die Patienten nach tollen Erfolgen in der ersten Zeit nach der OP insgesamt nur wenig Gewicht verlieren.

Aus der Pampelmuse wird eine Banane.

Bei der vierten Variante, der Schlauchmagen-Technik, werden ungefähr drei Viertel des Magens entfernt. Aus einer Pampelmuse wird eine Banane, um mal im Nahrungsmittelbereich zu bleiben. Kleinerer Magen, schnelles Sättigungsgefühl. Passt! Das ist die OP-Methode, für die sich Marcus entscheidet.

Und wie sieht es mit den Risiken aus? Mal abgesehen davon, dass es nie ganz ohne Schmerzen abgeht, kann bei jeder Operation mit Narkose was schiefgehen – aus Spaß legt man sich nicht unters Messer. Den Magen verkleinern lassen ist allerdings auch nicht gefährlicher als eine Gallenblasen-Operation. Weiteres Risiko: Nach geglückter OP kann es so wie bei allen Krankenhausaufenthalten zu einer Infektion kommen. Sollte nicht passieren, tut es aber manchmal. Probleme mit der Wundheilung sind eher selten, denn die Sache geht minimalinvasiv über die Bühne. So eine OP dauert keine zwei Stunden, und die Patienten und Patientinnen können das Krankenhaus schon nach ein paar Tagen wieder verlassen. Aber wenn ein

Jahr später nach großem Gewichtsverlust die Haut runterschlabbert, müssen die Hautfalten manchmal operativ entfernt werden. Das ist keine Beauty-OP, sondern notwendig, weil sonst dauernd was scheuert und sich entzündet. Und dieser Eingriff ist dann eine größere Sache. Mit langen Schnitten und Narben.

Du darfst auch nicht vergessen, dass es kein Zurück gibt. Du kannst nicht sagen: Jetzt will ich aber meinen alten Magen wiederhaben. Weg ist weg. Das ist nicht ganz ohne, denn mit verkleinertem Magen musst du ein Leben lang sehr gut aufpassen, was du isst, am besten mit professioneller Betreuung. Man kann eben nicht einfach mal so im Stoffwechsel eines Lebewesens rumfummeln. Nur ein Beispiel: Wenn du weniger Nahrung aufnimmst, kommen auch weniger Vitamine, Spurenelemente und so weiter rein. Und beim Bypass ist auch noch genau das Stück Darm aus dem Spiel genommen, das sonst einen Großteil des Eisens und anderer Stoffe aus der Nahrung aufnimmt. Da muss man gut aufpassen, dass nichts aus dem Ruder läuft. Es ist auch nicht so, dass jemand mit verkleinertem Magen essen kann, was er möchte. Die Diät muss zum Beispiel relativ eiweißreich sein. Das alles weiß Marcus. Und will es trotzdem durchziehen. Wohlüberlegt – darauf kommt es an.

Es gibt kein Zurück. Weg ist weg.

* * *

Ich selbst bin keine Grazie, hatte bis zu meinem 30. Lebensjahr um die 15 Kilo zu viel auf den Rippen. Durch Studium, viel sitzen, lesen, schreiben, lecker Pizza abends am Schreibtisch. So kommt über die Jahre eins zum anderen. Als ich mit 30 im Brautmodenladen war, um ein Kleid auszusuchen, kam die Verkäuferin mit einem Ornat in Größe 44 an. Ich war geschockt, weil ich mich nie für so umfangreich gehalten hatte. Okay, eine Waage gehörte bis dahin nicht zu meinem

Leben. Aber dass das Kleid noch eine Riesenschleife auf dem Hintern hatte, die das ganze Gerät möglichst ausladend wirken ließ, hat mir den Rest gegeben.

Damals habe ich die Notbremse gezogen. Ernährung umgestellt, Sport bis zum Umfallen, ich habe alles gewogen, was ich gegessen habe, anschließend mich selbst. Immer die Waage im Kopf, immer das Gewicht im Sinn. Hat mich zwei Jahre lang extrem auf Trab gehalten. Aber schon nach acht Monaten waren diese 15 Kilo weg und ich wog 68 Kilo bei einer Größe von 1 Meter 75. Es wurde ein schlichtes weißes, kurzes Kleid mit Hut. Größe 38.

Immer die Waage im Kopf.

Nie mehr dick werden, habe ich mir damals geschworen. Heute, zwanzig Jahre und zwei Kinder später, sind fünf Kilo wieder drauf. Das ist okay. Nach wie vor relativ viel Sport, auf die Ernährung achten, Größe 40, das finde ich in Ordnung. In erster Linie finde ich *mich* in Ordnung, das ist das Wichtigste. Das ist ein Gefühl, das Marcus lange nicht gekannt hat: Mit sich körperlich im Reinen zu sein, sich schön zu finden, zu akzeptieren, zu mögen, das ist so wichtig und es macht mich froh, dass er das jetzt fühlen darf.

Diesen Schlenker möchte ich machen: Gerade in einer Welt, in der die sozialen Medien einen körperlichen Perfektionismus hypen, der völliger Kappes ist, finde ich es extrem wichtig, sich nicht kirre machen zu lassen. Besonders für unsere Kinder. Gerade die Mädchen laufen Gefahr, sich an völlig untauglichen Maßstäben zu messen. Sie sind toll, egal wie sie aussehen. Ob der Hintern größer, der Busen kleiner, die Hüften breit oder schmal sind, die Nase gerade oder schief. Sie sind alle miteinander liebenswerte Menschen, mit Werten, Ansichten und Fähigkeiten, die man nicht anziehen oder aufschminken kann. Während ich das schreibe, habe ich große Sehnsucht, meine Tochter in den Arm zu nehmen und ihr an dieser Stelle zuzurufen: »Wir lieben dich, weil du ein Granaten-Mädchen bist.«

Diese Botschaft muss von uns Erwachsenen an die Kinder und Jugendlichen weitergegeben werden. Immer wieder. Bitte!

* * *

In Marcus' Fall geht es nicht um übertriebene Schönheitsstandards, sondern um die Gesundheit. Er recherchiert, welche Kliniken welche OPs machen und wie viel Erfahrung sie darin haben. Ganz schön clever! Für ihn ist die Erfahrung der Chirurgen ausschlaggebend: »Weil das ein Handwerk ist. Wer oft operiert, der ist sicher, der ist ein Guter.« Marcus entscheidet sich für eine Klinik in Recklinghausen. »Bei denen hatte ich das Gefühl, dass das ein sicherer Ort ist. Dass ich in den Händen von Profis bin.«

Jetzt muss er an den nächsten großen Klops ran: die Finanzierung. Die Kosten von Magen-OPs liegen zwischen 8.000 und 15.000 Euro. Kein Pappenstiel. »Es gibt wirklich Patienten, die sagen: Ich bezahle diesen Betrag selbst, den Ritt über die Krankenkasse tue ich mir nicht an«, weiß Marcus. Er selbst macht es anders. Entschließt sich auf Rat des Arztes für das multimodale Therapiekonzept. Heißt: Damit die Kosten übernommen werden, muss er binnen eines halben Jahres der Krankenversicherung nachweisen, dass er eine Ernährungs-, Bewegungs- und Verhaltenstherapie gemacht hat. Denn nur wenn die Patienten über längere Zeit wirklich mitziehen, *Marcus ist voll dabei.* können die Kassen davon ausgehen, dass es tatsächlich keine andere Alternative gibt und die Magen-OP auch nicht nach dem Motto laufen soll: »Hey Doc, mach mal!« Denn so viel ist sicher: Es geht um ein völlig neues Leben. Wer meint, er könne da einfach mal so reinspazieren, kommt gnadenlos ins Stolpern.

Marcus ist voll dabei. »Ich habe eine Ernährungsberatung gemacht, ein psychologisches Gutachten erstellen lassen, über die Sportwatch dokumentiert, dass ich sechs Monate lang regelmäßig

Sport gemacht habe. Und ich war in einer Selbsthilfegruppe.« Ein enormer Aufwand. Der aber zeigt, dass sein Wunsch nach Veränderung Substanz hat und er bereit ist, viel dafür zu tun. Jede einzelne Station bringt ihn näher an sein Ziel, dass sein Magen verkleinert wird. »Ich wusste, dass der Nutzen, den ich nach der Operation haben würde, den Einsatz, die Mühen, die Sorgen, die Kosten deutlich übersteigen wird.« Die Anforderungen sind kein Stöckchenspringen, sondern wirklich sinnvoll. »Besonders die fünf Sitzungen bei der Ernährungsberaterin haben mir unglaublich weitergeholfen. Der Dame bin ich bis heute sehr dankbar.«

Es geht um ein völlig neues Leben.

Bei der Selbsthilfegruppe ist Marcus anfangs voller Vorurteile. Dass er Lehrer ist, Schulleiter einer Förderschule im Kreis Kleve, macht ihm die Sache nicht leichter. »Als Lehrer habe ich tagsüber die Schüler vor mir, und dann sitze ich abends im Stuhlkreis und jammere darüber, wie schlimm alles ist?« Das kann er sich schlecht vorstellen. Und freut sich, dass es ganz anders kommt: »Die Selbsthilfegruppe war wirklich ein Gewinn.« Marcus besucht die Gruppe in Recklinghausen, eine der größten in NRW. Warum nicht die in seiner Heimatstadt? »Kann ich nur jedem empfehlen, der Wert legt auf Anonymität.« Ich nicke. Kann ich total gut verstehen. Mit einem persönlichen Problem in eine Gruppe zu geraten, bei der du Jan vom Meldeamt, Piet aus der Autowerkstatt und Klaas von der Käsetheke kennst, wär mir unangenehm. Der Gedanke, dass morgen vielleicht die ganze Stadt weiß, worüber geredet wurde, ist ein Abtörner. Dann lieber ins Unbekannte. Da haut Marcus wieder einen raus: »Am Parkplatz wusste ich sofort, wo ich hinmuss. Ich bin einfach dem Tross gefolgt, vorne durchs Foyer, und alle, die am Infostand saßen, die wussten sofort, wo wir hingehen. Das war so ein bisschen wie im Jurassic Park.«

Marcus merkt, dass sich schon im Vorfeld allerhand verändert in seinem Bewusstsein, in seinem Leben. Schon vor der OP wird er zum Transformer: »Man setzt andere Schwerpunkte, du veränderst dich.« Nach einem halben Jahr liefert er in Recklinghausen alles Geforderte ab. »Der Arzt hat das sehr wohlwollend und freudig zur Kenntnis genommen und die OP befürwortet.« Der Antrag auf Kostenübernahme wird gestellt und binnen 48 Stunden hat Marcus den Bescheid von der Krankenkasse: Zusage! Ein Jahr ist vergangen, seit Marcus vor dem zu engen Tisch auf dem Grachtenboot in Amsterdam stand. Ein Jahr, in dem unglaublich viel passiert ist. Er hat so viele Kräfte in sich mobilisiert, unterstützt von seiner Familie und von Freunden.

Jetzt geht's ans Eingemachte: Der OP-Termin wird vereinbart. »Vor der Operation durfte ich fast zehn Tage nichts essen. Nur trinken.« Wie diese Flüssigphase gehandhabt wird, ist von Klinik zu Klinik unterschiedlich. »Mein Operateur hat zehn Tage verlangt, damit die Leber entfettet und kleiner wird. Dann kann besser operiert werden und das Risiko ist kleiner.« Wieder was gelernt. Allein in diesen zehn Tagen verliert Marcus neun Kilo. »Aber in meiner Gewichtsklasse ist das so, als wenn ein LKW eine Zierleiste verliert.« Solche Sprüche fallen einfach aus ihm raus. Der Typ ist echt der Hammer.

Was passiert eigentlich bei der Operation? Ein Riesenschnitt quer über den Bauch, so habe ich mir das vorgestellt. Doch es sind nur fünf kleine Löcher, dann ist dieser kleine und doch so große Eingriff vorbei. »Ich habe mir diese OP wohl zwanzigmal vorher bei YouTube angeguckt. *Zweifel auf den letzten Metern.* Ich kannte jeden Handgriff. Vermutlich hätte ich sie sogar selbst machen können«, sagt Marcus und grinst übers ganze Gesicht. Er erzählt vom Aufwachen nach der Operation. Hunger? »Nee, mein erster Gedanke war: Ich habe überlebt«, sagt er sehr ernst. Narkoseangst hat er gehabt, sich gefragt, ob er wieder aufwacht. Ob alles gut geht. Zweifel auf den letzten Metern, doch Zuversicht und Mut überwiegen.

»Der erste Moment des Hungers kam erst eine knappe Woche später. Eine Woche lang hatte ich null Appetit, dann erst kam das Gefühl, ich könnte jetzt mal Nahrung aufnehmen.« Marcus' Magen hat vorher 4,2 Liter gefasst. Jetzt sind es nur noch 200 Milliliter. 200 Milliliter! Da muss ich gleich mal gucken, wie viel das ist. Ein kleines Trinkglas aus dem Küchenschrank. Das ist doch nix! Für einen Kerl wie ihn!»Stimmt!«, sagt Marcus. Anfangs trinkt er löffelweise ein Glas Wasser am Tag.»Nach einer Woche waren die großen Handicaps weg. Ich konnte wieder vernünftig trinken, durfte flüssige Sachen essen: Brühe, ganz dünne Joghurts. Ohne was drin.« Die Zeit im Krankenhaus ist nicht gerade ein Urlaub. Pandemie, kein Besuch. Er allein vorm Fernseher und guckt Kochsendungen.»Da hätte ich normalerweise Speicheleinschuss gehabt. Aber ich dachte bloß: Ist ja nur Essen.« Die Wundversorgung ist völlig unproblematisch. Aber weil der Bauch bei der OP mit Kohlendioxid aufgepumpt wurde, hat er in den ersten vier, fünf Tagen extreme Schmerzen. Jeder, der schon mal einen endoskopischen Eingriff hatte, kennt das. Schmerzen im gesamten Bauch, Oberbauch, in den Schultern. Geht weg, tut aber weh.

Geht weg, tut aber weh.

Als er eine Mindestmenge an Flüssigkeit aufnehmen kann, darf er nach Hause. Die ersten vier Wochen nach der Operation sind schwer. Marcus hat die Riesensorge, dass er zu viel isst und die Naht am verkleinerten Magen platzt. Er hat echt Schiss. Es ist auch alles so neu, so unbekannt. Der Mann, der früher beim Griechen ein Serviertablett mit fetttriefendem Essen verspachtelte, ist jetzt schon nach ein paar Happen Babynahrung satt.»Als ich das erste Mal in meinem Leben satt war von drei Teelöffelchen Möhren-Mix, habe ich wirklich gedacht, mein Magen reißt.«

Nach ungefähr sechs Wochen geht es mit seinem Wohlgefühl stetig bergauf, auf der Waage weiter bergab. 40 Kilo verliert er im ersten halben Jahr nach der Operation.»Das ging so rasend schnell, da konntest du daneben stehen bleiben und zugucken«, erzählt er von diesem völlig neuen Gefühl, diesem völlig neuen Erfolg. Zweimal in der Woche soll er sich wiegen, hat ihm die Ernährungsberaterin mit auf den Weg gegeben. Nicht öfter. Dass er feste Wiegetage bestimmen soll. Natürlich hält er sich anfangs nicht dran, weil die Kilos nur so wegfliegen und es so schön ist, das auf der Waage zu sehen.

Es ändert sich viel für Marcus. Endlich. Er achtet auf eine angepasste Ernährung mit viel Eiweiß und Gemüse. Er trinkt kein Bier mehr, weil ihm die Kohlensäure nicht bekommt. Stattdessen lieber mal ein Glas Wein. Den hat er früher nicht so richtig gemocht. Und er hat Schokolade für sich entdeckt. »Ich *Kleines Stück, viel Geschmack.* habe früher nie Süßigkeiten gegessen«, sagt er. Aber jetzt weiß er die Formel »kleines Stück, viel Geschmack« zu schätzen.

Auch für Dajana hat sich viel geändert. »Wir sind jetzt 25 Jahre zusammen«, sagt Marcus. »Und sie wollte 24 Jahre lang mit mir spazieren gehen.« Erst seit einem Jahr machen die beiden das. Ich sehe, wie sehr ihn das freut, stolz macht, seiner Frau diese Freude machen zu können. »Das war für mich völlig neu, dass Mobilität in den Tag reinkommt. Ich bin wesentlich aktiver geworden.« Jeden Tag fährt Marcus mit dem Fahrrad 25 Kilometer zur Schule. Pro Strecke. E-Bike, okay, aber Bewegung ist es allemal.

Was gehört noch zu seinem neuen Leben? »Sich neu einkleiden«, strahlt er wie aus der Pistole geschossen. »Nichts passte mehr, nur die Socken. Den Rest habe ich neu gekauft.« Sogar neue Schuhe musste er kaufen, er hat jetzt eine Nummer kleiner. Was ja finanziell kein Problem war, denn statt fetter Olympia-Platte beim Griechen reichten ihm nun zwei kleine Chicken-Nuggets.

Zehn Konfektionsgrößen ist er heute von seinem alten Leben entfernt. So große Dankbarkeit sehe ich in seinen Augen, als er rüberschaut zu seiner Dajana. »Sie hat die maßgebliche Rolle gespielt, hat alles mitgetragen, hat mich bombig begleitet auf dem Weg.« Bis heute ist er dankbar dafür, dass er von Menschen umgeben war, die alle gesagt haben: »Tu es, mach es!«

Marcus, seine Familie, seine Entscheidung, diesen Weg, der weiß Gott keine Kurzstrecke war, zu gehen: das sind echte Mutmacher. Hat er nie gehadert mit seiner Entscheidung zur OP? »Etwa sechs Stunden nach der OP, als die Schmerzmittel nachließen und ich da allein auf dem Zimmer war, das war schon scheiße, kann ich nicht anders sagen.« Aber unterm Strich? »Ich habe vor der OP zu mir gesagt: Marcus, Kerl, du hast so viele Dinge in deinem Leben gemacht. Das hier gehört jetzt nicht zu dem Schönsten in deinem Leben, aber sicherlich zum Wichtigsten.«

Nicht das Schönste. Aber das Wichtigste.

* * *

Heute passt Marcus in jeden Stuhl und geht in den Keller, ohne darüber nachzudenken, ob es auch wirklich nötig ist. Als er das sagt, denke ich: Klar! Das ist ja vorher ein Riesenakt gewesen, körperlich anstrengend. Wie dankbar können die sein, die treppauf, treppab hin und her unterwegs sind und erst abends merken, dass die Beine müde sind.

Ende gut, alles gut? Nicht ganz. »Zwölf Monate nach der OP war noch mal eine abschließende Untersuchung«, erzählt Marcus. »Die ist äußerst positiv verlaufen und ich habe das Etikett ›Musterschüler‹ bekommen. Wir Schulleiter mögen es ja, wenn wir auch mal Lob kriegen. Es hat ja auch alles super geklappt.« Marcus wiegt heute 132 Kilo. Sein Gewicht hat ein Plateau erreicht, weiter runter geht es nicht. Das ist normal. »Mein Magen ist operiert, aber nicht mein Kopf«, sagt Marcus. Er kann immer noch sündigen.

Die Erfahrung zeigt, dass nach einem Jahr die Tendenz wieder steigt. Denn der menschliche Körper ist nun mal darauf geeicht, möglichst viel aus der Nahrungsaufnahme zu machen. Nach ein paar Millionen Jahren Entwicklungsgeschichte, in denen es ein Vorteil war, Essen besonders gut verwerten zu können, hat sich der Körper eine Menge einfallen lassen, auch mit wenig Nahrung möglichst rund zu werden. »Ich habe für mich eine rote Linie gezogen«, sagt Marcus. »Und wenn ich die erreiche, werde ich wieder den Kontakt zur Klinik aufnehmen.«

»Mein Magen ist operiert, aber nicht mein Kopf.«

Und dann ist da noch die Sache mit der Resonanz auf seinen Gewichtsverlust. Marcus war Feuerwehrmann, hat Leben gerettet. Er ist Karnevalist und bringt Menschen zum Lachen. Er ist Lehrer und hilft Kindern auf ihrem Weg in ein selbstbestimmtes Leben. Aber bei all diesen Sachen hat nie jemand gesagt: Mensch, toll! »Und nur, weil ich jetzt so abgenommen habe, sagen alle: ›Boah, das ist aber geil, was du da geleistet hast!‹« Flächendeckendes, fast schon bejubelndes Feedback nennt er das. »Das kann doch nicht sein, dass das jetzt die größte Tat meines Lebens gewesen sein soll«, sagt Marcus. »Ich habe mich auf den Tisch gelegt, mich operieren lassen und 50 Kilo abgenommen.« Ich kann seine Nachdenklichkeit sehr gut nachempfinden. Im Ehrenamt Stunden kloppen, Menschen helfen, bekommt weniger Respekt als Gewichtsverlust.

Da ist was schief. Da sollten wir mal drüber nachdenken.

9

Wenn Lesen und Schreiben ein Problem ist

Klaudia überwindet ihre Scham

Es ist der Klassiker: Eine Frau sitzt im Foyer der Volkshochschule in Essen. Sie liest in einer der dicken Broschüren, die dort ausliegen. Schon lange. Der Mitarbeiterin am Empfang fällt das auf. Sie geht zu der Wartenden und sagt:»Ich weiß, warum Sie hier sind. Hier ist ein Zettel mit einer Telefonnummer. Die können Sie anrufen. Sie müssen keine Angst haben.« Die Wartende ist überrascht. Sie will wissen, warum denn die andere Frau zu wissen meint, was sie brauche. Da sagt die Dame vom Empfang ganz freundlich:»Sie halten die Broschüre falsch herum.«

Klaudia heißt die Frau mit der Broschüre. Sie war damals 31 Jahre alt und konnte kaum lesen und noch weniger schreiben. Dieser Moment in der VHS wurde ein Wendepunkt in ihrem Leben. Heute ist

>>Sie halten Ihr Buch falsch herum.«

sie 59, und ich bin sehr froh, sie kennenzulernen. Denn ich möchte mich bei *Steffis Mutmachern* gerne mit dem Thema Analphabetismus in Deutschland auseinandersetzen. Bei diesem Thema können meine Assistentin Dea und ich nicht darauf warten, dass uns jemand eine Mail schickt. Denn die Wahrscheinlichkeit, dass das jemand macht, der sich mit Lesen und Schreiben schwertut, ist nicht sehr groß.

Das ist einfach so. Bei manchen Themen kann ich nicht davon ausgehen, dass ohne eigenes Zutun ein Gesprächspartner auf der Bildfläche erscheint. Als ich zum Beispiel einen *Mutmacher*-Podcast zum Thema »Telefonseelsorge« machen wollte, war klar: Von allein werden sich Menschen, die diesen Job machen, kaum melden. Denn eine ihrer wesentlichen Eigenschaften ist ihre Diskretion. Sie sind ausgebildet, in einem geschützten Raum Gespräche zu führen. Zu diesem Schutz gehört, dass sich der Anrufer oder die Anruferin nicht mit vollem Namen vorstellen muss. Telefonseelsorger achten auch darauf, dass sie selbst anonym bleiben. Sonst hätten sie nie Feierabend.

Da kann man jetzt mal ganz locker den ganz großen Bogen schlagen von einem Radio-Podcast zu den ganz großen Lebensthemen: Manches im Universum bleibt im Verborgenen, wenn du nicht aktiv danach Ausschau hältst. Es ist *deine* Entscheidung, wie bunt dein Leben sein soll.

* * *

Ich muss also aktiv nach jemandem suchen, der anderen Mut machen könnte, auch im fortgeschrittenen Alter noch Lesen und Schreiben zu lernen. Ich wende mich an die Volkshochschule in Essen, weil ich weiß, dass dort Alphabetisierungskurse angeboten werden. Das darf man nicht verwechseln: Alphabetisierungskurse sind keine Sprachkurse. In Sprachkursen schreibst du dir Vokabeln auf, machst Hausaufgaben, liest die Übungsbücher und so weiter. Dagegen geht es in Alphabetisierungskursen darum, Gehirn, Auge und Hand überhaupt erst mal mit dem Erkennen und Wiedergeben von Buchstaben, Wörtern und Sätzen vertraut zu machen.

Manche Alphabetisierungskurse sind auf Menschen mit Migrationshintergrund zugeschnitten, die in ihrem Heimatland nie eine Schule besuchen durften und deshalb in ihrer Muttersprache das Lesen und Schreiben nicht gelernt haben. Wenn sie nach Deutschland

Alphabetisierungskurse sind keine Sprachkurse.

kommen, sind sie gleich doppelt aufgeschmissen. Denn sie leben dann in einem Land, dessen Sprache sie nicht sprechen, und noch dazu haben sie keine Chance, sich den Sinn der Zeichen auf den Fahrkartenautomaten, den Hinweisschildern in Ämtern und auf Stadtplänen zusammenzureimen. Es gibt aber auch Kurse für Leute, die Deutsch als Muttersprache beherrschen. Aber eben nur mündlich, nicht in Wort und Schrift. Nur mal so als Anhaltspunkt: Von allen Menschen in Deutschland, die keine oder nur sehr geringe Lese- und Schreibkenntnisse haben, spricht ungefähr die Hälfte Deutsch als Muttersprache. Die andere Hälfte ist mit einer anderen Sprache aufgewachsen. Von den deutschsprachigen gibt es einen Tacken mehr.

Meine Ansprechpartnerin bei der VHS in Essen freut sich über unser Interesse an dem Thema und hat auch gleich eine besondere Gesprächspartnerin im Sinn. Diese heißt Klaudia und hat sich mit viel Cleverness ein halbes Leben als Analphabetin durchgeschlagen. *Neun Jahre Schulpflicht – und trotzdem Analphabetin.* In der Schule musste sie viel leiden, im Job hatte sie Tag für Tag Angst, dass sie auffliegt und Arbeit, Freunde, Status verliert. Über zehn Jahre nach Beendigung ihrer Schulzeit wagte sie es, einen neuen Anlauf zum Lesen- und Schreibenlernen zu nehmen.

In Deutschland gibt es die Schulpflicht. Neun Jahre Minimum. Wie kann es sein, dass es Menschen gibt, die trotzdem auf der Strecke bleiben? Das kann doch echt nicht sein, dass jemand nach der neunten oder zehnten Klasse von der Schule abgeht und immer noch nicht lesen und schreiben kann, oder? Bei Klaudia war das so: Grundschule Ende der 60er-, Anfang der 70er-Jahre. Wer nicht mitkommt, hat verloren. Wer verloren hat, ist blöd. Wer blöd ist, tja, Pech gehabt. Stempel drauf und ab dafür. Pädagogisch unterirdisch. Und mit weitreichenden Folgen für Klaudia. »Bis ich einigermaßen lesen konnte, da war ich schon aus der Schule«, sagt sie. »Und schreiben konnte ich gar nicht.«

Kann heute nicht mehr passieren? Pustekuchen! Die verantwortlichen Stellen sind sich zwar des Problems bewusst geworden, aber trotz vieler Programme bekommen sie die Sache nicht so richtig in den Griff. Der IQB-Bildungstrend ist eine Studie, die regelmäßig das Können von Schülern überprüft. Manche Zahlen sind echt erschreckend: 2021 erreichten 18,8 Prozent der Viertklässler im Lesen noch nicht mal den Mindeststandard. Manche scheitern schon an der Aufgabe, ein längeres Wort vorzulesen. Andere können zwar Sätze Wort für Wort vorlesen, checken aber nicht, was sie da überhaupt gelesen haben. Fast jeder fünfte Schüler verlässt also die Grundschule und kann nicht lesen! Leute, das ist ein Riesenproblem! Auch mit Extra-Unterstützung werden sie in der weiterführenden Schule nicht mitkommen. Mit anderen Worten: Mit zehn Jahren sind sie schon weg vom Fenster.

Beim Schreiben sieht es noch heftiger aus. Da erreichen über 30 Prozent der Viertklässler nicht den Mindeststandard, weniger als die Hälfte schafft den Regelstandard. Und das liegt nicht nur an Corona und Flüchtlingswellen, der Trend weist schon seit vielen Jahren nach unten. Die bisherigen Bemühungen haben den Absturz der Zahlen nur ein bisschen abdämpfen können. Ob das an zu wenigen Lehrern für zu viele Schüler liegt? Daran, dass dauernd der Unterricht ausfällt? An der unsäglichen »Schreiben nach Hören«-Methode, die einige Jahrzehnte lang alle ganz toll fanden – »Frau Meier, wie wird das geschrieben?« Antwort: »Was *glaubst* du denn, wie das geschrieben wird?« – und die heute immer noch von einigen Lehrern und Lehrerinnen für gut gehalten wird, weil sie es so auf ihrer Uni gelernt haben?

Ich weiß das nicht. Darum sollen sich Fachleute kümmern. Ich weiß nur: Jedes Kind, das so wie Klaudia alleingelassen wird, ist eines zu viel.

Fast jeder fünfte Viertklässler kann nicht lesen.

* * *

Klaudias Geschichte hat viel mit Übelkeit zu tun. Ständigem Durchfall. Abgekauten Fingernägeln. Sie erzählt, dass sie fast jede Nacht Albträume hatte und oft ins Bett machte. Immer wieder Nasenbluten hatte. Die Angst vor der Schule war ihr ständiger Begleiter. Wenn sie

Schultage voller Demütigungen. einen Schultag voller Demütigungen hinter sich gebracht hatte, wusste sie genau: Morgen muss ich wieder hin! Und schon hing sie wieder über der Toilette.

Und immer diese Scham! Weil sie das, was die anderen scheinbar so leicht lernen, nicht kann. Auch später noch, als Klaudia erwachsen ist, eine Familie hat und Arbeit, schämt sie sich. Obwohl sie eine Frau ist, die sich nicht verstecken muss: weil sie doch so vieles kann. Anpackt und sich für keine Arbeit zu fein ist. Sie ist loyal und geradeaus. Sie kann alles. Nur nicht lesen und schreiben.

Aber der Reihe nach, wir sortieren. Und fangen bei der kleinen Klaudia an, die mit sechs Geschwistern in Essen aufwächst. Die Mutter ist Putzfrau, der Vater Hausmeister. Die Kinder spielen viel draußen, auch bei Regen. Dreckig, fröhlich, müde. So wie das früher eben war, als es noch keine Handys gab, auf denen stundenlang herumgedaddelt wird.

Nein, das soll hier keine »Früher-war-alles-besser«-Veranstaltung werden. Früher war mehr draußen. Und drinnen waren die Buchstaben. Mit denen Klaudia nicht klarkommt. Und keiner merkt es, keiner hilft. »Wir haben zu Hause nie Buchstaben geübt, diese Kreise malen, aus denen Buchstaben werden, wir haben keine Übungen gemacht.« Null Vorwurf an ihre Eltern. Die haben ihr Bestes getan. »Mama wusste, dass ich es nicht konnte, aber sie hat viel gearbeitet, hatte mit sieben Kindern so viel um die Ohren.« Und der Vater? »Papa hat es bis zum Schluss nicht gewusst.«

Zu Hause wird viel gespielt. Klaudia erzählt von Mensch-ärgere-dich-nicht, Mühle, Kartenspielen. »Und dieses Spiel mit dem Seil zwischen den Fingern.« Ich weiß genau, was sie meint, kenne sogar noch die Namen der Figuren, die man mit der Fadenschlaufe bildet – Eiffelturm, Maus und Diamant ... Aber wie das heißt? »Es gab auf jeden Fall keine Bücher bei uns zu Hause«, sagt Klaudia. »Es wurde nicht gelesen. Auch nicht vorgelesen.« Die Arbeitsteilung war klar: In der Schule wird gelernt, zu Hause wird gespielt.

Wie ist das heute? Viele Kinder üben zu Hause mit den Eltern und können ihren Namen und andere Wörter schreiben, bevor sie überhaupt eingeschult werden. Und die Lehrer und Lehrerinnen sind auf Zack. Wer nicht mitkommt, wird gefördert. Es gibt Ergotherapie, wenn ein Kind den Stift nicht richtig hält. Konzentrationstherapie, wenn es dem Kind schwerfällt, bei der Sache zu bleiben, Psychotherapie bei Verhaltensauffälligkeiten ... Es ist natürlich super, dass es das alles gibt. Aber zwischendurch mal auf einen Baum klettern, Blumen pflücken, mit dem Hund rennen – für manche Kinder wär das Therapie genug, glaube ich. Klingt vielleicht frech, aber so sehe ich das.

Klaudia wäre als Kind ein glasklarer Förderfall gewesen. Ein individueller Blick auf das, was sie kann, und das, wo sie nicht mitkommt, hätte ihr sehr geholfen. »Förderunterricht?«, fragt sie. »Da habe ich nie etwas von gehört. Das kannten wir in der Schule gar nicht.« Bei Klaudia ist es, wie ich finde, besonders schlimm: Weil sie nicht lesen und schreiben kann, wird sie in der Schule blöd genannt. Nicht nur von den Mitschülern, auch von den Lehrern. »Das Wort habe ich gehasst«, sagt Klaudia. »Jedes zweite Wort war immer: Mann, was bist du doof, was bist du blöd!«

»Was bist du doof! Was bist du blöd!«

Die zweite Klasse muss sie zweimal wiederholen. »Die Hölle doppelt«, sagt Klaudia. »Ein Albtraum!« Wären die Lehrer damals so geschult gewesen wie heute, hätte sie wohl ohne Angst, Erbrechen, Durchfall, Nasenbluten in die Schule gehen können. Ausgeschlafen und mit kindlicher Neugier. Es war ihr nicht vergönnt.

Die Wiederholungen der zweiten Klasse bringen nicht den gewünschten Erfolg. Nächste Station: Sonderschule. »Ich habe so geweint! Aber es hat nichts geholfen, ich musste da hin.« Dabei gibt es so viele Dinge, die Klaudia in der Schule richtig gut kann: »Alles, was mit Sport, Werken, Handarbeiten, Kochen zu tun hatte, war so schön!« Als Klaudia das sagt, habe ich einen Kloß im Hals. Weil ich ihr Leid so gut nachempfinden kann. Irgendetwas in ihr wehrt sich und sagt: Ich bin doch nicht dumm! Aber niemand sieht das.

Mutig, klug, beharrlich und empathisch. Wie verloren und allein muss sie sich gefühlt haben! Wie ungerecht behandelt! Ich sehe Klaudia als erwachsene Frau vor mir. Trotz aller Nackenschläge, die das Schicksal ihr mitgegeben hat, ist sie mutig, klug, beharrlich, empathisch. Hat sich trotz schlechtester Startbedingungen aus eigener Kraft im Leben behauptet. Und dieser wunderbare Mensch wurde als Kind in die Sonderschule abgeschoben! »Ohne in irgendeiner Form getestet worden zu sein«, sagt Klaudia. Einfach Haken dahinter, ab dafür. Schulsystem 1969. Herzlichen Glückwunsch!

Mit den anderen Kindern in ihrer neuen Klasse versteht sie sich gut. Sie helfen einander. Wenn der eine was nicht kann, springt der andere ein. Klaudia ist beliebt, lernt ihre Freundin Ramona kennen. Bis heute sind die beiden eng. »Wir haben beide versucht, von dieser Schule runterzukommen. Ramona hat sich da zu Tode gelangweilt. Aber: keine Chance.« Wenn es Zeugnisse gibt, ist Klaudia besonders niedergeschlagen. Denn obendrauf steht extragroß und extrafett: »Schule für Lernbehinderte«.

Ihr Selbstwertgefühl ist im Keller. Verzweifelt hockt sie immer wieder stundenlang vor dem Lehrbuch mit den Buchstaben und weiß nicht, was sie tun soll. Diese Zeichen sagen ihr einfach nichts. Auch die Sonderschullehrerin hält Klaudia für störrisch, willenlos und dumm. »Doof geboren …«, sagt die Pädagogin vor versammel-

ter Klasse. »Hat keinen Zweck, die ist blöd, da kannste nix machen.«
Empathie? Sechs. Setzen! Schade, dass es keine Sieben gibt.

* * *

Mit 16 steht für Klaudia der Eintritt ins Arbeitsleben bevor. Erst später wird sie aus eigenem Antrieb ein wenig Lesen lernen, sodass sie sich Wort für Wort einfache Sätze zusammenflicken kann. Aber zum Ende der Schulzeit kann sie das noch nicht. Auch mit dem Schreiben ist es bisher nichts geworden.

Klar, nicht alle Schulabgänger können gleich gut lesen und schreiben. Nicht alle haben Spaß daran, Tolstois *Krieg und Frieden* mit über 2.000 Seiten zu lesen oder eigene Geschichten zu schreiben. Aber wenn Schüler ins Leben entlassen werden, sollten sie in ihren Lese- und Schreibfähigkeiten zumindest so weit sein, dass sie nicht aus der Gesellschaft ausgegrenzt sind. Denn das bist du, wenn du keine Fahrpläne lesen kannst, wenn du keine Ahnung hast, was in dem Arbeitsvertrag steht, den du unterschreiben sollst, wenn du am Bankschalter immer Gebühren zahlen musst, weil du dir beim Ausfüllen von Überweisungsträgern von den Angestellten helfen lassen musst, wenn du ratlos vor den Blättern in der Klemmmappe sitzt, die dir die Arzthelferin zum Ausfüllen in die Hand gedrückt hat, wenn du im Reisekatalog zwar schöne bunte Bilder siehst, aber nicht weißt, wohin genau die Reise überhaupt geht. Im Straßenverkehr schaffst du es noch, das Stoppschild richtig einzuordnen. Aber wenn du wissen musst, ob das Schild Oer-Erkenschwick oder Castrop-Rauxel anzeigt, bist du geliefert.

Wenn du nicht weißt, wohin die Reise geht.

Warum ist Klaudia durchs Raster gefallen? Pech ist wohl nicht der richtige Ausdruck, denn das hat mit unabwendbarem Schicksal zu tun. Versagt haben nicht die Eltern, auch wenn's schön gewesen wäre, sie hätten mehr Zeit gehabt. Aber bei sieben Kindern kann schon mal was untergehen. Nein, versagt haben die Lehrer und Lehrerinnen. Die Schulleiter. Das gesamte Schulsystem.

Irgendwann kommt die Berufsberatung in Klaudias Klasse. In der Schule für Lernbehinderte hört sich das so an: Dies könnt ihr nicht. Und das könnt ihr auch nicht. Weil ihr das nicht schafft. Das ist zu hoch für euch. Das ist nichts für euch.

Klaudia bleibt stumm. Nur die Mutter weiß vom Berufswunsch ihrer Tochter: Soldatin. »Ich kann zwar nicht lesen und schreiben, aber ich kann mein Land verteidigen«, denkt Klaudia. Dem Berufsberater sagt sie das erst gar nicht, denn sie glaubt: Auch Soldaten müssen lesen und schreiben können. Sie kann sich auch vorstellen, Polizistin zu werden oder was mit Tieren zu machen. Tierärztin wäre ein Traum. Aber auch da sagt sie sich: Vergiss es! Der Zug ist für sie abgefahren. Mit 16.

Der Zug ist für sie abgefahren. Mit 16.

Klaudia schaut mich mit großen Augen an, als sie mir das erzählt. Das Aller-allerletzte auf meiner eigenen Berufswunschliste wäre Soldatin gewesen. Aber zu Klaudia passt das, so weit kenne ich sie nun schon. Auch als Polizistin, Tierärztin oder Tierarzthelferin kann ich sie mir gut vorstellen. Andere verteidigen und beschützen, helfen und heilen. Was für ein wundervoller Mensch sie ist!

Die Berufsberatung ist nur der passende Schlussakkord zu Klaudias Schullaufbahn. Sie verlässt die Sonderschule mit dem tief verinnerlichten Glaubenssatz: Kannst nix, bist nix, wirst nix. Als Schülerin hatte sie immer Angst vor der Schule. Als sie diesen Teil ihres Lebens endlich hinter sich hat, tritt eine neue Angst an die Stelle der alten: irgendwann auf der Straße zu enden.

Klaudia fängt nach der Schule als Hilfsarbeiterin in einer Fabrik an. Eine Freundin, die in dieser Fabrik arbeitet und später auch ihre Schwägerin wird, vermittelt ihr den Job als Kabelwicklerin. Da sie von Klaudias Lese-Schreib-Debakel weiß, schmieden sie einen Plan. Zum Einstellungstermin wickelt sich Klaudia einen Verband um die Hand und sagt, dass sie sich verbrannt habe. Die Freundin füllt alles für sie aus, Handschlag, Job klar, es kann losgehen. Klaudia steht mit 17 in einer großen Fabrikhalle, in der an sechs Bändern Bauteile von elektrischen Geräten geprüft und montiert werden.

17 Jahre ... Lass uns bei diesem Alter kurz bleiben. Was hast du gemacht mit 17? Was hast du bis dahin erlebt? Was waren deine Träume? Ich bin mit 17 mit meinem Pferd übers Stoppelfeld galoppiert, geradewegs auf meinen Traumberuf zu: Journalistin. Als freie Mitarbeiterin habe ich mir bei einer Zeitung ein paar Mark dazuverdient. Für mich lief es wie auf Schienen. Und für Klaudia? Sie hat mit 17 eine megamiese Schulzeit hinter sich und steht in einer Maschinenhalle am Band. Mit der Aussicht, das noch bis zur Rente zu tun. Wenn sie Glück hat. Denn Tag für Tag hat sie Schiss, dass sie als Analphabetin auffliegt und deshalb ihren Job verliert. Für sie fühlt es sich an, als stünde ihr Leben ständig auf der Kippe. Und für mich fühlt es sich gerade so scheiße unfair an. Dies ist einer der Momente, in denen mir klar vor Augen steht, dass ich einfach viel Glück hatte. Einer der Momente, »Danke« zu denken.

Hiermit passiert.

Einer der Momente, Danke zu sagen.

* * *

Klaudia bedient fortan Maschinen und bestückt Bänder, repariert Lockenstäbe und Föns, prüft nach, ob die Heizelemente in Ordnung sind. Macht alles, was für eine ungelernte Hilfskraft so anfällt. Sie ist neugierig, offen, lernt flott. »Durch Abgucken, wie die anderen es machen«, sagt sie. Das hatte schon in der Schule funktioniert. Sie macht ihre Arbeit echt gut. Hat einen Blick für die Produktionsabläufe, ein Gefühl für die Maschinen, spürt, wenn etwas nicht stimmt, noch bevor eine Warnlampe Alarm schlägt. Klaudia kann das alles, weil höchste Aufmerksamkeit von klein auf zu ihren Überlebensstrategien gehört.

Zu dieser Aufmerksamkeit gehört auch, auf die Eigenheiten und Vorlieben ihrer Vorgesetzten und Teamkolleginnen zu achten. »Ich hab immer genau zugehört«, sagt sie. Klaudia schnappt vieles auf. Von einer der Bandleiterinnen weiß sie zum Beispiel, dass sie gerne in ihrem Garten arbeitet. Also schenkt Klaudia ihr Setzlinge und den Ratschlag, wie und wo man sie am besten einpflanzt, gleich mit dazu. Das macht sie, weil sie ein netter Mensch ist. Aber auch, um Pluspunkte zu sammeln. »Ich hatte die tollsten Ideen, damit bloß niemand auf die Idee kommt, mich etwas schreiben zu lassen«, sagt sie. Nicht gerade logisch, aber wenn du in Angst lebst, versagt jede Logik. Mit ihrem Wissen schafft sie sich in einem angstmachenden Umfeld kleine Inseln der Sicherheit. Und die braucht sie, um die Tage zu überstehen.

Kleine Inseln der Sicherheit.

Einige im Kollegenkreis vermuten, Klaudia leide unter Bulimie. »Weil ich so dünn war. Ich habe mich ständig übergeben vor Angst, dass es rauskommt.« So wie schon in der Schule hat sie permanent Durchfall. Ihr Körper, ihre Seele sind im Dauerstress. Nach außen hin ist alles fein. Klaudia kommt gut an in der Firma und wird bald sogar gefragt, ob sie nicht zur Montiererin aufsteigen will. »Weil du alles so perfekt kannst«, sagen ihre Vorgesetzten. Wie stolz das Klaudia damals gemacht haben muss! Es ist ein völlig neues und wunderbares Gefühl, anerkannt und gelobt zu werden. Doch hinter dem hellen Licht verbirgt sich ein schwarzes Loch: Montiererinnen müssen schreiben können! In ihrer neuen Funktion muss sie zum Beispiel Wörter wie »Rückwärtsläufer« oder »Glüher« auf kleine, eckige Aufkleber schreiben. Für Klaudia ist das eine Katastrophe.

Sie sagt ihrer Chefin, sie sei zu dumm für die besser bezahlte Arbeit als Monteurin. Die erwidert aber nur: »Alle, aber nicht du.« Weil die Vorgesetzte nicht lockerlässt, meldet sich Klaudia am nächsten Tag krank. Hilft alles nichts. Ohne reinen Tisch zu machen, kann Klaudia ihre Beförderung nicht abwenden. Sie wird Montiererin. Und »Glüher« wird ihr Spezialwort. »Wie oft ich versucht habe, das zu schreiben!«, sagt sie. Stundenlang übt sie zu Hause dieses Wort. Glüher, Glüher, Glüher … »l« vergessen, »e« fehlt. Es ist die Pest.

»Alle, aber nicht du!«

Wieder versucht sie, sich durch den Austausch von Gefälligkeiten über Wasser zu halten. Wenn es was zu schreiben gibt, bittet sie eine Kollegin, das für sie zu erledigen. Im Gegenzug hilft sie später bei was anderem. Eine Hand wäscht die andere. Aber sie muss vorsichtig sein. Der Oberchef hat von seinem Büro im ersten Stock durch große Panoramafenster freien Blick auf die Werkhalle. Klaudia wartet also, bis der Chef zur Toilette muss und fragt dann erst um Hilfe. Immer neue Ausreden müssen ihr einfallen. Mal sagt sie, sie könne gerade schlecht sehen, mal gibt sie vor, sich die Hand verknackst zu haben. Ihre Vorwände werden immer fadenscheiniger. Einige Kolleginnen ahnen was. Die Betriebsrätin ist schon misstrauisch geworden, sagt aber noch nichts. Und der Chef hat's auch auf dem Zettel. Die Luft wird für Klaudia immer dünner. Wenn sie nur dran denkt, dass sie geoutet wird, bekommt sie sofort einen Brechreiz.

Es kommt, wie es kommen muss. Der Albtraum-Tag ist da. Die Betriebsrätin bittet Klaudia zum Gespräch. Sagt, dass die Bandleiterin und auch der Vorarbeiter gemerkt hätten, dass was nicht stimmt. Aber dass sie auf jeden Fall zuerst mit Klaudia selbst sprechen möchte. Feine Geste, finde ich. Dafür gibts einen Empathiepunkt. Klaudia versucht noch, sich aus der Affäre zu ziehen. Dann kommen Bandleiterin und Vorarbeiter zum Gespräch dazu. Klaudia ist in Panik. Sie ist es gewohnt, wegen ihres Nicht-schreiben-Könnens herabgewürdigt zu werden. Sie hat ihr Leben darauf aufgebaut, es zu verheimlichen. Kein Wunder, dass sie nicht erkennen kann, dass die Leute ihr nichts Böses wollen. Sie versucht es mit Angriff: »Kommen noch mehr? Dann ist der Saal gleich voll.« Aber die Betriebsrätin lässt sich nicht ablenken. Sie will Klartext reden. Klaudia meint, mit dem Rücken an der Wand zu stehen und schmeißt die Flinte ins Korn. Das war's! Sie bittet um ihre Papiere, um die Kündigung – und ist völlig überrascht von der Reaktion der anderen: »Warum sollten wir dir kündigen? Dich will hier niemand rausschmeißen. Aber sag mal: Kann es sein, dass du gar nicht schreiben kannst?«

Klaudia bleibt. Statt Häme und Spott erlebt sie Verständnis und Hilfsangebote. Eine Riesenlast fällt von ihren Schultern. Sie wird in die Verpackungsabteilung versetzt, wo sie die Paletten bestückt und Kartons stempelt. Weil sie auswendig weiß, was auf den Stempeln steht, kann nichts schiefgehen. Es ist eine Befreiung. Klaudia ist weiterhin eine zuverlässige Stütze des Betriebs. Ihrer Firma gegenüber empfindet sie bis heute eine große Dankbarkeit.

Es ist eine Befreiung.

* * *

Mit 19 lernt Klaudia ihren späteren Ehemann und heutigen Ex-Mann kennen. Der weiß von ihrem Defizit. Die beiden ziehen zusammen, planen eine Familie. Den Mut, grundlegend an das Schreib-Lese-Thema ranzugehen, aktiv etwas zu ändern, findet Klaudia allerdings noch nicht. Erst mal steht was anderes auf dem Programm. »Ich wollte immer Kinder haben«, sagt Klaudia. Mit 28 Jahren wird sie Mutter. Das Leben ist so schön! Liebe: läuft. Familie: läuft. Arbeit: läuft. Alles im Lot.

Sie setzt alles daran, dass ihre Tochter noch im Kindergartenalter lesen und schreiben lernt. »Ich habe mir fest vorgenommen: Sobald mein Kind einen Stift festhalten kann, wird gemalt, werden Kreise gezeichnet.« Mutter und Tochter singen endlos Buchstaben- und Zahlenlieder, denn das Kind soll noch vor der Einschulung das Alphabet vorwärts und rückwärts aufsagen und mit Zahlen bis hundert rechnen können. *Liebe: läuft. Familie: läuft. Arbeit: läuft.* Puh! Da erschrecke ich. Ich kann gut verstehen, dass Klaudia Sorge hat, dass ihr Kind in der Schule dasselbe durchmachen muss, was sie selbst erlebt hat. Aber man kann des Guten auch zu viel machen, oder? Klaudia winkt ab: »Wir haben das immer spielerisch gemacht, nie mit Druck.«

Klaudia hat große Sorgen: Wenn ihre Tochter das erste Schuljahr hinter sich hat, wird sie ihre Mutter überflügelt haben. Dann wird Klaudia ihrem Kind nicht mehr helfen können. Will sie aber. Die Liebe zu ihrer kleinen Tochter gibt ihr die Kraft, nach Unterstützung Ausschau zu halten.

Und da sind wir bei der Situation, mit der dieses Kapitel begonnen hat: Eine Frau sitzt klatschnass geschwitzt und voller Scham mit einem kleinen Kind im Foyer der Volkshochschule. Sie hat in Erfahrung gebracht, dass es da Angebote gibt. Aber sie traut sich nicht zu fragen. Es zerreißt sie fast zwischen Wollen und Weglaufen. »Wir sind da immer rein und raus, bis meine Tochter fragte, was wir eigentlich wollen: rein oder raus?« Sie muss lachen, als sie das erzählt.

Schließlich wagt sie es, sich ins Foyer zu setzen. Zum Luftholen, Mutfassen. Sie nimmt die Broschüre in die Hand. Falschrum. Und dann hilft ihr die freundliche Dame vom Empfang über die Schwelle. »Ich möchte diese Frau bis heute umarmen und küssen«, sagt Klaudia. »Ihr verdanke ich alles.« Leider hat sie nie rausbekommen, wie die Dame hieß. Hier gibt es von mir gleich den zweiten Empathiepunkt in dieser Geschichte. Mit wie wenig man einem Leben eine Wendung geben kann! Nur eine kleine Geste, ein Augenblick des Verständnisses, ein gutes Wort – und das Leben eines anderen bekommt eine Chance auf Heilung. Kostet einen wenig bis gar nix. Macht man trotzdem viel zu selten.

Die nette Dame vom Empfang macht es goldrichtig. Sie sagt nicht: »Gehen Sie mal in den zweiten Stock, Zimmer soundso«, und auch nicht: »Sie brauchen keine Angst haben. Der Kursleiter ist echt nett.« Nein, die Brücke, die sie Klaudia baut, ist noch viel leichter zu überqueren: Sie gibt ihr eine Telefonnummer, die sie von zu Hause aus anrufen kann. Sagt, dass sie keine Angst, keine Scham haben muss, dass das alles so in Ordnung ist. »Sie können da auch hundertmal anrufen und wieder auflegen, keiner wird Ihnen böse sein«, sagt sie. Das ermutigt Klaudia und sie macht es tatsächlich so: Sie ruft an, legt auf. Ruft an, legt auf. Zigmal. »So oft, dass ich die Stimme des Mannes schon kannte, der bei der Alphabetisierungsstelle gearbeitet hat.« Irgendwann sagt diese Stimme unaufgefordert: »Kommen Sie einfach vorbei. Wir treffen uns unten im Flur, wenn Sie Angst haben, raufzukommen.« Empathiepunkt Nummer drei.

Klaudia fasst all ihren Mut zusammen und geht hin. Und erlebt endlich in ihrer langen Geschichte professionelle Aufmerksamkeit, Zugewandtheit und Interesse. Aus alter Gewohnheit fürchtet sie, dass der Mann mit dem weißen Bart sie beschimpft: »Was bist du blöd!« Aber die Unterhaltung verläuft ganz anders. Zuerst sprechen sie über ganz alltägliche Dinge. Über Sport zum Beispiel. Da kann Klaudia mitreden. Langsam fasst sie Vertrauen. Nein, dieser nette, verständnisvolle Mann wird sie nicht abkanzeln. Klaudia fühlt sich gut aufgehoben und ermutigt. Nun kann sie es endlich angehen: Lesen und Schreiben lernen.

Heute ist Klaudia 58. Sie kann kurze, einfache Sätze lesen und schreiben. Sie schreibt Einkaufszettel, sie schreibt WhatsApp-Nachrichten, informiert sich auf dem Tablet über tagesaktuelle Neuigkeiten. Aber wenn die Sätze komplizierter werden, kommt der Kopf nicht mehr mit. Es ist wie mit dem Autofahren. Wenn du es früh lernst, denkst du irgendwann gar nicht mehr nach, dass du jetzt kuppelst oder Gas gibst. Wenn du es aber erst mit dreißig, vierzig lernst, wird es immer anstrengend bleiben. Lesen kann sie immer noch besser als schreiben. »Bei dem Wort ›Fleisch‹ vergesse ich immer das L«, sagt sie. Schwamm drüber. Im Supermarkt kennt sie sich ohnehin aus. »Ich weiß genau, was wo drin ist. Aber man muss echt auf Zack sein, weil sich die Verpackungen ja oft ändern.«

Und weil sie eine Macherin ist, unterstützt sie heute Menschen, die in der gleichen Situation sind, wie sie es damals im Foyer der Essener Volkshochschule war: meisterhaft darin, sich durchzuschummeln, und müde von den Anstrengungen, die das mit sich bringt. Klaudia ermuntert sie, noch mal einen Anlauf zu nehmen, Lesen und Schreiben zu lernen. Damit das Leben leichter wird. Und damit ihnen genau das erspart wird, was Klaudia widerfahren ist: von jemandem betrogen und wie eine Weihnachtsgans ausgenommen zu werden. Von jemandem, dem sie alles, was mit Lesen und Schreiben zu tun hat, überlassen hat. Von einem, dem sie zu hundert Prozent vertraut hat. Von ihrem Ehemann.

Damit das Leben leichter wird.

* * *

Weil Klaudia keine Ahnung von Bankgeschäften hat, übernimmt ihr Mann von Anfang an die Finanzen der Familie. »Er hat immer gesagt: Ich mach die schriftlichen Sachen, du die anderen«, sagt sie. Eine eigene EC-Karte hat Klaudia nicht. Wenn sie Geld braucht, bekommt sie welches von ihrem Mann. Der lässt sie auch Verträge unterschreiben, von denen sie nicht weiß, was da drinsteht. Sie ahnt nicht, dass ihr Mann es so dreht, dass sie allein für dessen Anschaffungen geradesteht. »Wir waren verheiratet«, sagt Klaudia. »Ich habe geliebt, ich habe vertraut.« Das geht viele Jahre so. Klaudia merkt nicht, dass sie ausgenutzt wird.

Als ihre Tochter bei einem Rechtsanwalt und Notar in der Ausbildung ist, fragt sie ihre Mutter, ob sie mal in die Ordner gucken darf, die da im Schrank stehen. Klar, darf sie. Klaudia hat alle Verträge, Unterlagen, Belege säuberlich abgeheftet. Ohne jemals nachzuprüfen, was drinsteht.

»Ich habe geliebt. Ich habe vertraut.«

Die Tochter fragt: »Mutti, was zahlst du da eigentlich immer ab?« Und Klaudia weiß gar nicht, wovon sie redet. Die Unterschriften unter den neuesten Kreditverträgen sind nur auf den ersten Blick ihre. Sie sind vom eigenen Ehemann gefälscht. Hat er sich nicht mehr getraut, die Verträge von seiner Frau unterschreiben zu lassen, seit sie ganz passabel lesen kann? Es ist ein Schlag in die Magengrube. Das tut so unendlich weh! Viele Jahre hat sie die ständig kaputten Autos und andere »Kleinigkeiten« ihres Mannes bezahlt. Klaudia stellt ihn zur Rede. »Dann fing er noch an, mucksig zu werden«, sagt sie.

Sie trennt sich von dem Mann, der ihr so übel mitgespielt hat, und beginnt, ihre Schulden abzustottern. Klaudia arbeitet als Putzfrau in Privathaushalten. Morgens, mittags, abends, bis spät in die Nacht. Zwölf Stunden am Tag in mehreren Jobs. Morgens um 5.30 Uhr geht es los, dann schlafen ihre Auftraggeber noch. Sie macht ihnen Frühstück und bringt deren Haus auf Vordermann. Alles tipptopp und superschnell.

»Ich hatte ja schon immer einen Putzfimmel«, grinst Klaudia. »Ich mache echt gern sauber.« Na, mein Fall wäre das nicht. Von Putzfimmel kann bei mir keine Rede sein. Aber dass Putzfrau ein guter Job sein kann, kann ich verstehen. Schon allein, weil man nach getaner Arbeit sieht, dass man was geschafft hat. Kann ich als Radiomoderatorin nicht unbedingt von mir sagen.

Klaudias Gründlichkeit kommt ihr zugute. Und ihr Pragmatismus, ihre offene Art. »Eine Frau wie dich haben wir noch nie kennengelernt«, sagen ihre Auftraggeber und Auftraggeberinnen. Sie hat die Schlüssel der Häuser, alle vertrauen ihr. »Sie haben noch nicht mal den Schmuck in den Safe gelegt, wenn ich kam. Nichts haben sie weggelegt, gar nichts.« Klaudia wird wärmstens weiterempfohlen, arbeitet auch spätabends, wenn ihre Kunden Empfänge geben. Manchmal muss sie reinen Tisch machen. »Ich habe gesagt: Wissen Sie was, Frau XY, ich kann weder lesen noch richtig schreiben. Falls jemand eine Adresse hinterlassen will, ich kann es nicht aufschreiben. Da ist die fast aus den Socken gefallen.« Auch jetzt macht Klaudia die Erfahrung, dass sie keine Angst haben muss. Dass sie nicht lesen und schreiben kann, macht die Menschen betroffen. Nicht sauer. Niemand kündigt ihr. Was zählt, sind Vertrauenswürdigkeit und Zuverlässigkeit, Anpackenkönnen und Sorgfalt. »Klaudia, wir werden dich ganz bestimmt nicht entlassen. Niemals.« Sätze wie diese sind Balsam für Klaudias Seele.

Es dauert lang, bis Klaudia den Schuldenberg abgetragen hat. »Ich hätte heute zwei Häuser, so viel Geld habe ich verdient«, sagt sie. Aber auch hier: kein Gram.

Balsam für Klaudias Seele.

Das fällt mir auf bei den Mutmachern, die ich bisher kennenlernen durfte. Manchen von ihnen ist echt übel mitgespielt worden. Entweder vom Leben oder ganz gezielt von böswilligen Menschen. Aber keiner von ihnen ist nachtragend. Mutmacher leben nicht in der Vergangenheit, sie schauen nach vorne. Sie krempeln die Ärmel hoch und sagen: »Okay. Hier stehe ich jetzt. Wie soll's weitergehen?« Rachefantasien für Heiratsschwindler, kontrollsüchtige Stalker und Piloten, die ihr Flugzeug abstürzen lassen und Hunderte Menschen mit in den Tod reißen, sind vielleicht manchmal nötig, um Druck abzulassen. Aber sie sind reine Energiefresser.

* * *

Nach der Trennung von ihrem Mann bleibt Klaudia nicht lange allein. Eine Arbeitskollegin macht sie mit einem Freund bekannt und es funkt zwischen den beiden. Seit neun Jahren sind sie ein Paar. Ihr neuer Partner ist Diplompädagoge. »Der hat das studiert«, lacht sie. »Der weiß genau, wie er mit mir umzugehen hat.«

Klaudia arbeitet heute bei der Stadt Essen und ist glücklich. Ihr Glück will sie teilen. Deshalb hat sie sich zur Mentorin ausbilden lassen. Sie weiß, wie Menschen ticken, die sich ein Leben lang durchmogeln mussten, weil sie in der Schule im Stich gelassen wurden. Sie ist ja eine von ihnen. Sie hat erlebt, wie Angst und Scham ein Leben bestimmen können. Vor vielen Jahren haben die freundliche Dame am Empfang der Volkshochschule und der rücksichtsvolle Leiter des Alphabetisierungskurses ihr geholfen. Heute ist sie es, die Menschen Mut macht, das Versäumte nachzuholen.

Manchmal kommen die Menschen zu ihr. Manchmal trifft sie aber auch zufällig auf jemanden, der keinesfalls auffallen will. Sie kennt ja die Anzeichen und Ausreden genau. Da ist der Kollege, der Papiere *Niemanden vorführen, niemanden verpetzen.* immer in die Tasche steckt und sagt, er würde das später lesen. Oder das Vereinsmitglied, das ständig einen Krampf in der Hand hat, wenn die Unterschriftenliste herumgeht. Oder die Frau mit dem Ehrenamt, die schon zum vierten Mal ihre Brille zu Hause vergessen hat und deshalb kein Protokoll führen kann.

Klaudia führt niemanden vor, verpetzt niemanden. Aber sie bietet ihnen an, ihnen unter die Arme zu greifen, ihnen ihre Angst zu nehmen. »Nicht lesen und schreiben können ist keine Schande«, sagt sie. »Ganz im Gegenteil.« Stimmt. Wenn sich jemand schämen soll, dann ist es die Gesellschaft, in der so viele Analphabeten so große Anstrengungen unternehmen, irgendwie mitzuschwimmen, ohne aufzufallen.

Und nun noch ein Paukenschlag zum Schluss: Die Chance, dass Klaudia auf einen Analphabeten oder eine Analphabetin trifft, ist ziemlich groß. Eine Studie aus dem Jahr 2018 zeigt, dass ungefähr 300.000 Menschen in Deutschland zwischen 18 und 64 Jahren keine einzelnen Buchstaben entziffern, geschweige denn schreiben können. 1,7 Millionen können zwar das ABC lesen und schreiben, haben aber Schwierigkeiten, wenn Buchstaben zu Wörtern zusammengefasst sind. Und weitere 4,2 Millionen schaffen mit Müh und Not die Wortebene, sind aber aufgeschmissen, wenn sie einfache Sätze lesen und ihren Sinn entschlüsseln sollen. Es gibt also über 6 Millionen Analphabeten in Deutschland. Dass es darüber hinaus weit über 10 Millionen Deutsche gibt, die zwar nicht als Analphabeten gelten, aber trotzdem nur mühsam lesen und nur sehr fehlerhaft schreiben können, will ich lieber gar nicht erwähnen.

Bei all diesen Zahlen sind Menschen über 64 und Schüler unter 18, die schon aufgegeben haben, noch nicht mit eingerechnet. Noch einmal: Das sind nicht alles »Ausländer«. Es lässt sich nicht wegdiskutieren, dass über 12 Prozent der Deutschen, die Deutsch als Muttersprache sprechen, Analphabeten auf Buchstaben-, Wort- oder Satzebene sind. Also gut jeder neunte Muttersprachler, dem du auf der Straße begegnest.

»Es gibt genug Hilfe«, sagt Klaudia. Dass nur 0,5 Prozent der Analphabeten in Deutschland die Kursangebote nutzen, liegt nicht daran, dass am falschen Ende gespart wird. Sondern daran, dass dieses Thema nur langsam aus der Tabuzone herauskommt. Und es den Betroffenen so unendlich schwerfällt, trotz ihrer schlechten Erfahrungen noch einmal die Schulbank zu drücken.

Wahre Werte und wichtige Fähigkeiten.

Klaudias Engagement ist wichtig. Ich stelle fest, dass ich in dieser einen Stunde mit ihr viel gelernt habe. Über die wahren Werte im Leben, die wichtigen Fähigkeiten im Leben. Und darüber, dass es für einen Neustart nie zu spät ist.

10

Tod in Afghanistan
Otto kann nichts mehr erschüttern

Dass ich mal über Krieg schreiben würde, hätte ich mir nie träumen lassen. Über einen, der als deutscher Soldat in Afghanistan war. Blendet man ja gerne aus, dass es die Bundeswehr gibt – auch jetzt noch, wo wir doch alle hautnah mitbekommen haben, dass manche Machthaber buchstäblich keine Grenzen kennen. Aber wenn ich ganz, ganz ehrlich zu mir bin, finde ich es doch beruhigend, dass es Profis gibt, die sich im Ernstfall zwischen mich und irgendwelche Typen stellen würden, die hier mit Waffengewalt gerne das Kommando übernehmen würden. Mir gehts jedenfalls so.

Ein unbequemes Thema sind auch die Auslandseinsätze der Bundeswehr. Wenn in den Nachrichten davon die Rede ist, würde ich am liebsten gleich wegzappen. Denn auch wenn von »Friedenseinsätzen« gesprochen wird, geht es am Ende um Waffen, Gewalt und Tod. Und damit würde ich am liebsten nichts zu tun haben.

Es geht um Waffen, Gewalt und Tod.

So jemanden wie Otto habe ich bislang noch nicht getroffen und ich weiß anfangs auch nicht, was ich von ihm halten soll. Otto war Teil von all dem, was ich nicht in mein Leben lassen will. Er hat den Krieg erlebt. Überlebt. Aber sein Kamerad Mischa kehrte nicht nach Deutschland zurück. Er kam in Kundus bei einem Anschlag ums Leben. 53 deutsche Soldaten sind in zwanzig Jahren Einsatz in Afghanistan gestorben. Mischa aus Köln ist einer von ihnen. Otto und Mischa waren damals Mitte zwanzig und gute Freunde. Otto ist heute knappe vierzig und als selbstständiger Unternehmer erfolgreich. Mischa ist immer noch Mitte zwanzig und tot.

Otto war dabei, als sein Freund starb. So wie alle Soldaten hat er in der Ausbildung gelernt, wie man einen verletzten Kameraden notdürftig zusammenflickt und möglichst am Leben hält, bis ein Sanitäter kommt. Aber Mischa hat er nicht retten können. So ein Erlebnis muss einen doch kaputtmachen! Kein deutscher Soldat und keine deutsche Soldatin musste gegen seinen oder ihren Willen nach Afghanistan. Ich frage mich: Was bringt einen Menschen dazu, sich in so eine Gefahr zu begeben? Hatte Otto keine Angst?

Ich weiß aus Erzählungen meiner Großeltern, was Kriegsangst ist. Auch meine Eltern haben unter dem Krieg gelitten. Sie sind beide 1943 geboren und als Kriegskinder von der Not der Nachkriegszeit und den sichtbaren und unsichtbaren Verletzungen der Heimkehrer geprägt. Ich erinnere mich auch noch sehr genau daran, dass mal ein Manöver der Bundeswehr bei uns in der Nähe stattfand. Die Luftwaffe hatte eine Kaserne bei uns im Ort, und die Düsenjäger flogen so tief über uns, dass man den Piloten hätte zuwinken können, wenn sie nicht so schnell gewesen wären. Sie waren unglaublich laut und jedes Mal fuhr *Soldaten auf dem Fahrradweg.* mir der Schrecken in die Glieder. Panzer rasselten über unsere Landstraße und Soldaten marschierten über den Fahrradweg. Für mich als Neunjährige war das total verstörend. Tagelang lag ich mit Bauchschmerzen zu Hause auf dem Sofa. Ich hatte keine Ahnung, dass das nur eine Übung war, ich hatte nur unbändige Angst. Ich hatte sogar Angst zu fragen, was das alles bedeutet. Ob wir jetzt alle sterben müssen. Später, als junges Mädchen, habe ich im Geschichtsunterricht eine Dokumentation aus dem Zweiten Weltkrieg gesehen. So viele Leichen! So viel Leid! Ich denke, den meisten Menschen geht es so wie mir: Ich verabscheue Gewalt. Und ich verabscheue den Krieg. Ich habe einfach nur Angst davor.

Als Russland im Frühjahr 2022 den Krieg in der Ukraine begann, habe ich das kaum auf die Reihe gekriegt. Besonders nahe ging mir die Ansage, dass ukrainische Männer zwischen 18 und 60 Jahren das Land nicht verlassen dürfen und zur Verteidigung ihres Landes zur Verfügung stehen müssen. Mein Sohn, mein Mann wären davon betroffen gewesen. Allein dieser Gedanke zerreißt mir das Herz. So ein Irrsinn das alles! Machtgier und Gewissenlosigkeit. Ich verfluche beides.

* * *

Und jetzt also Otto. Einer, der sich freiwillig für zwölf Jahre bei der Bundeswehr verpflichtet hat und nach Afghanistan gegangen ist, obwohl er nicht gemusst hätte. Was ist das für einer? Was treibt ihn an? Und warum soll gerade er anderen Menschen Mut machen können?

Dass Otto einer von *Steffis Mutmachern* wird, ist nicht auf seinem Mist gewachsen. Es wäre gar nicht seine Art, sich bei mir zu melden, sich mit seiner Geschichte anzubieten. Es ist meine Kollegin Johanna, die mir von Otto erzählt. Sein Sohn geht mit ihren Töchtern zusammen in den Kindergarten. Wie das manchmal eben so läuft. So bin ich zu Otto gekommen. Und der freut sich dann doch über unsere Verabredung.

Warum zieht einer freiwillig in den Krieg?

Im Sommer 2021 treffe ich ihn bei sich zu Hause, in einer schicken Doppelhaushälfte in Dormagen. Die letzten deutschen Soldaten ziehen gerade aus Afghanistan ab, fast unbemerkt von der deutschen Öffentlichkeit. Zu den Panik-Szenen am Flughafen in Kabul kommt es erst einige Wochen später – zwanzig Jahre Afghanistan-Einsatz gehen auf den letzten Metern doch noch im Tumult zu Ende. Geplant war eigentlich eine sechsmonatige Friedensmission. Brunnen bohren, Schulen bauen und so. Ende 2001 war das. Doch dann mussten die Soldaten gezielt gegen die Taliban kämpfen, damit die nicht alles wieder kaputt machen. Später ging es darum, afghanische Streitkräfte im eigenen Land auszubilden, damit sie schrittweise die Sicherheitsverantwortung für ihre Heimat übernehmen können. Hätte klappen können. Hat es aber nicht.

Draußen vor dem Haus kräht ein Hahn. Mir gegenüber sitzt ein Mann, der mich sehr an den Sänger Sasha erinnert. Und weil ich meistens ungefiltert ausspreche, was ich denke, sage ich ihm das auch gleich. Otto lacht. »Das habe ich schon öfter gehört«, sagt er, »aber bis jetzt habe ich noch kein Angebot bekommen, als Double aufzutreten.« Da ist es wieder! Wir haben uns kaum hingesetzt und schon lachen wir. Das ist eine Erfahrung, die ich mit fast allen meinen Mutmachern gemacht habe: Je existenzieller das Thema, desto lockerer sind die Gesprächspartner drauf.

Otto ist ein Junge vom Land. Stark, abenteuerlustig, das älteste von fünf Kindern. Er macht alles, was wild und schnell ist. Je höher hinauf und je tiefer hinunter es geht, desto besser. Klettern, tauchen, jagen … das ganze Programm. Er ist das schwarze Schaf der Familie, sagt er. Weil er anders als seine Eltern keine akademische Laufbahn einschlägt. Stattdessen soll es eine Ausbildung zum Fischwirt sein. Ich sehe ihn direkt vor mir – nicht beim Ausbaggern von algigen Karpfenteichen, sondern sturmumtost auf einem Fischtrawler mitten im wilden Atlantik. Aber dann wird es doch ein anderer Beruf. Die Werbeplakate der Bundeswehr ziehen ihn magisch an. »Aus dem Flugzeug springen, abseilen … das hat mich gecatcht damals«, sagt Otto.

Mit Anfang zwanzig verpflichtet er sich für zwölf Jahre. »Ich bin zu den Fallschirmjägern gegangen«, sagt er. Klar, Otto! Was auch

Das schwarze Schaf der Familie.

sonst! Nicht nur die körperlichen Herausforderungen reizen ihn. Er ist begeistert von den vielen Lehrgängen, in denen die mentale Stärke trainiert wird. »In der Schule kriegen wir Mathe und Deutsch beigebracht«, sagt er. »Aber nicht, wie man zu einem gedankenstarken Menschen werden kann. Jeder hat mal Tiefschläge im Leben. Die kommen auf uns alle zu. Die Frage lautet: Wie kann man die überstehen?«

Viele Jahre eignet sich Otto Wissen an, trainiert seinen Körper und seinen Geist. Er schafft es in eine Spezialeinheit. Damit ist klar, dass er irgendwann gefragt werden wird, an einem Auslandseinsatz teilzunehmen. Das bedeutet: harte Realität statt Trockenübungen. Otto hat keine Angst davor. Er beneidet ein wenig Berufe wie die des Maurers: »Jeden Abend geht er von seiner Baustelle und sieht die Wand dastehen.«

Als Soldat übst du nur. Jahrelang.

Maurer sehen, ob sie es gut gemacht haben oder ob ihre frisch gemauerten Wände schief und krumm sind. Doch als Soldat übst du nur. Jahrelang. »Im Endeffekt weiß man nie, ob man das Gelernte auch umsetzen kann«, sagt Otto. Ich übersetze das für mich mal so: Otto konnte sich jahrelang nicht sicher sein, ob er im Ernstfall besonnen, ruhig und handlungsfähig bleibt. Vielleicht würde er ja auch durchdrehen oder sich zitternd in eine Ecke verkriechen. Schon um diese Ungewissheit zu ertragen, brauchst du mentale Stärke.

Wie wäre das bei mir? Ein paar Nummern kleiner auf jeden Fall. Aber das Problem wäre dasselbe: Bei Simulationen kannst du dir nie sicher sein, ob du es bringst oder einfach nur granatenmäßig schlecht bist. Das ist, als hätte ich jahrelang im Studio ins Blaue reden müssen, ohne dass irgendjemand das Radio laufen hat, oder auf der Bühne stehen mit Pappaufstellern im Saal, die ein Publikum simulieren sollen. Ganz klar: Ohne das Feedback echter Zuhörer würde ich es keine zwei Wochen aushalten.

Otto nimmt überall auf der Welt an Übungen und Manövern teil. Alles schön und gut. Aber am Ende trainiert ein Soldat nun mal, an einem Krieg teilzunehmen. Und das passt nicht in meine Welt. Und Otto? Hat er einen Kriegseinsatz herbeigesehnt, damit er endlich zeigen kann, was in ihm steckt? »Ich finde, Frieden ist etwas Wunderbares«, sagt er. »Ich bin unfassbar dankbar, dass wir hier in Frieden leben. Aber klar ist auch, dass der Frieden irgendwann mal von jemandem erarbeitet worden ist. Das ist ein Streitthema, ich weiß das.«

Das ist etwas, was ich nicht gerne zugebe: Ottos Standpunkt lässt sich nicht einfach so wegwischen. Wir sind in Mitteleuropa lange vom Krieg verschont gewesen. Spätestens seit russische Soldaten in der Ukraine eingefallen sind, wissen wir, dass mit Diplomatie und gutem Willen nicht immer alles zu regeln ist. »Es kann der Frömmste nicht im Frieden leben, wenn es dem bösen Nachbarn nicht gefällt.« Das hat Schiller gesagt. Ich will keinen Krieg. Aber ich bin froh, dass es Menschen wie Otto gibt.

* * *

2002 treffen die ersten deutschen Soldaten in der Hauptstadt Kabul ein, um den kurz zuvor gewählten Präsidenten zu unterstützen und so der jungen Demokratie Afghanistans eine Chance zu geben. Ein Jahr später übernimmt Deutschland die Verantwortung für einen Standort in der Provinz Kundus im Norden des Landes. Kundus gilt als friedlich, regionale Aufbauteams *Aus humanitärem Einsatz wird Kampf.* der Bundeswehr unterstützen die Bevölkerung und stabilisieren die Sicherheitslage. Der Plan, mit humanitärer Hilfe die Taliban zu entmachten, scheint aufzugehen. Doch ein paar Jahre später melden die sich mit Sprengstoffattentaten und Raketenangriffen massiv zurück. Aus dem humanitären Einsatz wird Kampf, und die in Kundus stationierten Truppen brauchen Verstärkung.

Ottos Einheit soll 2008 nach Afghanistan verlegt werden, da könnten er und jeder einzelne seiner Kameraden noch aussteigen. Doch Otto und seine Kameraden fackeln nicht lange. Alle zusammen fliegen nach Kundus. Ihr Auftrag: Präsenz zeigen und die Taliban an Raketenabschüssen hindern. »Softe Einsätze« nennt Otto das. Anders als bei amerikanischen Spezialeinheiten, die nach Taliban-Angriffen die Umgebung durchkämmen und Verdächtige gefangen nehmen oder töten. »Das war bei uns natürlich nicht der Fall«, sagt Otto. Seine Kampfeinheit hat den Auftrag, herauszufinden, von wo die Raketen abgeschossen werden. »Wir haben uns als Erstes eine Übersicht über die Region verschafft und sind dann Patrouillen gefahren und auch gelaufen.« Er ist sehr viel zu Fuß unterwegs mit seinen Kameraden. Auch nachts.

War es wenigstens im Lager sicher? »Es gab feste, raketensichere Unterkünfte«, erzählt Otto. Doch das Lager ist voll belegt, er und seine Kameraden müssen in Zelten schlafen. »Das waren Zelte wie vom Feuerwehrfest, jeweils sechs bis zwölf Mann haben in so einem Quartier geschlafen«, sagt Otto. Ich beuge mich vor, hier in der ruhigen Seitenstraße, in der Otto mit seiner Familie wohnt. Draußen kräht wieder der Hahn, das macht er schon die ganze Zeit, aber das habe ich über Ottos Erzählungen nicht so richtig mitbekommen. Ich bin nicht in Dormagen, ich bin in Kundus. Staub und Schotter. Alles gleißend hell in der Sonne. Ich versuche mir vorzustellen, wie es ist, nur ein Stück Stoff über sich zu haben, wenn ich doch weiß, dass jederzeit wieder eine von den Taliban gezündete Rakete einschlagen könnte. »Wir hatten in der Zeit, als ich da war, circa sechzig Raketenangriffe auf das Lager«, sagt Otto.

Schon wieder kräht der Hahn.

Staub und Schotter, gleißende Helligkeit.

* * *

Otto ist erst seit ein paar Wochen in Kundus, als ein Unfall passiert. Er und seine Kameraden machen im Konvoi eine Aufklärungsfahrt am Kundusfluss entlang. »Das waren Fahrzeuge, die ›Wolf‹ heißen, eine Art Mercedes G-Klasse, nur nicht so luxuriös«, sagt er. Die Straße führt an einem Steilhang knappe zwanzig Meter über dem Flussufer entlang. Eine wacklige Angelegenheit, denn die Straße ist unbefestigt und die auf den Dächern montierten Waffen verlagern den Schwerpunkt der Fahrzeuge weit nach oben.

»Ich sage noch zu dem Fahrer: Wenn wir hier runterfallen, dann war es das«, erzählt Otto. Und Sekunden später passiert genau das: Die Straße rutscht unter den Rädern ab und der Wagen stürzt in die Tiefe. »Das ging sehr, sehr schnell. Mir und allen, die im Fahrzeug saßen, fehlen diese Sekunden.« Die folgenden Fahrzeuge können noch stoppen, ihnen passiert nichts. *Man sieht nur noch die Staubwolke.* Zufällig hat ein Soldat genau in diesem Moment ein Foto aus einem der folgenden Autos gemacht. »Weil die Gegend dort so schön ist«, sagt Otto. »Man sieht darauf nur noch eine Staubwolke. Unser Fahrzeug leider nicht mehr.«

Zum Glück werden alle vier Insassen aus dem Auto geschleudert, bevor sie in den Fluss stürzen. Denn bei Patrouillenfahrten sind im Wolf die Front- und Seitenscheiben weggeklappt. Und weil die Soldaten jederzeit kampfbereit sein müssen, sind sie nicht angeschnallt.

Ottos erste Erinnerung nach dem Absturz ist, dass er unter Wasser ist. Er schafft es, sich an die Oberfläche zu kämpfen, trotz der 30 Kilo Ausrüstung, die er an sich trägt. Allein schon die schusssichere Weste wiegt so viel wie ein großer Sack Kartoffeln. »Dann habe ich einen Kameraden an Land gezogen, die anderen beiden konnten aus eigener Kraft an Land schwimmen«, sagt er. Als Nächstes springt er noch einmal zurück ins Wasser, um die Ausrüstung einzusammeln, die flussabwärts treibt. »Nachtsichtgeräte und Wärmebildkameras dürfen natürlich nicht in Feindeshand geraten.«

Es klingt wie in einem Actionfilm. Das ist Adrenalin pur. Erst später kommt so ganz nebenbei raus, dass Otto nach dem Unfall im Krankenhaus gelegen hat. Er macht nun mal keine großen Worte. Aber schnell spricht er. Sehr schnell. Weil viele Gedanken schnell rausmüssen. Wie ein Maschinengewehr.

Zweimal Zehnmeterturm.

Blöder Vergleich eigentlich, aber so sagt man das ja: »Der redet wie ein Maschinengewehr.« Otto ist beim Erzählen schon dabei, die Ausrüstung einzusammeln, da bin ich gedanklich noch beim Crash in den Fluss. Ich stelle mir die zwanzig Meter vor, die er mit dem Auto abgestürzt ist. Zweimal Zehnmeterturm im Freibad. Ein siebenstöckiges Haus. Das Brandenburger Tor. Wie gelingt es einem, in größter Not nicht panisch zu werden? Nicht die Nerven zu verlieren? Genau das hat Otto gemeint, als er vom mentalen Training berichtete: auch dann, wenn einem der Boden unter den Füßen weggezogen wird, ruhig bleiben und auf seine Fähigkeiten vertrauen. Denn nur dann kannst du dir und anderen aus der Krise heraushelfen.

An diesem Tag erfährt Otto, dass das Training funktioniert hat. Nach so vielen Monaten und Jahren, in denen er sozusagen nur theoretisch wusste, wie man eine Mauer baut, hat ihm das Schicksal von einer Sekunde auf die andere die Maurerkelle in die Hand gedrückt. Und: Die Mauer steht. Und dann sagt Otto einen Satz, der ihn für mich echt zum Helden macht: »Ich hatte nie Angst, dass ich sterbe. Ich hatte immer den Gedanken: Schaffen es die anderen?« In diesem Moment fällt mir auf, dass Otto Oberarme hat wie ein Baum.

* * *

Mit Mitte zwanzig hat Otto sein Testament gemacht. »Müssen wir alle vor einem Einsatz«, sagt er. Für genau solche Situationen. Otto musste überlegen: Welcher Kumpel soll mein Motorrad kriegen? Was für ein

Wahnsinn! Noch fassungsloser macht mich, dass er drei Tage vor dem Flug nach Afghanistan Vater geworden ist. »Der Gedanke, dass ich meine Tochter nicht mehr wiedersehe, war schwer«, gibt Otto zu. Echt jetzt? Das ist alles? Hat ihn das nicht zerrissen, seine Freundin mit der neugeborenen Tochter allein zu lassen? Otto ist bei diesem Thema auffallend zurückhaltend: »Ich habe die ersten Jahre gar nicht so viel darüber gesprochen, was in mir vorging. Weil ich selten in der Vergangenheit lebe.«

Testament mit Mitte zwanzig.

Den Unfall am Flussufer haben alle überlebt. Das Fahrzeug war Schrott, aber egal, Haken dran. Noch mal gut gegangen. Nicht so beim nächsten Mal. Mischa ist einer von Ottos besten Freunden. »Ein typischer kölscher Jung«, beschreibt Otto ihn mit einem Lächeln. Die beiden machen viele Lehrgänge zusammen, die Interessen sind gleich, eine Freundschaft entwickelt sich. »Er war ein toller Typ, absoluter Kamerad. Hatte keine einfache Kindheit. Ist mit 18 abgehauen zur Fremdenlegion, dann zur Bundeswehr.«

Mischa ist Ottos Vorgesetzter bei einer der nächsten Patrouillenfahrten. Ziel: in ein paar Bergdörfern nach dem Rechten sehen. Es soll eine entspannte Tour werden. Die Aufklärung hat grünes Licht gegeben, keine Probleme zu erwarten. Das klingt ein bisschen nach Tagesausflug auf einer Kreuzfahrt: Heute genießen wir eine Fahrt durch die Berge. Dass solche Ausflüge ein Ritt auf der Rasierklinge sind? »Haben wir immer ausgeblendet«, sagt Otto.

Mischa und drei weitere Kameraden fahren im Wagen vor Otto, als ein in der Straße vergrabener Sprengsatz hochgeht. Direkt unter Mischas Auto. »Der wurde von jemandem gezündet, der etwas weiter weg saß.« Das Auto fliegt in die Luft und landet fünf Meter weiter wieder auf dem Boden. Dort, wo es eine Sekunde zuvor noch fuhr, ist jetzt ein riesiger Krater. Mischas drei Mitfahrer sind nur leicht verletzt – ein echtes Wunder. Aber Mischa liegt da und rührt sich nicht.

Und jetzt? Alle rennen zu Mischa und helfen ihm? Otto erklärt die Vorgehensweise in so einem Fall: gegen jeden Instinkt nicht auf den Unfallort zulaufen, wie man es im Zivilleben machen würde, sondern erst mal eine möglichst geschützte Position einnehmen. »Weil oft eine zweite und dritte Sprengladung vergraben ist und auch, weil Angreifer das Feuer eröffnen könnten, wenn wir zum getroffenen Fahrzeug rennen.« Mischas Kameraden spulen ab, was sie trainiert haben. Notruf absetzen, Lage sichern. Dann erst zum Verletzten laufen. Mir wird schlecht, als er das erzählt. Aus dem Hinterhalt darauf warten, das Feuer auf Helfer zu eröffnen. Wie weit weg von Menschlichkeit ist das alles?

Notruf absetzen, Lage sichern.

Während der Ausbildung hat Otto gemeinsam mit Mischa den Medizinlehrgang der Bundeswehr besucht. »Wir können Infusionen geben und Wunden nähen«, sagt Otto. »Aber das bei Mischa anzuwenden war das Letzte, woran ich jemals gedacht habe.« Otto versucht alles, was er gelernt hat. Doch für Mischa kommt jede Hilfe zu spät.

All dies macht mich sprachlos. Ich kann Otto nur mit großen Augen angucken. »Mischa war auch ein Vorbild für mich«, hat Otto gesagt. Und jetzt erzählt er, dass er einige Zeit warten musste, bis er seinem Freund beistehen konnte. Otto und seine Kameraden bewahren kühlen Kopf, niemand Weiteres aus dem Trupp kommt zu Schaden. Ist Otto ein Mann wie eine Maschine? Ohne Gefühle? Die kommen später. »Ich habe geheult wie ein Schlosshund«, sagt Otto. »Als wir wieder im Lager waren, haben alle nur geheult.«

* * *

Mir persönlich ist das alles zu viel, und ich bin echt keine Mimmi. Wieder einmal finde ich keine Worte. Genau das, was ich nie mehr haben wollte. Als mein Freund Olaf starb, war das ja mein Wunsch gewesen: nie mehr sprachlos sein. Was soll ich denn jetzt zu Ottos traumatischem Erlebnis sagen? Manche Situationen kannst du mit ein paar flapsig rausgehauenen Sätzen entschärfen. Und in anderen kannst du einfach nur die Klappe halten. Der Tod meines Freundes Olaf war einer mit Ansage. Und ich hab lange gebraucht, um damit klarzukommen. Ottos Freund Mischa ist mitten aus dem Leben gerissen worden. Was hat das mit Otto gemacht? Wie kann eine Seele das ertragen, ohne auf Dauer in Fransen zu hängen?

Wie kann eine Seele das ertragen?

Die Endgültigkeit macht Otto fertig. Nichts und niemand macht Mischa wieder lebendig. »Ich habe ganz oft über diesen Tag nachgedacht«, sagt er. »Ob ich etwas anders hätte machen können. Ob ich das hätte kommen sehen können. Ob wir anders hätten reagieren können. Oder was auch immer.« In den ersten Wochen läuft der Film immer wieder in Ottos Kopf ab. Diese Zeit braucht er, um sich zu sortieren. Dann kommt die mentale Stärke wieder zum Zuge. »Alles, was ich tun konnte, habe ich getan«, ist sich Otto heute sicher. Er hat seinen Frieden mit sich gemacht. Damit ist Mischas Tod für ihn natürlich nicht abgehakt. Aber es hilft ihm, sich nicht in Selbstvorwürfen zu verlieren. Die Lücke, die Mischas Tod reißt, wird sich nie schließen.

Hat er Flashbacks? Otto schüttelt den Kopf: »Ich würde sagen, ich habe da Glück gehabt. Ich sage Glück, weil man das nicht wirklich steuern kann.« Andere Menschen würden vielleicht behaupten, sie hätten nur deshalb keine posttraumatische Belastungsstörung, weil sie mental stark seien. Otto ist da demütiger. Er weiß, dass du deiner Psyche nicht befehlen kannst. Da sind wir wieder beim Thema: Wie du auf eine existenzielle Situation reagieren wirst, weißt du erst, wenn sie da ist. Große Sprüche klopfen, wenn alles gut läuft, ist keine Garantie dafür, nicht in die Knie zu gehen. Und so mancher Zweifler hat sich schon selbst positiv überrascht.

Otto erzählt, dass die Bundeswehr ihre Soldaten, die die Verletzung oder den Tod eines Kameraden erleben müssen, gut betreut. Für Otto und seinen Trupp stehen ein katholischer Geistlicher und eine Psychologin für Gespräche zur Verfügung. Und dieses Angebot wird auch genutzt. Kurz nach dem fatalen Einsatz gibt es eine betreute Sportwoche für alle, die beim Einsatz dabei waren. »Wir waren Skifahren und haben morgens und abends Gespräche mit der Psychologin gehabt«, sagt Otto. »So konnten wir uns gegenseitig Halt geben und das verarbeiten, was gewesen ist.« Schon vorher war die Truppe aufeinander eingespielt, doch diese Woche verstärkt das Wir-Gefühl noch einmal. »Durch Mischas Tod entstand ein sehr, sehr enger Zusammenhalt«, sagt Otto. »Den gibt es auch heute noch, nach fünfzehn Jahren.«

Mischas Leichnam wird nach Deutschland überführt, »Rückverlegung« heißt das. Otto, der ihm am nächsten stand, begleitet den Sarg. Seine Kameraden raten ihm, gleich in Deutschland zu bleiben. Auch für mich wäre zu diesem Zeitpunkt klar gewesen: Das war's jetzt, Freunde. Feierabend! Doch Otto entscheidet sich anders. Er will seine Kameraden nicht im Stich lassen. Noch vor dem Abflug macht er eine klare Ansage: »Ich bringe Mischa nach Hause, aber ich komme hundertprozentig wieder. Dann setzen wir uns zusammen und entscheiden gemeinsam: Wenn wir gehen wollen, gehen wir.«

Einige Tage später ist Otto wieder zurück in Kundus. Mit einem Kreuz aus einer Birke, die er gemeinsam mit Mischas Kameraden in einem Waldstück nahe der Kaserne in Deutschland geschlagen hat. Bei der Zwischenlandung im usbekischen Termiz hat er außerdem Blumen besorgt. »Denn in unserem Lager gab es nur Schotter«, sagt er. Blumen für Mischa. Und ein Kreuz. Für eine Gedenkstätte auf dem Schotterplatz in Kundus.

Das war's jetzt, Freunde! Feierabend!

Drei Monate nach dem tödlichen Anschlag verlassen Otto und seine Truppe Afghanistan. Da ist er 25 Jahre alt. Sechzehn Jahre ist das jetzt her. Bis heute besucht er jedes Jahr gemeinsam mit Mischas Mutter, zu der er weiter engen Kontakt hält, dessen Grab in Köln. Oft sind auch einige seiner ehemaligen Kameraden dabei. »Das gibt uns Kraft und Halt«, sagt Otto.

Ich bin total ergriffen. Den Impuls, diesen Mann in den Arm zu nehmen, schiebe ich schnell beiseite, denn das würde nicht passen. Otto scheint so eine Geste nicht zu brauchen. Ganz im Gegenteil! Eher müsste Otto *mich* trösten. Er ist mutiger als ich.

* * *

Was ist eigentlich Mut? Wir nennen es schon mutig, wenn einer gegen den Strom schwimmt und in Kauf nimmt, aufzufallen. Dann auch: auf den hohen Baum klettern, weil da oben die leckersten Kirschen hängen. Dieser *Zwei Tage lang wackelige Beine.* Mut hört oft da auf, wo es anfängt, gefährlich zu werden oder richtig wehzutun.

Ich denke nach: Wann war ich mal wirklich mutig? Da war der große, aggressive Hund des Nachbarn, der sich auf unseren kleinen Terrier gestürzt hat. Mein Mann und ich haben uns auf das Vieh geworfen und es zu Boden gedrückt, damit es von unserem Hund ablässt. Danach hatte ich zwei Tage wackelige Beine. Seitdem weiß ich, dass Mut und Angst sich nicht ausschließen. Ich hatte einen Riesenschiss, hab mich aber trotzdem zwischen die Hunde geworfen.

Ich denke, genau darum geht es: Auch dann, wenn nicht klar ist, wie es ausgeht, einfach machen. Jeder, der seinen Job gekündigt hat, um eine Weltreise zu machen, oder all sein Erspartes in eine eigene Firma gesteckt hat, weiß, wovon ich spreche. Wenn einem bewusst ist, was einem wichtig ist, kommt der Mut fast von allein. Mir ist mein

Hund wichtig. Zwei Schritte zurücktreten, hilflos herumschreien und warten, wie der Hundekampf ausgeht, hätte nicht zu mir ge-

Die Antwort ist schon in dir drin. passt. Das heißt noch lange nicht, dass ich mich selbstmörderisch in jede Gefahr stürzen würde. Denn auch das ist eine Voraussetzung für Mut: Wissen, wann es wichtig und richtig ist, sich für etwas einzusetzen. Und wann man gelassen sagen kann: Passt schon. Manche dieser Entscheidungen triffst du nicht rational, durch kühle Überlegung. Das würde in vielen Situationen, die Mut erfordern, viel zu lange dauern. Die Antwort ist schon in dir drin. Sie gehört zu deiner Persönlichkeit.

Nach Ottos Rückkehr nach Deutschland fragen ihn seine Vorgesetzten mehrmals, ob er nicht noch mal bei einem Einsatz mit dabei sein will. Und ob er nicht überhaupt bleiben wolle. Doch mit dem Soldatenleben ist Otto durch. »Ich wollte Unternehmer werden«, sagt er. Seine Geschäftsidee hat er schon bei der Bundeswehr entwickelt. Als Soldat hat er an vielen internationalen Übungen und Lehrgängen teilgenommen und über das Sortiment in den riesigen Supermärkten gestaunt, die es in den militärischen Einrichtungen der Amerikaner gibt. Viele der Artikel sind in Deutschland nicht zu haben, bestimmte Gewürze zum Beispiel, Grillsoßen und Süßzeug. Noch während seiner Zeit als Soldat baut Otto sein Unternehmen auf. Mit Zustimmung seiner Vorgesetzten importiert er in seiner Freizeit Lebensmittel aus den USA und verkauft sie in Deutschland übers Internet. Ganz klein fängt er an und packt am Wochenende Pakete. Jeden verdienten Cent steckt er wieder in den Einkauf neuer Produkte.

Da muss ich doch einhaken. Ein Menschenretter der Bundeswehr wird nicht mit Geld, Rente, Geschmeide bis ans Lebensende versorgt? Otto lacht und schüttelt den Kopf. Zeitsoldaten bekommen am Ende Übergangsgeld für Umschulungen oder Weiterbildungen. Aber das ist es dann auch. Echt jetzt? Offenbar bin ich naiv, wenn ich

denke, dass Menschen, die Vaterlandsliebe, Kameradschaft, Heimweh und Todesmut in die Waagschale werfen, mehr Dankbarkeit erwarten dürfen. Aber für Otto ist das in Ordnung. Er erwartet nicht, dass andere etwas für ihn tun. Er macht es lieber selbst.

Otto hat noch mehr aufs Spiel gesetzt: seine Familie. Während seiner Bundeswehrzeit geht die Beziehung zu seiner damaligen Freundin in die Brüche. Nach der Tochter ist noch ein Sohn auf die Welt gekommen, aber Otto ist nur selten zu Hause. »Mit meiner Einheit war ich 140 bis 150 Tage im Jahr auf dem Übungsplatz, und die Lehrgänge kamen noch on top«, sagt er. Soldat zu sein ist nicht gerade ein familienfreundlicher Beruf. Dazu kommt, dass die persönliche Entwicklung bei Otto in Afghanistan und seiner Jugendliebe in Deutschland in zwei unterschiedliche Richtungen geht. »Man wird einfach ein anderer Mensch«, sagt Otto. »Es hat mir damals fast das Herz gebrochen, mit den Kindern nicht mehr in einem Haushalt zu wohnen«, fügt er hinzu.

Zu seinen beiden Kindern hat Otto ein tolles Verhältnis. Später kommt noch ein weiterer Sohn dazu, den er mit seiner neuen Frau hat. Sie lernen sich auf der Beautymesse in Düsseldorf kennen, wo Otto einem Kumpel aushilft und Nagellack verkauft. »Ich bin sehr schüchtern, sie hat mich angesprochen«, sagt er lächelnd. Ich wollte diese sanfte Seite finden, jetzt habe ich sie. Otto ist ein ganz harter, weicher Typ. Einer zum Anlehnen. Einer, der Sorgen wegmachen kann.

Ein ganz harter, weicher Typ.

Anders als früher ist für Otto heute die Familie das Allerwichtigste. Als ich mit ihm in Dormagen am Tisch sitze, ist er mit seinem Schreibtischjob zufrieden. Sein Unternehmen ist mit rasender Geschwindigkeit gewachsen und die Umsätze sind siebenstellig. Er kann frei entscheiden, wann er ins Büro fährt und wann Familienzeit ist. Jeden Freitagvormittag nimmt er sich komplett frei. Aber er gönnt sich auch den Luxus, weiter überall auf der Welt das Abenteuer zu suchen. Klettern im Iran, zu Fuß im Urwald in Venezuela, Kajakfahren in Kanada. Er spielt aktiv American Football und findet immer mehr Geschmack am Survivaltraining.

Weil ich mit Otto in Kontakt bleibe, erfahre ich, dass er kurze Zeit später noch einmal den Wechsel wagt. »Ich lerne gerne Neues«, sagt er. Aus seiner Leidenschaft für Survivaltouren hat er ein Geschäftsmodell gemacht. Er zeigt seinen Kunden, wie man in wilden Gegenden die Nerven behält und überlebt. Wie passt das zum Reihenhaus in Dormagen? »Das ist zu klein«, lacht Otto. »Ich brauche doch eine Wiese, um mit den Kindern ein Baumhaus zu bauen. Und eine Scheune für mein Motorrad. Und einen Teich zum Angeln. Und eine Stelle zum Feuermachen.« Keine Sekunde zweifele ich daran, dass dieser Mann all das hinkriegt.

* * *

Aus seiner Zeit als Soldat hat Otto etwas sehr Wichtiges in sein neues Leben mit hinübergenommen: eine positive Einstellung zum Leben. Die hatte er vorher schon, das mentale Training bei der Bundeswehr

Die Gelassenheit in Person. hat diese Haltung noch einmal bestärkt. Aber entscheidend waren die zutiefst verstörenden Erlebnisse in Afghanistan: der Unfall, den er nur mit Glück überlebt hat, der Angriff aus dem Hinterhalt, Mischas Tod. Gerade diese Brüche im Leben haben dazu geführt, dass Otto heute die Gelassenheit in Person ist. »Wenn mir jetzt einer eine Beule in mein Auto fährt, dann sage ich: War ja nicht mit Absicht«, sagt er grinsend. Ich glaube ihm das sofort. Warum soll sich einer, der schon mal monatelang bei Raketenbeschuss im Stoffzelt geschlafen hat, über einen Vordrängler beim Bäcker aufregen?

Jetzt kräht der Hahn schon wieder! Zwischendurch hatte ich mich schon gefragt, ob das ständige Gekrähe vom Band kommt. Vielleicht steht Otto ja auf Hähne statt auf Walgesänge. »Nee«, lacht Otto. »Das ist echt. Es sind sogar *drei* Hähne.« Ich schüttle den Kopf. Wenn ich dran denke, wie viele Gerichte in Deutschland sich mit krähenden Gockeln befassen müssen und wie viele Nachbarn sich für die nächsten Generationen verfeindet haben, nur weil ein Hahn ein paar Mal am Tag den Schnabel aufreißt … Otto zuckt nur die Achseln und lacht. »Ich nehme die schon gar nicht mehr wahr.« Er will sich nicht aufregen. Und deshalb muss er es auch nicht.

Dann wird Otto ernst. »Das Allerwichtigste, was ich vom Auslandseinsatz mitgenommen habe, ist Dankbarkeit. Dankbarkeit dafür, wie wir hier leben dürfen. Wir können jetzt sagen: Wir sind dankbar, dass wir tolle weiße Blumen hier stehen haben oder dass es geregnet hat und es deshalb etwas kühler geworden ist und die Blumen da draußen jetzt etwas zu trinken haben.« Und dann ist auch schon wieder ein Lächeln auf seinem Gesicht: »Wir können sogar für die Hähne dankbar sein.«

So wie Gelassenheit ist auch Dankbarkeit eine Haltung – und genau das Gegenteil von der Einstellung, in jeder Suppe ein Haar finden zu wollen. Dankbarkeit statt ewiger Unzufriedenheit – um das seinen Kindern mitzugeben, hat Otto ein Ritual eingeführt, das mich sehr anrührt. »Abends vorm Zubettgehen sagt jeder von uns drei Dinge, für die wir dankbar sind. Und eine Sache, auf die wir uns freuen.« So einfach ist es, das Auge zu schulen, die Wahrnehmung und das Herz!

Auge, Wahrnehmung und Herz.

Ottos Dankbarkeit beweist sich nicht nur im stillen Kämmerlein. Er setzt sie in Taten um, indem er anderen Menschen hilft, wo er nur kann. Als die ersten Bomben auf Kiew fielen, hat er sofort einen randvoll mit Hilfsgütern beladenen LKW organisiert und an die polnisch-ukrainische Grenze gefahren. Auf dem Rückweg war dann Platz, um Menschen mit nach Deutschland zu nehmen und in Sicherheit zu bringen. Ich habe damals die Bilder im Fernsehen gesehen und war unglaublich stolz auf die vielen Menschen, die auf diese Weise ganz selbstverständlich geholfen haben. Otto war einer von ihnen.

Ich frage ihn, ob sich Dankbarkeit nicht mit der Zeit abnutzt. Man gewöhnt sich ja schnell an ein gutes Leben. Und plötzlich meint man, man hätte einen Anspruch auf alle Annehmlichkeiten und darauf, dass alles glattläuft im Leben. Otto nickt und meint:»Stimmt, das kann passieren.« Aber bei ihm besteht keine Gefahr. Er erzählt mir von einem für ihn typisches Mittel, das Gefühl für Dankbarkeit nie zu verlieren: Er schält sich regelmäßig und ganz bewusst aus seiner Komfortzone als Unternehmer und Familienvater raus.»Im Winter haben wir bei minus 20 Grad im Sauerland eine kleine Tour gemacht.« Survivaltraining extrem – mich würde das ja nicht so reizen, aber Otto ist begeistert:»Wir haben ein paar Nächte draußen geschlafen. Ohne Zelt. Nach so einer Tour warm zu duschen, das ist unglaublich!«

Ich würde lieber für andere Dinge»Danke« sagen. Dann spare ich mir die minus 20 Grad. Mir fällt auf Anhieb ganz viel ein: Danke, dass meine Kinder ihren Weg gehen. Danke, dass ich einen tollen Mann habe. Dass der Hund, der weggelaufen war, wieder da *Ein Danke macht die Gesichtszüge weich.* ist. Dass wir morgen den 79. Geburtstag meiner Mama feiern dürfen, nachdem sie vergangenes Jahr so krank gewesen ist. Danke für die Kraft, die Gott mir gegeben hat. Die ich zum Beispiel dafür brauche, dieses Buch auf die Reihe zu kriegen. Und beim Zubettgehen: Danke, dass es hier so gemütlich ist. Sich diesen Moment zu nehmen, Dank zu formulieren, das macht die Gesichtszüge weich. Ich merke es gerade an mir selbst.

Nach meinem *Mutmacher*-Treffen mit Otto schwirrte mir echt der Kopf. Ich musste das, was er mir erzählt hat, erst einmal einordnen. Nach und nach kam ich darauf: Die Basis seiner mentalen Stärke ist seine Zuversicht.»Ich habe immer ein Vertrauen darin, dass alles gut wird«, hatte er mir gesagt. Und dafür, *dass* es gut wird, setzt er alle seine Kraft ein. So wird aus Zuversicht Selbstvertrauen.

Mit diesem »Egal, was kommt, ich werde damit umgehen können« sind dann auch Gelassenheit und Dankbarkeit nicht mehr weit. Zuversicht und Selbstvertrauen – dies sind die Superkräfte von *Steffis Mutmachern*. Ich lasse meine Gesprächspartner noch einmal vor meinem inneren Auge vorbeiziehen. Sie alle haben Lebensmut bewiesen. Das ist der Mut, ihr Leben zu gestalten, soweit es ihnen das Schicksal erlaubt.

Egal was kommt, ich werde damit umgehen können.

Da ist Willibert, der sich aus seiner Depression herausgekämpft hat. Sandra und André, die für ihren Wunsch nach einem eigenen Kind viele Qualen auf sich genommen haben und dann den Mut hatten, einen anderen Weg einzuschlagen. Martin, der trotz Erblindung alles darangesetzt hat, weiter ein eigenständiges Leben zu führen. Klaudia, die nie den Glauben an sich verloren hat, obwohl ihr von klein auf eingetrichtert worden ist, dass sie dumm sei. Marianne, die sich aus den Klauen ihrer Alkoholsucht befreite. Guido, der standhaft seine Frau auf ihrem Weg in die Dämmerung begleitet. Marcus, der sagte: »So kann es nicht weitergehen«, und die Konsequenz zog. Heike, der ein Betrüger alles nahm und die trotzdem die Kraft fand, noch einmal ganz von vorne anzufangen.

Sie alle haben große innere Stärke bewiesen. Nicht als Einzelkämpfer, sondern als Menschen, die Unterstützung durch Familie und gute Freunde annehmen können. Sie alle haben sich vom Leben nicht klein machen lassen. Auch mein Freund Olaf nicht, der die Zeit, die ihm blieb, mit Leben füllte. Mit ihm hat dieses Buch begonnen. Mit ihm soll es auch enden.

Danke, Olaf!

Dank

Die letzten Zeilen meines Buches sind voller Dankbarkeit, auch Demut.

Ob Marianne, Heike, Klaudia, Sandra und André, Martin, Otto, Guido, Willibert, Marcus – alle haben mir voller Vertrauen und Zutrauen ihre Geschichte erzählt und auch nach dem Schreiben die jeweiligen Kapitel gelesen und den »Daumen hoch« gemacht. Dafür mein größter Dank.

Ebenso an die Experten, Ärzte, Therapeuten, die mir mit ihrer Expertise weitergeholfen haben, bestimmte Dinge richtig einzuordnen, besser zu verstehen.

Was wäre ich ohne die wunderbare Bettina Burchardt, die mir als Lektorin, Versteherin, Druck-Rausnehmerin und Komplimente-Macherin sehr geholfen hat? Meine Mutmacherin bei diesem Projekt.

Und Dank von Herzen und Liebe gelten meiner Familie, meinem Mann, den Kindern, Freunden, die mich mehrfach im Tunnel erlebt haben, weil sich Geschichten, Erlebnisse, Geschriebenes nicht einfach wegpacken lassen.

Bleibt alle gesund, heiter, zuversichtlich. Und habt Mut. Holt euch hier raus, was ihr braucht.

Eure Steffi